譯 易 學 研 究

A Study Of Yi-Translatology

吳 鈞 著
◎ Wu Jun

文 史 哲 學 集 成
文史哲出版社印行

國家圖書館出版品預行編目資料

譯易學研究 / 吳鈞著. – 初版 -- 臺北市：
文史哲, 民 105.08
頁；公分（文史哲學集成；687）
參考書目：頁
ISBN 978-986-314-320-8（平裝）

1.易經 2.翻譯學 3.研究考訂

121.17   105015372

文史哲學集成
687

譯 易 學 研 究

著　　　者：吳　　　　　　　鈞
出 版 者：文 史 哲 出 版 社
http://www.lapen.com.tw
e-mail：lapen@ms74.hinet.net
登記證字號：行政院新聞局版臺業字五三三七號
發 行 人：彭　　　正　　　雄
發 行 所：文 史 哲 出 版 社
印 刷 者：文 史 哲 出 版 社
臺北市羅斯福路一段七十二巷四號
郵政劃撥帳號：一六一八〇一七五
電話886-2-23511028・傳真886-2-23965656

實價新臺幣五〇〇元

2016 年（民一〇五）八月初版

ISBN 978-986-314-320-8   00687

譯易學研究

A Study Of Yi-Translatology

目　　次
Contents

第二編 Part Two

第五章　全英譯《易經》

Chapter Five　Yi Complete Poems ………… 107

　一、簡介

　　Brief Introduction …………………………… 107

　二、易經注釋與英譯

　　Notes and Poetic English Translation of Yi ………… 111

上經 The First Book

下經　**The Second Book**

　　本書作者吳鈞出席第七屆海峽兩岸周易學術研討會，山東大學易學研究中心，2013.8.15-18

　　The author of this book presented on The 7th Conference On the Study Of Yijing Across the Taiwan Straits, Jinan, Shadong University, August 15-18,2013

　　宣讀論文：論理雅各的易經翻譯與世界傳播

　　conference presentation: On the Translation of Yi Jing by James Legge

本書作者吳鈞出席中國英漢語比較研究會第十一次全國學術研討會暨 2014 英漢語比較與翻譯國際學術研討會，清華大學 2014.8.25-28

The author of this book presented on The Eleventh National Symposium of the China Association for Comparative Studies of English and Chinese , and the 2012 International Symposium on Comparative Studies of English and Chinese and Translation Studies, Tsinhua University, August 25-28, 2014. She was also the Organizer of Panel discussion.

宣讀論文：從理雅各的英譯談《易經》翻譯

Conference presentation: From the Translation of James Legge Talk on the Translation of Yi Jing

李　序

五年前，在武漢大學召開的一次全國性的學術研討會上，筆者曾有幸聽過吳鈞教授所作的有關《魯迅文學翻譯研究》的學術報告，留下難忘的印象。2012 年前後曾多次收到吳鈞教授惠贈的學術專著，知道她是一位善於鑽研，學業有成的老師，值得向她學習。前不久，又收到了她寄來的《譯易學研究》手稿，並約我為之作序，感到很高興，也想借此機會談點翻譯上的意見。

一、中國翻譯研究正在大好形勢下發展壯大

大家知道，20 世紀下半葉以來，西方翻譯理論發展迅猛，已經歷了“語言轉向”和“文化轉向”的歷史時期，國家改革開放 30 多年來，引進了大量的西方翻譯論著，其中包括卡特福德（John Catford）、雅各遜（Roman Jacobson）、奈達（Eugene Nida）、紐馬克（Peter Newmark）、斯坦納（George Steiner）、韋努蒂（Lawrence Venuti）、巴斯納特（Susan Bassnett）、勒弗維爾（Andre Lefevere）、賴斯（Katharina Reiss）等大批學者的一些論著。西方翻譯理論廣泛流傳，在全球化環境下，中國譯論也毫無例外地受到西方譯論的多種影響，它也不可避免地給中國翻譯理論研究模式帶來了深刻變化。由上海外語教育出版社影印出版的《國外翻譯研究叢書》達 29 種，由北京的外語教學與研究出版社出版的

"外研社翻譯理論研究文庫"及《當代翻譯理論研究譯叢》（王克非主編）和由中國對外翻譯出版公司羅進德主編的《翻譯理論與實務研究叢書》基本上涵蓋了歐美國家 20 世紀以來的主要翻譯理論；加上《西方譯論研究》（劉重德）、《現代翻譯理論》（劉宓慶）、《當代西方翻譯理論探索》（廖七一）、《西方翻譯簡史》（譚載喜）、《中西譯學批評》（張南峰）等許多知名學者領銜出版的專著和《中國翻譯》、《外語教學與研究》、《中國科技翻譯》、《上海翻譯》、《外國語》、《中國外語》以及 *The Translators，Perspective* 等重要的國際刊物上發表的西方翻譯理論研究文章，從各種視角對西方翻譯理論做了基本的研究。"這些成果的出現，為西方翻譯理論在中國的接受與影響研究提供了有力的支撐"（楊柳）。對中國翻譯事業階段性的發展，做出了積極的貢獻，功不可沒，我們必須給予適當的肯定。儘管有時我們是在著手"拿來"，主要在"跟著說"，是在用西方的理論框架來闡釋中國的翻譯現象、翻譯文學。翻譯文化……。這些也應容許我們要辯證地、客觀地看待。當前，中國翻譯事業在全球化的語境下，欣欣向榮，正飛躍發展壯大，這也是透明的客觀事實，我們更應予以充分肯定。

但是，博大精深的中國文化，有源遠流長的中國基因，中國的翻譯研究，不應老是停留在"請進來"（或"拿來主義"）上，而應擴大視野，挖掘潛力，弘揚中國文化，汲取中國文化元素，滿懷豪情地"走出去"。筆者興奮地看到了吳鈞的《譯易學研究》新著，正是將譯學的有關研究，從中國傳統譯論入手，置於哲學的高度加以審示和論證。所以，我讚賞作者的這種情懷和認知；《易經》是中國傳統文化的大道之源，將易學與譯學融會貫通，必將為中國譯學的研究，開創出一條新的思路。

二、啟動創新思維，投入譯易學研究

　　唐朝賈公彥在《周禮義疏》裡寫道："譯即易，謂換易語言使相解也。"清永瑢、紀昀於乾隆四十六年（西元 1786 年）編纂而成的《四庫全書總目提要》裡也寫道："《易》道廣大，無所不包，旁及天文、地理、樂律、兵法、韻學、祿術以逮方外之爐火，皆可援《易》以為說"，可見，先人自古以來，對"易說"的內容早已有廣泛認識，它把涉及倫理學、美學、醫學、文史學、哲學的內容，全都熔於一爐，是中華民族文化思想的"百科全書"。所以說，"《易》之為書也，廣大悉備。有天道焉，有人道焉，有地道焉"（《繫辭下傳》）。它囊括宇宙，包羅萬象，"曲成萬物而不遺"（《繫辭上傳》）。

　　古往今來，研究《易》學的中外學者不勝枚舉。人們各自從自己的文化、睿智、思維和學識源頭出發，常常會看到不同的範圍和課題。這就是為什麼算卦者從中看到葡筮，哲學家從中發掘哲理，史學家從中看到歷史，科學家從中探索科技，政治家從中看到治世之道，軍事家從中看到用兵韜略。所以，我們的翻譯家吳鈞教授也從中看到了《譯易學》。

　　吳鈞教授的《譯易學研究》，分為兩大篇，全書共五章，約有 20 餘萬字。這是作者以山東省社科規劃專案呈現的研究成果。吳鈞運用《易經》的理論與方法來研究翻譯理論與實踐，讓我們看到其思維上的創新和理論上的獨到之處，確實令人感到耳目一新，非常難得。先來讓我們概述一下該著的內容吧：

　　在第一大篇中，作者進行了譯易學理論的探討，即將"易"與"譯"的多方面進行了對比與論說，從"太極"、"兩儀"、

"四象"等方面探討了"易"與"譯"的相同之處；用易經的"三易"原則與翻譯的"三難"進行了對比研究，闡述"譯"與"易"的互存關聯的規律，探討中國傳統的翻譯理論研究方法。同時，還探討了"易"的"五行"與"譯"的"五德"之關係，從"八卦"中尋找"譯之八律"，借助於八卦思想，總結出優秀翻譯文本的八個基本要索。

在第二大篇裡，作者在研讀《易經》卦爻辭的基礎上，將《易經》的 64 卦進行卦解、爻辭注釋、整卦解釋工作，對易經進行了詩化漢語和英語的翻譯，簡明地再現易經卦爻詞意境與思想，力求用詩歌語言的押韻與節奏，促進讀者感受到中國《易經》博大精深的意境，分享到中英詩化語言的美感。吳鈞的詩化語言的翻譯，是運用易學思想指導的翻譯理論的具體實踐，力求譯文的"信達雅"標準，她的辛勤翻譯實踐的付出，充實了作者的闡述內容，給讀者留下深刻的印象。

綜觀上述內容，我們不難發現作者的新穎視角與創新思維。讀懂古奧的易經，就需要具有紮實的中文根底，要把易經的深奧語言詩化並加以信達雅地翻譯，就需要讀者能有相當於母語一樣的英語語言知識水準，同時要對中英兩種不同語言文化的翻譯，具有相應的專業素質，對中英兩種語言文字互譯，具有充分表達能力，能找到其信、達、雅的結合點，能應對"譯事三難"局面，能駕馭中英詩意語言文化的翻譯。如果說沒有創新性的思維能力，那是不可想像的。而吳鈞教授具有這個能力，是與她的翻譯理論水準與實踐經驗、是與她的勤於學習，善於鑽研，長期深思熟慮分不開的。在過去的十多年裡，她對魯迅詩歌的翻譯興趣與中英互譯的豐富經歷，為促成她為勝任《易經》翻譯打下了良好基礎，這是不言而喻的。

三、加強互鑒交流，增進“一帶一路”雙贏

　　祖國日新月異的變化，人人揚眉吐氣，從事譯學理論研究和翻譯實踐的外語工作者，都在不斷地總結經驗，都有許多話想說、要說。現在，還要我們說什麼好呢？是“照著說”，還是“接著說”都並不容易。我在 2001 年為《變譯理論》（黃忠廉著，2001年中國對外翻譯出版公司出版）寫序時，提出了《繼承與創新》的問題。指出：立足實踐，勇於創新；要論據充足，論證精闢；要論述辯證，才意義深刻等意見。2010 年《中國外語》雜誌向我約稿時，我又說了《翻譯事業：傳承與發展》（載《中國外語》2010 年.3.總第 35 期上），近年來，我到大專院校講學時，都強調過翻譯上的“傳承與發展”的意見，因為中華文化不是靠宗教迷信產生的，而是基於人本、富有哲理和科學性的。因此，我們的教育必須全面地來傳承和發展中華民族優秀文化，我們譯壇要進一步發展中國譯學，就要善於從中國的文化土壤裡發掘中國元素。我們已認知《易經》古典的博大精深，必須精心閱讀，探頤索隱，精義入神，勿須從《易經》裡去找到直接論述翻譯的文字，是要善於從翻譯研究中嫁接易理大道。“譯易學研究”不是排他的，更不是排外的，因為中國的翻譯研究是和諧開放多元互補的，是歡迎中外交流，互相借鑒，特別是到了 21 世紀的今天，是在加強“一帶一路”建設上，要團結互助，爭取雙贏的。總之，我們認為，吳鈞教授在研究易學對中國譯學發展的影響，總結中國譯學自身的變化規律，為將建成中國人的翻譯理論所付出的辛勤勞動，是很有學術價值和現實意義的。其充滿了自尊、自信、自強的學術風度和謙虛、謹慎、嚴謹治學的學者風範，是亦有利於傳

遞學術正能量的。因此，筆者深信，該書的出版，是對中國翻譯理論建設學界的鮮明貢獻，亦有利於普適增強我們的文化自覺性，一定會受到廣大讀者的歡迎。

是為序！

李亞舒 於中國科學院院部東樓217室

2016 年 6 月 18 日

李亞舒，中國科學院資深翻譯家，中科院國際學術交流中心翻譯部主任。中國譯協副會長兼科技翻譯委員會主任、中國英漢語對比研究會副會長、《中國科技翻譯》雜誌主編。多所大學的客座教授和譯協高級顧問。擔任碩士研究生答辯委員會主任，研究生導師。先後擔任《亞非文獻》法、越文編輯、院外事局翻譯、專案官員、國際組織國際會議代理處長、外辦副主任、國際合作局亞非拉美處處長、外交學院中科院外事幹部培訓班主任。

李亞舒教授長期從事楚國文化、中外文化對比、科學翻譯理論及翻譯史的研究和國際學術交流及其組織管理的研究，曾參團、組團或帶團訪問亞洲、歐洲、美洲的 30 多個國家和地區。翻譯 400 萬字，發表論著 140 餘篇，發表詩歌、小說、散文 50 餘篇。主要著述有：《中國科技翻譯學的科學內涵》、《譯海采珠科學家談翻譯》（專著）、《中國科學翻譯史》（合著）、《科技翻譯論著新萃》（主編）、《新英漢縮略語大詞典》（主編）等。

周　序

　　《周易》是東方永不熄滅的聖火，是大道之原，群經之首，它的流傳已有三千多年的歷史。作為中國文化高層次的思維模式、價值觀念、哲學智慧、審美意識、道德理念等，從它那裏可以找到自己的根；作為民俗文化的風俗習慣、行為舉止、生活準則、筮占命相，以及作為百科範疇的方技養生、天文曆法、易譯通詮等，從它那兒也可以尋到自己的源。因此，無論孔孟儒家，老莊道家，還是陰陽五行家，抑或《黃帝內經》、科技演算等，無不和《周易》有著密切的關係。

　　《易》以道陰陽，陰陽是《周易》的核心範疇，要理解《周易》離不開對陰陽的解讀。“乾道變化，各正性命”，乾道即天道，也就是陰陽之道。所以《說卦》稱，“立天之道曰陰與陽，立地之道曰柔與剛，立人之道曰仁與義。”此三才之道，統攝了大化流行的天地萬物，足見它已超越了狹義的自然之義，而具備了宇宙普遍法則的意涵。《序卦》對之有個總綱式的論述：有天地然後有萬物，有萬物然後有男女，有男女然後有夫婦、父子、君臣、上下、禮義等等。質言之，有天道然後有人道，天道乃人道之本。作為人道之本，天道既構成了人道的歷史的和邏輯的前提，又表現為形而上的根據，範導著人文化成的價值世界。天道健行，陰陽大化；而人道則“繼善、成性”，“成性存存，道義之門”。如此一來，人道乃是天道的合理延續，所謂“繼之者善也，成之者性也"。

照《周易》的看法，陰陽之道既有陽的一面，又有陰的一面。陰陽互生，品物流行。"乾道變化，各正性命"（《乾·象》），乾為陽的一面；"坤厚載物，德合無疆"（《坤·象》），坤為陰的一面。"陰陽之道"在人生領域，即展現為"自強不息、厚德載物"的價值定勢。而當人之德性存而又存，則是道義所從出，確保人們社會活動的順利進行和從事之事業的成功，以便創造一個真、善、美的和諧世界，以滿足人們生存和發展的需要，使社會持續而穩定地發展。

吳鈞教授根據多年的教學經驗，提出了"譯易相通"的理念，並詳細闡釋，多方索解，寫出了《譯易學研究》專著。《周易》原本就是一部博大精深，一部仁者見仁，智者見智的千古奇書。目前，國內易學界對《周易》的研究與闡釋仍然沒有定論，至今仍存在著諸多分歧與爭議，更何況國外那些為數不多的漢學家呢！誠如吳鈞教授說的："在翻譯中，原語與譯文目標語的關係十分密切。沒有譯者對原語的精確把握和理解，就不可能有忠實守信的目標語的譯文。"在如此狀況下，《周易》的翻譯所面臨的難度可想而知。不論國內擬或國外，對《周易》的解釋與翻譯尚沒有一個統一的術語標準。漢語本身是自明的，如"卦"就是卦，"象、數、理"就是象、數、理，沒有其他的辭彙來代替這些基本概念，可是一旦把這些基本術語翻譯到英語和其他語言時，我們就會面臨一個選擇與之對等語即目標語的問題。這樣一來，即產生了翻譯的五花八門局面。為了防止這種局面的產生，吳鈞教授提出了"譯易相通"的基本原則，諸如：易之"四象"與譯之"四項"；易之"三義"與譯之"三難"；五行主五德學說與譯之"五德"；易之"八卦"與譯之"八律"等等，讀來使

人耳目一新，茅塞頓開。從目前來看，國內眾多有關易學方面的
英譯，基本術語與用詞不但不一致，所譯內容往往與原文有很大
出入。原本已艱深難懂的內容，再加上用詞不當或誤譯，愈加產
生了莫名的混亂與迷惑。翻譯的主要目的是讓非漢語讀者瞭解原
文的內容，設若如此，倒不如不譯的好。誠然，西方易學界在《周
易》的用詞方面也不盡統一，他們面臨的問題不在於對辭彙的選
擇不當，而更多的是出現在對《周易》之理解程度上的問題。另
外，必須予以說明的是，譯者除了對《周易》本身必須有較高的
造詣外，還須對先秦哲學乃至中國哲學和諸子百家之典籍也應有
所瞭解，這樣才能反映出譯者的學術水準。但是，翻譯的基本術
語或用語，要有一套規範的、統一的標準辭彙（主要指英譯辭彙），
這是不能含混的，也是沒有其他出路的。吳鈞教授專著的第二編
《全英譯<易經>》，為我們提供了英譯的範式。誠如作者所言：
"在對《易經》卦爻辭深入理解的基礎上，將其整理翻譯為更為
容易理解的現代漢語詩歌，然後再嘗試將其翻譯成英文，這一嘗
試的目的在於使《易經》這部博大精深的古典之書更容易被理解。
《易經》詩體英文翻譯的目的在於為《易經》英譯與世界傳播的
參天大樹，增添一葉新綠。"作者在漢譯英的過程中，總是苦心
孤詣，字斟句酌，選用那些能夠準確表現思想內容，蘊含著熾熱
情感的語言，來叩動讀者的心扉，引起共鳴。對此，我們用現代
廣為流行的網路語言來說，值得粉絲們點贊和分享。

　　《周易》的科學內涵得到越來越廣泛的承認和尊崇，中國古
老的太極八卦圖確實有著玄妙深奧的哲理。但是，他裏面仍然有
許多不解之處，至今仍是傳說和不確切的猜想，而無確鑿之實證。
古老的太極八卦圖，叩擊著現代科學殿堂的大門。一些有識之士，
正在登堂入室，探其奧妙。現代社會正值革故鼎新之際，"順天

應人，與時偕行"之理念，正在轉換成新的時代精神，這就是與時俱進。與時俱進必須自覺地順應歷史潮流的發展趨勢，"時止則止，時行則行。動靜不失其時，其道光明。"（《艮·象》）後世易家對此多有論述。近現代的仁人志士亦吸取《周易》革故鼎新的思想，探求國運昌盛之路。可以看出，他們對《周易》領會最深的莫過於知變、適變、應變之理了。

　　文化是溝通人們心靈和情感的橋樑，也是各國加深理解和信任的紐帶。璀璨的中國優秀傳統文化具有極大的魅力，讓中國文化融入到世界文化發展的大格局中，必定產生重大而深遠的影響，定能增強國人的文化自覺和自信，為偉大中華民族的復興而自強不息！

　　望吳鈞教授不斷以新的成果奉獻於學術界，奉獻于世人，讓世界文化大花園更加豔麗多姿！豐富多彩！

　　　　　　　　　　周立升 於山大南園寓舍
　　　　　　　　　　2016 年 7 月 1 日

　　周立昇，山東大學哲學與社會發展學院教授，曾任山大哲學系中國哲學教研室主任、系主任。山東社科聯委員、山東哲學會顧問、山東周易學會名譽會長、國際易學聯合會顧問、中國墨子學會顧問、中國孔子基金會學術顧問等。著有《老子的智慧》、《稷下七子捃逸》、《兩漢易學與道家思想》、《周立昇文集》（四卷）等。主要從事中國哲學特別是儒學、道學和易學的教學和研究工作。

楊　序

　　《易經》是中國傳統文化的"大道之源"，"易道廣大，無所不包"。唐朝的賈公彥在《周禮義疏》中說過："譯即易，謂換易語言使相解也。"可見自古以來，就有研究者將"易學"與"翻譯"聯繫在一起進行探討，易學與譯學從本質上來講就是相通的。翻譯，簡而言之，是把一種語言轉變成另一種語言的活動。用《易經》的思想來解釋，翻譯就是一種"變易"的文化交流活動，而易經的翻譯，不僅是一種文字的"變易"，更是對中國傳統文化的傳播。

　　長期以來，中國的翻譯學研究幾乎沒有中國自己的獨立研究體系，而是幾乎全盤接受套用西方的理論話語，中國的翻譯理論研究僅是為西方理論系統做實證而已。吳鈞的專著《譯易學研究》，則是從中國易經的角度研究翻譯學的一個令人耳目一新的創舉，她運用易學的思維與原理，探討中國翻譯學的理論與實踐問題，為建立中國自己的翻譯學進行了可喜的嘗試。

　　在吳鈞的專著《譯易學研究》中，吳鈞將"易"與"譯"進行了幾個方面的比較與研究。例如從"太極"、"兩儀"、"四相"幾個方面探討了"易"與"譯"的相通之處；用易經的"三易"與翻譯的"三難"進行了對比與論說。這種將易經的"三易"與譯事"三難"的"信達雅"對應起來進行比較研究的方法，為發現和闡述"譯"與"易"的互為關聯的規律，為探究中國傳統的翻譯理論進行了有益的探究。將易經研究與翻譯理論結合起來研究，以“易”意“譯”，這就是最具中國特色的翻譯理論的研究道路。

在吳鈞的《譯易學研究》中，她還探討了“易”的“五行”與“譯”之“五德”的關係。她用這種以“五行”思維進行的翻譯學解釋，揭示了翻譯家應當具備的基本道德規範與大自然的“陰陽五行”規則是相通的道理。而研究“陰陽五行”對中國人、對翻譯家的影響力，對總結中國乃至世界優秀翻譯家的獨特品質與貢獻具有重要意義。吳鈞在本著作“八卦”與“譯之八律”的對比研究中，依照“八卦”所代表著的世界萬事萬物的基本性質，分析了優秀的翻譯文本的八個基本要律，而“八卦”的變化規律對於解釋翻譯的規律與變化，也是有著重要的啟迪與指導意義的。

本著作的第二編特別值得稱道。吳鈞在認真研讀《易經》的基礎上，將古奧的《易經》卦爻辭進行了卦解、爻辭注釋、整卦解釋。在此基礎上，吳鈞又進行了既不違反卦爻辭原意與卦序，又力求通順易懂的現代漢語的詩化語言的易經翻譯，進而又進行了易經詩化英語的翻譯。吳鈞的用詩化的語言進行的易經翻譯，在英語譯文的押韻與節奏等方面的創新頗具特色，它不僅可以令英語讀者感受到易經古詩的節奏美，還可以使讀者在閱讀中感受中國易經的博大精深的意境、享受到中英詩化語言的美感。她的易經漢語白話詩與英詩翻譯均注意了英漢詩歌的節奏、韻律等特點的體現。這種翻譯與創新會使得易經的閱讀與理解更加簡易、有趣、有益。吳鈞的易經英譯還糾正了之前中外幾個譯本中的一些誤讀與誤譯。

總之，吳鈞的專著《譯易學研究》，是用《易經》的理論與方法來研究翻譯學理論與實踐，是在中國易經思維指導下的傳統翻譯理論研究的一創新嘗試。吳鈞首開借助中國易經理論系統地研究中國傳統翻譯理論的先河。吳鈞的這一論著是在這一研究領域的一個可喜的開創性的工作。當然，與易經的跨學科多元研究相比，易經研究與翻譯學結合的研究還是遠遠不夠的，吳鈞的這本著作在所涉獵的問題上，還有待於進一步深入系統化與條理化。期待吳鈞沿著這一開拓性的研究主題繼續前進，取得更深入的研究成果。

　　是為序。

楊端志

2016 年 6 月 8 日

楊端志，山東大學二級教授，博士生導師，漢語言文字學博士學科點學術帶頭人，山東省漢語言文字學強化重點建設學科學術帶頭人，國家哲學社會科學專案通信評委，教育部哲學社會科學項目通信評委，山東大學學術研究部顧問，山東大學周易研究中心教授，山東省外國語學會符號學學會會長，中國訓詁學會常務理事等。北京大學《中國語言學》編委，復旦大學《中國學研究》顧問。出版學術專著《訓詁學》《漢語詞義的探析》《漢語史論集》等 18 部，發表學術論文《周易韻考韻讀》《試論確定漢語詞的原則》《誤讀與新義》等 60 餘篇。承擔國家哲學社會科學重點項目“漢語辭彙通史”、教育部哲學人文社會科學重點研究基地重大專案“《周易》語言學研究”等共 15 項。獲省部級等各種獎 15 項。培養國內外碩士、博士、博士後 220 余名，一批已經作了院長、系主任、學科帶頭人，成為著名學者。

前　　言

　　《易經》是講世界萬物變化規律的學問，而翻譯是把一種文本轉換成另一種文本的轉碼，其本質也是一種變化。由此可見，將《易經》研究與《翻譯學》聯繫在一起進行研究不但是可能的，而且是應該的。易經是中國傳統文化的大道之源，若用易學的原理來闡釋翻譯學，將中國的譯學與易學融會貫通，必將為中國翻譯學的研究打開一條新的研究思路。正是這種探討的可行性促使筆者選擇《譯易學研究》作為自己的研究課題。願它的誕生為姹紫嫣紅的世界譯學百花園中增添一朵小花、一棵小草。

　　說到翻譯理論的研究，儘管古今中外各種理論與流派學說繁多，但就中國近年以來的譯界研究來說，對自己本民族的傳統翻譯理論的研究不多，對中國古代傳統的譯論的繼承與發展遠遠不夠，而當前的翻譯理論研究更多的是追隨西方的新潮理論，為西方的翻譯理論做注解與實證。如果要改變這種現象，就必須從挖掘中國傳統文化中的關於翻譯的基礎理論與實踐做起。而要研究中國自己的翻譯理論，就不能不談易經，因為這是中華民族傳統文化的源頭活水、大道之源，易經與翻譯研究是息息相關的。在中國古代，就有用"易學"的哲學思想來探討、解釋翻譯理論的。據史料記載，唐朝的賈公彥就說過："譯即易，謂換易語言使相解也"。可見從中國古代起，就有先哲們將易經與翻譯相提並論。用現代漢語言來解釋賈公彥的話，就是說，翻譯是變易的活動，是把一種語言文字換易成另一種語言文字、並使其能夠被理解的活動。

　　根據中國古代"譯即易"的觀點，筆者首次提出《譯易學》的命題，嘗試為建立中國自己的翻譯理論添磚加瓦，而不是跟在西方譯論後面亦步亦趨。

　　本《譯易學研究》分為兩編。第一編進行了譯易學理論的探討，將"易"與"譯"進行了幾個方面的對比與論說，例如從"太極"、"兩儀"、"四象"幾個方面探討了"易"與"譯"的相通之處；用易經的"三易"原則與翻譯的"三難"進行了對比研究。這種將易經的"簡易"、"變易"、"不易"之"三易"與譯事"信"、"達"、"雅"之"三難"的對應比較研究，是為了尋找和闡述"譯"與"易"的互為關聯的規律，探究中國傳統的翻譯理論的研究方法。在這一編中，筆者還探討了"易"的"五行"與"譯"之"五德"的關係，嘗試揭示大自然"陰陽五行"的規則是與翻譯家所應具備的基本道德規範是一致的。筆者還從"八卦"尋找"譯之八律"的可行性，嘗試探討"八卦"所代表著的世界萬物的基本性質與翻譯的關係問題，由此進一步借助於八卦思維，歸納總結了優秀的翻譯文本的八個基本要素。

　　在本著作的第二編中，筆者在認真研讀《易經》卦爻辭的基礎上，嘗試將古奧的《易經》64卦進行了卦解、爻辭注釋、整卦解釋幾個方面的研究工作。此後，筆者嘗試對易經進行了詩化漢語、以及英語的翻譯。筆者力圖簡明扼要地再現古奧《易經》卦爻辭意境與思想，在《易經》的現代漢語白話詩歌與英語譯文上都力求詩歌語言的押韻與節奏，努力使譯文的漢語及英語翻譯讀起來都朗朗上口。這樣做的目的在於為讀者在閱讀中既感受到中國《易經》博大精深的意境、又享受到中英詩化語言的美感。由此，筆者苦心經營，反復推敲，力求《易經》漢語白話詩與英詩翻譯均注意英漢詩歌的節奏、韻律等詩歌語言的特點的體現。這種翻譯與創新的結合，會幫助讀者在本書的閱讀中，對古老的易經的理解更加簡單、準確與生動有趣。

　　本著作為筆者的山東省社科規劃項目的研究結果，筆者嘗試用《易經》的理論與方法來研究翻譯學理論與實踐，用中國《易經》思維指導翻譯理論的研究。這本著作僅僅是筆者在這個領域研究的一個開端，所涉獵問題的研究只是剛剛起步，研究還有待於進一步深入與系統化。在本書第二編的《易經》英譯中，筆者對之前中外幾個譯本中的一些可能的誤讀與誤譯進行了糾正，也期待著持不同觀點的讀者的共同探討與爭鳴。

總　論

　　《易經》是中國傳統文化經典的“群經之首”，它是祖先留
給我們的蘊藏著取之不盡、用之不竭的大智大勇的傳世之寶，是
中國人生生不息的力量與智慧的源泉。《易經》還是一部博大精
深、古奧晦澀的“天書”，對這本“天書”的研讀，也並非一朝
一夕可以完成的事情。《易經》，成書於西周時期，至今已經有
了 3000 多年的歷史了。這一中國文化的寶典經歷了時代的風雨洗
禮，仍然曆久彌新，經久不衰。

　　《易經》作為中國經典的“大道之源”，長期以來就備受中
外學者的關注。特別是近代以來，《易經》引起了西方學者的熱
切關注，據說德國哲學家萊布尼茨（Leibniz，1646～1716）正是
由於當年研讀了中國的《易經》，從中國的陰陽八卦演變出六十
四爻，乃至無窮無盡的啟迪出發，創建了他的二進位。而正是由
於二進位的利用，引導了電子電腦的實現，進而引發世界跨時代
的變革。由此可見，中國的“大道之源”《易經》寶藏中蘊含著
無窮的智慧魅力與能量。

　　《易經》是中國數千年傳統文化的活水源泉，它是中國文化
獨特的傳承，是中國獨立於世的珍貴歷史文化寶藏，《易傳》是
一部以形象思維為特點的中國寓言，是一部博大精深的哲學經
典。在中國，自古以來中國人就用《易經》來解釋宇宙的千變萬
化。《易經》以“爻”做識別字號，模擬天下萬物之運動,陰陽互

動，變幻出八八六十四卦的大千世界的運作。這一《易經》的原理可以用於人類生活的各個領域。由此，我們自然也可以用《易經》來做翻譯研究的指導思想寶典。早在中國的唐代，就有賈公彥在《周禮義疏》中說過："譯即易，謂換易言語使相解也"。可見將《易經》與翻譯相提並論自古以來就有之。

　　但就翻譯學的研究來說，長期以來在我國的翻譯研究領域，起主導作用的是各種各樣的西方語言學理論。例如：索緒爾的語言學、喬姆斯基的轉換生成語法，皮爾士的語言符號等等。由此，翻譯研究就成為隸屬於語言學研究的一個小小分支，或者被劃為比較文學研究領域的範疇。

　　然而翻譯究竟是什麼呢？是否可以自立於學術研究之林稱其為一個獨立的學科呢？多年來譯界同仁們為此做了不懈的努力，很多學者為翻譯學的建立提供了寶貴的經驗。但是，正如有中國學者所指出的那樣，近幾十年來，中國的人文學科研究在很多方面缺乏自己的獨立研究體系，研究具有"西化"的傾向，所做的研究也就成了接受套用西方的理論話語，自己的研究僅僅是為西方的理論系統做實證，這正是中國翻譯理論的研究現狀。例如，自上個世紀八〇年代以來，中國翻譯界引進了大量的西方翻譯理論，高等院校的翻譯教學講壇也先後被各式各樣的西方翻譯理論所佔領，而中國自己的譯論發聲微弱。

　　但是眾所周知，中西方人的思維方式是不同的，由此，中國的翻譯理論也應該與西方的翻譯理論有所區別。倘若我們建造的中國譯學能根植于中國傳統文化，從《易經》這個"大道之源"汲取精神文化養分，那麼，我們就能建立起以易學為主導思想的中國譯學，它將從根本上改變目前的研究現狀，使得中國的譯學研究不同於西方哲學與西方翻譯學。因為中國翻譯學可以是中國傳統易學的應用與實踐，也可以被看做是中國易學研究的分支。

　　在研究中筆者發現，中國易經的太極、兩儀、三易、五行、八卦等思想都可以在翻譯研究中得到運用。本著作旨在從《易經》的"大道之源"汲取精華，用以研究具有中國特色的翻譯理論。由此，本作者在本著作中努力嘗試對《易經》的太極、兩儀、三易、五行、八卦等思想都做了翻譯學的詮釋與運用，用《易經》的原理來闡釋翻譯的理論，期待由此走出一條中國自己的翻譯學發展的道路。

　　本部《譯易學研究》的寫作，是作者嘗試在翻譯與《易經》之間尋求貫通橋樑的實踐。作者在研究中嘗試探究《易經》與翻譯的相通之處時，抓住了《易經》的幾個基本點。例如《易經》的"太極"與翻譯的概念之比較、《易經》的"兩儀"與翻譯的原文與譯文、《易經》的"四象"與翻譯的四個基本項等方面進行了比較與研究；筆者還就"三易"（簡易、變易、不易）與翻譯的"三難"（信、達、雅）進行了論說與研究；筆者探究了《易經》"陰陽五行"規則對翻譯家的影響，發現優秀的翻譯家的獨特品質與其的暗合相通之處。在"八卦"與"譯之八律"的對比研究中，筆者依照"八卦"所代表著的世界萬物的基本性質，分析了翻譯文本應當具備的八個基本要律，筆者力求使這種新的翻譯學研究分析法別具一格，力求體現《易經》的主導思想、中國特點與濃厚的中國傳統文化風格。

　　本部《譯易學研究》著作是作者從翻譯研究的角度出發，對《易經》的全新感悟，是對中國自己的翻譯理論的探索的結果，研究旨在以易學原理闡釋翻譯的規律與法則。本《譯易學研究》的具體內容如下：

　　在本書第一章中，作者探討了易譯相同的道理。"剛柔相推，變在其中矣。"依據《易經》一陰一陽之道，可以分析推演翻譯的原文與譯文之間的關係。太極，是世界上萬事萬物的源頭活水；翻譯，是世界不同文化交流的必由之路。作者假設翻譯的"太極"就是由"原語"（source language）與"目標語"（target language）這"兩儀"所組成的。翻譯的這"兩儀"與"太極"之"兩儀"一樣，也是相互依存、相互作用的。太極是"亦陰亦陽"的，它的"陽"與"陰"是你中有我，我中有你的。而翻譯的原理相同，若沒有"原語"，"目標語"就無從談起；反之，沒有"目標語"，"原語"也就失去了翻譯的意義。《譯易學研究》的作者還用《易經》的"四象"思維來分析劃分翻譯的"四項"，即將翻譯的"原語"看作是"四象"中的"老陽"，翻譯的"目標語"看作是"四象"中的"老陰"。進而將翻譯的"原語之語言與文化"看做是"四象"中的"少陽"，而翻譯的"目標語之語言與文化"就是"四象"中的"少陰"。由此，這四項就構成了翻譯的四個基本要素。接下來作者分別闡釋了翻譯基本"四項"的語言特點與在翻譯中的作用等問題。正如太極的陰陽結合、陰陽互動、變動不居與生生不息，翻譯的世界由此也呈現出生生不息、繁榮昌盛的氣象。

　　本著作第二章中，作者討論了"三易"與譯之"三難"問題。而探討被稱之為"譯事三難"的"信"、"達"、"雅"，被很多學者認作是探究中國全部的翻譯理論問題。對於《易經》翻譯實踐來說，做到這三個字更是難上加難。

　　本著作第三章探究《易經》"五行"與譯之"五德"問題。"陰陽五行"學說是中國古代聖賢大智慧的結晶，它是我們的祖先在觀察天地萬物的發展變化中逐步形成的，"五行"是事物的陰陽相互作用的產物，"木、火、土、金、水"這五種基本物質以及它們的運動規律，可以在中國翻譯學的研究中作為關照與佐證。從這個角度的研究，是我們尋求建立具有中國特色的翻譯學理論的一個有效途徑。學者顧頡剛曾說過"五行，是中國人的思想律，是中國人對於宇宙系統的信仰。"由此可見，以"陰陽五行"的原則來探討翻譯者的"五德"是完全可行的。

　　本著作第四章探究《易經》"八卦"與譯之"八律"。《易經》以"天人合一"的基本原則、"推類"的思維方式，以"八卦"歸納演繹天地萬物的變化特徵。而將"八卦"與翻譯"八律"結合起來比較研究的依據在於：《易經》"八卦"和翻譯規律都屬於人類的認知範疇。"八卦"是中國古代先民在長期的生活實踐中總結出的人類認知世界的基本規律，而翻譯規律則應當是人們在長期的翻譯實踐中總結出的關於翻譯的基本規律的認知。由此，用"大道之源"的陰陽"八卦"來指導闡釋翻譯的規律就不僅是可能的，而且是完全行得通的。《易經》"八卦"可演變出六十四卦，乃至源遠流長無窮無盡，構成大千世界的萬事萬物。根據八卦的基本規律，歸納總結的"譯之八律"，是從衡量優秀的翻譯文本應當達到的標準和要律談起，如"乾"、"坤"、"震"、"巽"、"坎"、"離"、"艮"、"兌"各卦的精神，是如何體現在翻譯上的。例如：從文學翻譯文本的要律談起、從翻譯事業的艱難對照上談起，都是有話可說、有路可走的。如對照"乾"卦精神，我們談譯文之陽剛正氣；對照"坤"卦精神，我們談譯文之守持正固；依次進行的比較研究為："震"卦與譯文之震耳發聵；"巽"卦與譯文之深入人心；"坎"卦與譯文之似水奔流；"離"卦與譯文之光明燭照；"艮"卦與譯文之不出其位；"兌"卦與譯文之澤被蒼生等。由此，"八卦"（乾、坤、震、巽、坎、離、艮、兌）的特性在翻譯中都有具體的表現，都可以舉出典型例證。

　　在本著作第二編中，筆者在對《易經》卦爻辭的認真研讀的基礎上，力求對《易經》卦爻辭做準確的理解。此後筆者將《易經》六十四卦爻辭注釋整理、翻譯為更為通俗易懂的現代漢語詩歌，進而嘗試將其翻譯成英文詩歌。這一嘗試的目的在於使《易經》這部博大精深、晦澀古奧之"天書"更為容易被理解與接受。《易經》的英譯到目前，國內外已經有了幾個不同版本的翻譯，但《易經》詩體英文的翻譯還不多見。這一編每一卦的寫作順序為：一、易經爻辭；二、卦解與注釋：（1）卦解；（2）爻辭注釋；（3）整卦解釋；三、漢詩翻譯；四、英詩翻譯（English Poetic translation）。在這一編的寫作中，作者對《易經》現代漢語詩歌和《易經》英語詩歌體的翻譯都傾注了大量心血，反復比較推敲，要求既不破壞《易經》爻辭原有的卦序和爻辭含義，又要簡潔準確、富有詩歌的節奏與韻律。呈獻給讀者的這一稿翻譯凝結著筆者辛勤勞動的汗水，但是，《易經》古典的博大精深，決定了對它的研究與翻譯絕不可能一蹴而就，這本《譯易學研究》還需要不斷地補充完善修正，以求趨於圓滿。

　　可以預言，研究易學對中國譯學的影響、總結中國譯學自己的變化規律，必將形成中國人自己的翻譯理論，其研究價值與影響將會極其深遠厚重。而本著作就易學中的一些基本概念如陰陽、兩儀、三易、四象，五行、八卦等的翻譯學解讀，證明了《易經》的真理性與普遍性，它的原理和原則完全可以運用在翻譯學的理論與實踐中去。中國的翻譯學只有汲取易學的養分，充實自己的機體，才會形成自立於世界民族之林的、中國自己的、至簡至易、完美天成的中國獨立的翻譯學。

　　總之，《易經》是蘊含著中國傳統文化精華的巨大寶藏，作為中國翻譯研究者，有責任在前賢研究的基礎上，接著往下說，對易經與翻譯的關係與本質進行深入的開拓與挖掘研究，這就是我的《譯易學研究》的論著目的，我願與學界同仁共同努力，為中國自己的翻譯理論大廈的建立而添磚加瓦。

第一章　譯易相通

　　"譯即易，謂換易語言使相解也。"[1]。由此可見，翻譯研究與《易經》研究的道理是相通的。在這個領域的研究是大有作為的。

　　首先讓我們簡要梳理一下翻譯學研究的現狀。自 20 世紀 80 年代初國內改革開放以來，翻譯領域的研究發展迅速。種類繁多的研究理論和流派不斷呈現，對國外翻譯理論的大量引進與吸收頗為壯觀。一大批國外現代翻譯理論被源源不斷地引進國內，特別是英美派的主流翻譯理論的代表人物的作品受到重視。如：美國的尤金·奈達的理論、英國彼得·紐馬克、喬治·斯坦納的理論，德國的沃爾夫拉姆·威爾斯等人的理論等等。中國翻譯界的學者們在汲取了西方理論的基礎上，深入研究著書立說，提出了各自獨具特色的翻譯理論，湧現出一大批翻譯理論的研究成果。例如：李亞舒先生的《中國科技翻譯學的科學內涵》、《譯海采珠科學家談翻譯》等專著，李亞舒先生和徐樹德先生還共同提出了"找譯譯法"的探究新思路；劉重德先生提出了"信、達、切"的對"信達雅"理論的改良策略，而李越然先生提出的口譯標準"准、順、快"也是十分值得稱讚的。還有劉宓慶先生的《現代翻譯理論》、辜正坤先生的《中西詩比較鑒賞與翻譯理論》、王佐良先生的《翻譯：思考與試筆》、《論新開端：文學與翻譯研

1　【漢】鄭元（玄）、【唐】賈公彥疏《周禮注疏》、《十三經注疏》，北京：中華書局，1980 年，頁 869。

究集》等等，都是中國翻譯界的學者的創新著作，他們的作品豐富了翻譯學研究的成果，開拓了我們的研究思路。

　　應當看到並欣賞當代中國的翻譯理論研究所呈現的多元化的勢態。因為中西文化的交流勢在必行，中國傳統的翻譯理論研究與發展也應當是多方吸收融合的結果。中國的翻譯研究，如同我們的中華民族一樣，也是在歷史的長河中，不斷地吸收融合了其他民族才逐步形成當前的狀況的。翻譯研究的多元化使得中國的翻譯百花園豐富多彩，但是我們在學習吸收其他民族的優秀文化以及翻譯理論的同時，應當保持我們自己本民族的獨特的翻譯文化和翻譯理論傳統。中國翻譯理論在自己的發展過程中應有自己鮮明的特色，我們的翻譯體系還需要進一步完善，缺漏還有待於彌補填充，理論還有待於昇華總結。如果能在《易經》的宏大視野下開拓，我們的翻譯研究一定能走出自己的一條道路，使之成其為一個不同於西方、獨具中國特色的自己的翻譯理論體系。

　　本章這裡的探討僅是中國傳統翻譯研究的一個嘗試與開端，更為細緻的多方面的研究有待進一步的深化。本章的論述順序為：一、將太極與翻譯進行比較；二、由翻譯的“太極”，到“原語”與“目標語”的兩儀，三、由易經的四象談到“譯之四項”，即翻譯的四個基本要素。第一第二個問題這裡只是簡單勾勒出大致的輪廓，主要將第三個問題譯之四項在這裡展開進行討論。

一、太極：翻譯

　　從《譯易學研究》的角度看，我們不妨將翻譯事業也看成是一個由“兩儀”組成的“太極”整體。這是因為翻譯事業的整體也與"太極"分化為"兩儀"一樣,是由基本要素"原語"
(source language)與"目標語"(target language)兩大部分組
成的。而這兩大部分也是相互依存、相互作用的,這與《易經》
的"太極"生"兩儀"的道理是一樣的。太極"亦陰亦陽",它
的"陽"與"陰"是你中有我,我中有你的。翻譯的道理與此相
通,沒有"原語",就無所謂"目標語",反過來講,沒有"目
標語","原語"也就失去了翻譯的意義。翻譯的"原文"與譯
文也是"你中有我","我中有你"般密切關係的。沒有譯者對
原文的精確把握與理解,就不可能有忠實守信的譯文。"陰"與
"陽"兩儀可以互相轉化的性質對於翻譯的"原語"與"目標語
"也是可相適宜的。例如在一定的要求下,翻譯"目標語"的英
語可以轉化作為輸出語言的"原語",而漢語的輸出"原語"也可
能成為翻譯的"目標語",即所謂的英漢互譯。更為深入的相關
的論說將另外再討論。

二、兩儀:原文與譯文

《易傳》曰:"易有太極,是生兩儀"。這就是說,宇宙的
起源就是太極。伏羲"一畫開天"的一畫,也就是《易傳》所說
的太極。《老子》說:"道生一、一生二、二生三、三生萬物。
萬物負陰而抱陽,沖氣以為和。"[2]這裏老子告訴我們,"道"是
宇宙萬物生發的最初的原動力,在道的推動下,混沌的宇宙形成
為一個整體誕生,而這個混沌的宇宙是由"陰氣"和"陽氣"兩
種元素所組成的,"陰氣"和"陽氣"又是相互對立、相互作用

---

2 [春秋]老聃,梁海譯著《老子》,太原:山西古籍出版社,1999年版,第77頁。

和互相依存的。正是由於陰陽的互動，世界萬物才由此化生與形成。

關於陰陽的學說在中國遠古時期就已經形成，它是中國哲學思想的源泉與傳統。正是由於宇宙中陰陽兩種氣體合二為一，相互作用，才有了我們的姹紫嫣紅、千變萬化的世界萬物的生長發育。《易傳》的"一陰一陽之謂道"就是探究太極中"陰陽"變化的規律的，而這陰陽的相互變化，用符號陰爻和陽爻表現出來，就是"兩儀"。

太極生兩儀。太極本是"亦陰亦陽"的，就是說太極裏的"陰"與"陽"是相互密切關聯在一起的。例如天地、日月、水火、男女等等；"陰"與"陽"都以對方作為自己存在的前提。沒有"陰"，就無所謂"陽"，反過來沒有"陽"，也就談不上"陰"。正如沒有天，也就沒有地一樣。可見陰陽互相依存才有這個世界的存在。

前邊已經進行了對比，翻譯的世界也正如一個"太極"可分化為"兩儀"一樣，翻譯是由基本的兩大要素"原語"（source language）與"目標語"（target language）所組成的，進而又可分為譯之四項。讓我們看以下的將這三個問題聯繫在一起的連貫的論說。

三、四象：譯之"四項"

"太極生兩儀，兩儀生四象，四象生八卦"，由此萬事萬物繁榮生長。《易經》八卦就是由起初最基本的陽爻和陰爻所演化構成的。而陽爻和陰爻的基本要素有四種擴展的模式，也就是"二儀生四象"，即陽爻和陰爻相疊而變幻出"老陽"、"老陰"、"少陽"、"少陰"四種形式。（如下圖所示）。

老陽	老陰	少陽	少陰
▬▬	▬ ▬	▬ ▬	▬ ▬
▬▬	▬ ▬	▬▬	▬ ▬

原語	目標語	原語之語言	目標語之語言
		原語之文化	目標語之文化

　　從上圖可見，用《易經》的"四象"思維來分析對比翻譯，我們可以將翻譯的"原語"文本看作是"老陽"，翻譯的"目標語"文本看作是"老陰"。由此進一步化分，翻譯的"原語之語言與文化"就是"少陽"，翻譯的"目標語之語言與文化"就是"少陰"。這四項構成翻譯的四個基本要素。美國翻譯學大師奈達就說過：要真正出色地做好翻譯工作，精通兩種文化比精通兩種語言甚至更為重要。可見翻譯與文化是相互影響不可分割的。漢英兩種語言文化分別屬於兩種不同類型的、各具其截然不同的鮮明特色的文化系統。要做好跨文化的語際交流和翻譯，就必須首先瞭解他們之間的不同以及各自的特點。

　　漢英兩種語言文化的不同首先在於其發源地的自然環境與生存方式以及發展道路的不同。中國文化屬於大陸農耕文化，它發源於中國古老的黃河流域，這片黃土地的地理環境以及人們的生存方式決定了中國文化的特點。幾千年來中國的儒家思想一直佔據統治的地位，中國傳統文化觀念代代相傳、根深蒂固。例如講究尊卑有別，長幼有序；注重集體主義，強調群體意識，提倡"天人合一"的和諧生活方式。英語文化的發源地為古希臘和羅馬。這種地處海濱及島嶼的自然生存環境形成了完全不同于東方農耕文化的顯著特點。他們更為崇尚個人價值，注重個人的開拓和競爭作用，強調人的獨立性和自由性。

在翻譯中，"原語"與譯文"目標語"的關係十分密切。沒有譯者對原語（source language）的精確把握與理解，就不可能有忠實守信的目標語（target language）的譯文。按照《易經》"四象"的生成原理，我們不妨也把翻譯中的"原語"與"目標語"演化為"四項"即：1.老陽：原語之語言特點；2.老陰：目標語之語言特點；3.少陽：原語之文化背景；4.少陰：目標語之文化背景。按照《易經》的思維模式，分析漢語的"原語"與英語的"目標語"的關係，探究漢語文化與英語文化的不同以及各自的特點，以及在翻譯中應當注意的問題，是一項全新的、有意義並有趣的探究。這裏首先按以下四個方面進行簡述，進而探究翻譯與語言文化的關係，以及漢英兩種語言文化的差異。

（一）老陽：漢語"原語"之語言特點

漢語是中國的官方語言，屬漢藏語系。漢字是漢語的文字系統，它是一種意音文字，即在表意的同時也具有表音的功能。漢字是在中國上古時代就產生了的，傳說漢字的發明者為倉頡。據載"昔者倉頡作書而天雨粟，鬼夜哭"（《淮南子・本經訓》）。由此可見中國人對漢字的敬畏，漢字被古人看作是神聖的驚天動地的大事情。漢字的歷史可追溯至約公元前 1300 年的商朝甲骨文，漢字的傳承發展源遠流長，它是世界上連續使用時間最長的主要文字之一，漢字是維繫著中國南北統一的重要元素之一，甚至可以被列為中國的"第五大發明"。

漢語也有"書面語"與"口語"之分。中國古代的書面語是文言文，《易經》就是用這種古代漢語文言文寫作而成的。經過長期的歷史演變，漢字也在不斷地更新與擴展其容量。現代的書面漢語就是我們常說的現代標準漢語，其標準語音以北京音為基礎，具有四個聲調；其語法規範以中國北方話為基礎、以典範的現代白話文著作為依據。漢字至今仍有繁體和簡體之分，新華字典現收錄了 52 萬個漢語詞語，漢字大約有 20959 個。自古以來，中國人就對漢字充滿了感情，中國的漢字與中國人傳統的思維定式是密切相關的，歷朝歷代都有用漢語寫成的不朽著作成千上萬。看中國上下五千年的歷史，在各個朝代都有用漢字寫下的傳世之作，《易經》就是其中最為著名的一部古漢語經典著作，它被稱之為中國的"大道之源"，是中國古代先民大智慧的集中體現。

（二）老陰：英語"目標語"之語言特點

英式英語（British English），是指英格蘭（England）人的英語發音、用語及其語法規則，它為英國本土及英聯邦國家的官方語言。英式英語被英國人譽為高貴優雅的象徵，其簡潔優美清晰的發音以及豐富多彩的格言慣用法受到英語學習者的喜愛。歷史上曾經由於英國早期的殖民擴張，使得英語風行全球；而自二十世紀中葉以來，英語的世界通行卻是由於美國的崛起和其所處重要的世界地位所致。而正是由於美國在世界的經濟地位，以及美國影視的全球風靡的影響，美式英語（American English）才具有越來越能夠超越英式英語的流行趨勢。

在過去的大約四百年的時間裏，英式英語和美式英語都在不斷地更新變化，目前它們在語音、語法、辭彙三個方面都具有許多不同的地方了。甚至在兩種英語中還有些辭彙變化生成為具有截然不同的詞義的詞。例如：美式英語"fellow"用來指男性，用來表示"a man"，或者"a boy"，此外美國人還用"guy"來稱呼朋友，它的複數形式"guys"則可以用來稱呼男女都行。但是在英式英語裏"guy"是指穿著古怪的人。所以英國人一般不稱呼朋友為"guy"，英國人稱呼朋友人用"chap"，意為"非常值得信任的男性朋友"（much trusted male friend）。再如："first floor"在美式英語指"一樓"，但是在英式英語裏卻指"二樓"，"一樓"在英式英語裏是"ground floor"。這是最簡單的英式英語和美式英語辭彙差異的例子了，在翻譯中如果涉及到英美人士文化和習俗的不同，譯者自然要謹慎小心，以免誤解出錯。總的來說，美式英語較之英式英語更為自由、開放、更具口語化的特點，也具有著越來越流行的趨勢。

英語是一種形態型的語言。它的特點為注重語言形式上的接合（cohesion）。也就是說，英語的選詞造句和篇章結構，都表現出注重語言形式上的邏輯關聯與結合的恰當形式。英語的慣用法與諺語堪稱豐富多彩並始終貫穿著英語的發展進程，它們還體現著反映著英語國家人民的風俗習慣。英國作家弗蘭西斯·培根Francis Bacon，1561-1626）說過：The genius wit and spirit of a nation are discovered in its proverbs.（一個民族的智慧與精神在諺語中體現出來。）所以，要瞭解與把握英語的特點以及英語國家的風俗習慣和文化，學習英語格言與諺語就是一個行之有效的途徑。

（三）少陽：漢語"原語"之文化背景

語言是文化的載體，而文化是一個民族在自己的發展歷史中所創造的特有的精神財富。漢語文化是中國自古以來就產生並不斷發展演化至今的中國特有的文化。漢語文化在中華文明中發展壯大，它的源頭是古老的黃河文明與長江文明。中華文明源遠流長、歷經了數千年的歷史演變與融合發展，孕育了中國人引以為自豪的光輝燦爛的中國文化。中華文明與文化屹立在世界的東方，日益彰顯出它的無窮魅力與永恆價值。中國的傳統文化歷史悠久博大精深，要全面綜述評價，還需要下大功夫深入研究。但就與翻譯研究而言，可以從以下幾個方面的特點加以初步的概括總結。

（1）崇尚"天人合一"的生命哲學

　　"天人合一"是中國文化的基調。"天人合一"的"中道"思想"不僅是易學研究的重要概念，也是中國傳統文化中的一個核心概念。對於中國人來說，這是一個不可忽視和不能回避的大背景。"[3]"陰陽互補"的"中道"思想，是中國人追求"真善美"的基本行為模式。在中國文化中，"中"是一個非常重要的概念。最早系統地論述"中"的哲學概念的就是《周易》。中國的儒、道學說都尚"中"，儘管兩種學說對"中"有不同的解說，但它們關於"中"的思想都來自《周易》的原點。孔子讀易"韋編三絕"，對《周易》貴"中"的價值觀有著深刻的感悟。儒家學說的"中庸之道"是對《周易》待機而動的"時中"思想的繼承和發展，"中庸之道"與《周易》的"中道思想"一脈相承。[4]所以說，《易經》是中國的"大道之源"，也是中國文化的基石所在。中國人的生命哲學就是"陰陽哲學"。自古以來眾多的中國仁人志士都崇尚"天人合一"的中國文化精神，發揚光大天道"生生不息"、"自強不息"的精神，維護源遠流長的中國文化世世代代傳承下去。貴"中"思想是滲透在中國人的血液之中的，在"大道之源"的《易經》裏，"中"字出現的頻率就高達

3 吳鈞：《魯迅翻譯文學研究》，齊魯書社，2009 年版，第 37-50 頁。
4 吳鈞：《論魯迅"中間物"翻譯理論的基礎》同上。

上百次。

（2）遵循"形象思維"的認知模式

　　形象思維是中國人的突出長處與特點。例如《易經》的卦爻辭就充滿了形象生動的比喻。中國歷代的詩詞中形象類比的語言運用比比皆是。而象形文字的使用是中國人形象思維的主要原因之一，漢字的象形功能，對使用漢字的中國人的大腦思維產生了與生俱來的深刻影響。"尚象"也由此成為中國傳統文化的特徵。這與《易經》用"觀象制器"解釋中國文化的起源是相一致的。例如，中國唐代大詩人杜甫的《絕句》："兩個黃鸝鳴翠柳，一行白鷺上青天。窗含西嶺千秋雪，門泊東吳萬里船"就是典型的體現中國人形象思維、寓情于景的佳作，讀他的詩歌，我們仿佛看到眼前一派生機盎然的春天的美好圖畫。再如《易經》爻辭，處處充滿生動形象的比喻。"乾"卦中用"龍"象徵"上天"的元始，亨通，和諧，貞正。而"乾"的含義還是"健"。在遠古，"天"還指"太陽"。太陽運轉不息，剛健永恆。所以，"龍"的形象又代表了像"太陽"一樣運轉的自強不息的"君子"。君子應當效法天道，自立自強，奮鬥不止。這一系列的形象思維的元素，都用一個"龍"生動的表達出來了。

（3）擁有"集體主義"的整體價值觀

　　中國人的傳統的價值觀為：個人是通過對集體、對民族的貢獻而體現個人價值的。"國家興衰，匹夫有責"是中國人道德評判的重要標準。所以，一個中國人的一生，不僅僅是要對自己負責任，更重要的是要對家族、對民族、對國家負責。正是出於這樣的整體文化價值觀，中國人具有強烈的集體意識，為了集體的利益犧牲個人的利益就是道德評判的標準。中國人講求人際關係，家族關係，把自己融為集體的一分子的思想似乎是與生俱有的根深蒂固的價值觀念。中國歷史上的民族英雄舉不勝舉，例如明清之際的鄭成功，他率將士數萬人，英勇作戰、擊敗荷蘭殖民者收復臺灣；抗日戰爭中的民族英雄張自忠將軍等無數中華好男兒，他們都是中華民族道德評判的楷模，他們的名字永遠被中國人民所銘記並世世代代被傳頌。

（四）少陰：英語“目標語”之文化背景

西方文化的發源地是歐洲南部三面環水的希臘半島，那裏延綿 3000 多英里的海岸線和星羅棋佈的大小島嶼，哺育了發達的海洋貿易。西方人的這種生存環境和地理特徵決定了其文化特徵性為“海洋貿易模式”。商業文明的道德強化了西方文化的個人本位主義，正是這種“海洋貿易模式”的特徵決定了其文化的開放性和擴張性，西方的文藝復興時期更是崇尚個人主義，反對神權，倡導對人的價值的尊重，對人的尊嚴的重視。

西方文化的另一來源在於宗教的長期作用。基督教宣傳的“生而平等”的理念深入人心。基督教傳播的思想深刻地影響了西方人的思維模式，決定了西方人的行為規範。就思維模式來看，具有英語語言文化背景的西方人，在思維形式上具有重理性思維、重形式完備的顯著特徵。西方文化的長期薰陶使得西方人擅長“直線式”的思維方式，西方人注重科學與理性分析，講求實證。他們習慣於抽象思維，能夠比東方人更為邏輯地進行判斷和推理。古希臘哲學家亞里斯多德就認為，人類是論理而不是講情理的動物。講求思維的邏輯性是西方文化與思想的重要標誌之一。

上述是根據陰陽“兩儀生四象”模式對翻譯中所涉及到的

"原語"與"目標語"以及其文化的相關"四項"的簡要歸納。瞭解它們的特點與差異，將有利於我們明確翻譯的基本要素和所面臨的主要障礙。進一步思考翻譯中所遇中西文化差異是一項細緻的工程，這裏略為簡述以下的三個顯著的方面加以證明。但就中西文化差異的議題來說，需要探討的方面還很多，這裏的論說難免挂一漏萬，這些都將留待今後的研究逐步地將其深入系統化。

中西文化差異舉例：

1.民族風俗習慣不同的文化差異

民族風俗習慣是一個民族特性的體現，是本民族人民在長期的生活中自然形成的社會習俗。中西方不同的民族有著各自不同的風俗文化，這就使得翻譯不同民族風俗文化的作品時容易引起誤解與錯譯。例如：《易經》爻辭中的諸如"龍"、"乾"、"坤"等許多詞，對於英語讀者來說，若不加解釋，就可能因其對同一詞語的不同理解而產生誤讀。

談論中西文化差異，首先就是不同民族的人的生活習慣與民俗傳統的不同，而不同民族的生活習慣直接反映出其文化思維定勢的差異。民族基本的生活習慣與傳統民俗的不同，還影響著翻譯的品質問題，成為有礙整體理解的關卡。"民以食為天"。那麼首先讓我們談談飲食文化。就餐具來說，中國人吃飯用筷子，西方人吃飯用刀叉。這不僅是進食習慣的不同，更是由此產生的東西方人生活觀的差異。中國人用筷子與家人一起圍坐餐桌共同進餐其樂融融，而西方人用刀叉是採用的分餐制。由此，中國人用筷子的合餐制與中國人比之西方人更為牢固的家庭觀念是一致的，而西方用刀叉的分餐制，與西方人更為獨立的生活習慣也不無關係。

除此之外，中西方人在生活上還有著千差萬別的不同習俗的。再例如對顏色的寓意的不同認識，對寓言的理解的不同等等，這些都需要我們仔細觀察、認真辨別。由不同的風俗習慣探究不同民族長期以來形成的文化意識的差異，感受不同民族心理狀態以及民族風俗的豐富多彩，將有利於翻譯時對譯入語民族語言的正確把握與理解。

在翻譯中，譯者還要注意英語中的許多習語都是出自民俗的，若不瞭解一個民族的習俗，就難以翻譯正確與恰當。例如："dragon" 通常被譯為 "龍"，然而在英語中，"dragon" 代表著 "邪惡" 與 "兇殘"，這就不能與《易經》中《乾》卦的 "龍" 相提並論。

同樣，漢語中有許多辭彙也是中國人生活中的習俗反映，如果沒有很好地理解就匆匆動手翻譯，就沒有不出錯的。例如："白喜事"，是指為壽終正寢的老人舉辦的葬禮，但對於西方人來說，他們就可能不理解為什麼要將葬禮稱之為 "喜事" 呢？再如：在《易經》的爻辭中，有許多古人生活器皿的辭彙、祭祀的專用語等，將它們正確地翻譯成英語也得下一番考究的功夫。

2.思維方式不同的文化差異

中國傳統文化崇尚 "天人合一" 的思想，這是來自于 "大道之源" 的易經的原點的。中國人習慣於把無論是自然現象還是人事糾紛都納入由 "陰"、"陽" 兩爻所組成的 "八卦" 系統進行推算思考，以此來求吉利避災禍。中國人處理問題注重總體思維，習慣於從一個事物與其他事物的聯繫上尋求解決問題的方法。

中國人的這一思維模式反映在寫作與翻譯的語言中，就是中文在遣詞造句、謀篇結構上重視對文章內在結構、上下文關係的語言結構的細緻安排。即使漢語作寫作時很少使用關聯詞，但是依據文章上下文意義的連貫，仍然可以達到整體連貫的謀篇目的。

　　而英文文章結構的 "coherence"，則一定是通過上下文的關聯詞層層連接，邏輯地展現在讀者眼前的。英語的遣詞與謀篇，習慣於其空間型架構的安排，這與漢語是不同的。因此，在翻譯時一定要加以注意，隨時按照東西方讀者的不同閱讀習慣而添加關聯詞或省略關聯詞等等。在本書第二編中《易經》的英語翻譯中，我們可以看到許多這樣的翻譯難點與例句。

3.價值觀不同的文化差異

　　價值觀是指人們在做出決定與選擇時所依據的規則與標準。人的價值觀的不同反映了民族習慣和文化薰陶的差異。在中西兩種文化中，都有各自文化的普遍的 "文化價值觀"，而不同的文化價值觀又決定著人的社會行為準則和規範。

　　在翻譯中出現誤譯的主要原因之一，就是由於不瞭解目標語讀者與譯者不同的價值觀所造成的。由此，在翻譯中不僅要注意譯者的文化價值觀與原作思想是否匹配，還要注意譯者自己的文化價值觀是否會被目標語讀者所誤解。

　　中國人傳統的價值觀是認同個人對社會的貢獻，個人的價值在為集體事業的奮鬥中得到體現。例如在中國封建社會，對女子來說，傳統的 "三從四德" 就是必須遵循的做人的價值觀。而西方文化的崇尚個人主義的觀念，自由開放的行為準則就與中國人的價值觀發生偏離，不瞭解這一點，在翻譯中就會出現文化的誤導問題。非常典型的一個案例就是美國人翻譯改編中國的古典作品《木蘭辭》。中國古典文學《木蘭辭》中的花木蘭的故事源自歷史真實。花木蘭（412～502 年）為中國古代北魏時期的一位巾幗英雄，花木蘭的故事在中國流傳久遠家喻戶曉，是因為她的忠孝節義、她的男扮女裝替父從軍抗擊打敗入侵者的英勇事蹟。花木蘭還被中國唐代的皇帝追封為"孝烈將軍"而在中國流傳千古。《木蘭辭》原著裏的木蘭形象為恪守婦道的中國傳統女性，她為忠君報國替父從軍打仗，功成名就後又因"孝道"和"女德"而放棄功名。由此她在中國成其為家喻戶曉的廣為傳頌的道德楷模。

在 1998 年，美國迪士尼公司改編中國的古典文學作品《木蘭辭》，製作了英文動畫片《花木蘭》。然而該影片卻是從美國文化價值觀出發，對中國傳統文化意義上的花木蘭形象進行了極大的跨文化改編。在美國影片中我們看到的花木蘭是完全異化了的，花木蘭沒有了中國女性特有的賢淑溫婉的形象，取而代之的竟然是一個頑皮好動、表現自我、敢於反抗的西方女孩形象，而她的替父從軍竟然成了她的潑辣好動、敢於反抗的精神與性格使然。

從影視翻譯跨文化交流的角度看，美國動畫片裏的花木蘭形象，是對中國文化價值觀的極大的誤讀和改變。由此，我們認識到如何把握中西交流的正確翻譯與解讀，塑造出體現原汁原味的中國文化價值觀的文學形象，是一個有待認真思考並由時間來證明的問題。

綜上所述，翻譯整體上就是一個"太極"。《易經》的"太極生兩儀，兩儀生四象，四象生八卦"也可以用來解釋翻譯的運作與變化。翻譯的"兩儀"為"原語"（source language）與"目標語"（target language），進一步劃分為"四象"：翻譯的"原語"文本為"老陽"，翻譯的"目標語"文本為"老陰"；翻譯的"原語之語言與文化"就是"少陽"，而翻譯的"目標語之語言與文化"就是"少陰"。這四項構成翻譯的四個基本要素。由此，翻譯也如同自然界的由"陰"與"陽"變幻出的大千世界一樣，姹紫嫣紅繁榮生長，形成翻譯獨特的、錯綜複雜千變萬化的研究領域。

第二章　三易：譯之"三難"

　　《易經》是中國傳統文化的大道之源，是中國聖賢先哲應對世界千變萬化事物規律的智慧結晶。《易經》翻譯，長期以來就是中國對外交流、促進中華文明蓬勃發展的重要橋樑。探討被稱之為"譯事三難"的"信達雅"被很多學者認作是探究中國全部的翻譯理論問題，對於《易經》翻譯，這"三難"更是如此。儘管研易的論著汗牛充棟，但從易學的角度談《易經》翻譯的卻不多見。本章擬從《易經》"三易"的角度，探究《易經》翻譯的"三難"問題，即從易經的"不易"、"簡易"、"變易"出發，探討《易經》翻譯的"信、達、雅"三要素。本章擬從這個角度做一新的探討，並以《易經》翻譯的實際例證加以說明。

　　儘管在中國，自古以來就有學者將"易學"與"翻譯"聯繫在一起進行探討，但是與《易經》的跨學科多元研究相比，《易經》與翻譯結合的研究還是遠遠不夠。據史料記載：唐朝的賈公彥就說過："譯即易，謂換易語言使相解也。"[1]今天在互聯網飛速發展、世界成為地球村，國際交往更加頻繁的新形勢下我們談《易經》翻譯，用《易經》的原理來進行《易經》翻譯規律的探究，應當是很有意義的一件事。

　　就中國的翻譯理論來說，"信達雅"是出現最早、爭議最

1　【漢】鄭元（玄）、【唐】賈公彥疏《周禮注疏》、《十三經注疏》，北京：中華書局，1980年，頁869。

多、影響最大的中國翻譯標準問題了。"信達雅"最早出現在中國古代支謙的《法句經序》裏，後世的學者時有發揮闡述延續，但一般來說，"信達雅"作為一種被關注的翻譯理論，是源自嚴複 1898 年提出來的翻譯論說。自嚴複提出"信達雅"之說以來，一百多年來的翻譯歷史證明了，雖然中外翻譯理論種類繁多，不同的學說汗牛充棟，但這言簡意賅的、具有深刻含義的"信、達、雅"三個字的翻譯標準，仍然是中國譯界經久不衰的"金科玉律"。"信、達、雅"這三個字的提出，是嚴複學習汲取中外翻譯理論、總結多年翻譯經驗的結果。"信、達、雅"三字可謂全面總結了我國的傳統翻譯理論、概括了翻譯的原則和標準，是對傳統譯論的高度昇華與濃縮。長期以來"信達雅"的翻譯標準就對我國譯界有著深刻的影響，儘管對它的各種評說紛紜，貶褒不一。例如瞿秋白等人就曾對"信達雅"提出過質疑，認為中國的古代文言是不能夠譯得"信"的，而對於當代以及將來的白話文讀者來說，要做到"達"也是不可能的。林語堂也針對"信達雅"提出過"忠實、通順、美"的另外的標準。在上個世紀三〇年代中國學界竟然發生了譯文是要"信"還是要"順"的大論戰。然而，歷經時代的風雨洗禮，中國最簡潔最有效的翻譯標準至今仍然是"信達雅"這三個字。由此可見，被翻譯界稱之為"譯事三難"的這個三字標準，在中國譯界經受了多年的考驗，至今它的正確性與權威性仍然得到認可。正如季羨林先生所說的，對於翻譯來說，"這三個字，缺一不可；多一個也似乎沒有必要。能做到這三個字，也可以說是盡翻譯之能事了。"[2]而今天我們用易的"三易"思想與《易經》翻譯對照比較研究，將更加證明了這個

---

2 季羨林，《談翻譯》，當代中國出版社 2007 年版，第 21 頁。·

翻譯的"三字真訣"的獨特價值以及深遠意義。

　　"易道廣大，無所不包"。易的道理是易知、易行的。將易的"三易"與譯事"三難"的"信達雅"對應起來進行比較研究、來發現一些互為聯繫的翻譯規律，這將為建立中國傳統的翻譯理論奠定重要的基礎；《易經》研究若與翻譯理論結合起來研究，以"易"意"譯"，這就是最具中國特色的翻譯理論。按照《易經》的原理，我們可以結合翻譯挖掘其三"易"之義。本章擬從《易經》的"三易"，即"不易"、"簡易"、"變易"的角度出發，分別對翻譯的"三難"問題作以下對應的思考與論證。

　　談到翻譯標準，一般地都認為"信達雅"這三個字是有先後順序的，不能夠隨便調換，即"信"是第一位的，譯文首先要忠實于原文，在"信"的基礎上才能談到第二個字的標準"達"，即從讀者的角度來考慮，譯文要通達流暢，便於讀者理解。在"信"和"達"的基礎上更高層次的第三步才能談到譯文"雅"的問題。然而探討易經"三易"卻不一定非要有一個固定不變的順序，我們甚至可以單獨拿出"三易"中的任何一個獨立論說。所以，根據易之"三易"與翻譯"三難"的內在規律與聯繫，我們可以根據"變易"的原則首先將"不易"與翻譯之"信"做聯繫論說，再將"簡易"與翻譯之"達"、最後將"變易"與翻譯之"雅"分別對應比較論說。

一、不易：翻譯之"信"

　　儘管易是講世間萬物變化的規律的，但仍然具有"不易"的事物及其基本的原則。

　　易的"三易"之一為"不易"。"不易"即"不變"。不易，也可以理解為世界萬事萬物都有一定的不可改變的規律性。據《周易·系辭上傳》："天尊地卑，乾坤定矣。卑高以陳，貴賤位矣。動靜有常，剛柔斷矣。方以類聚，物以群分，吉凶生矣。"[3]可見，"天尊而高，地卑而低，乾坤的位置就確定了。卑低、尊高一經陳列，事物顯貴和微賤就各居其位。天的動和地的靜有一定的規律，陽剛陰柔的性質就判然分明。"[4]由此可見，《系辭上傳》首先闡明的是宇宙世間萬物秩序的"不易"性。這裏的乾坤的"位置"具有相對穩定的規律性。

易有其"不易"的原則。易的這種"不易"的規律與原則在《易經》翻譯中同樣存在。翻譯之"信"就是"不易"的鐵定原則。對於翻譯來說，自然也有其不可改變的、必須遵守的"信"的基本原則。拿翻譯的標準來說，人們總會在第一時間想到多年前嚴復先生提出的"信達雅"的翻譯標準。嚴復指出，翻譯要做到"信達雅"是非常不容易的，而其中的"信"，更是翻譯中最難做到的了。但無論翻譯文本有多難，堅守"信"字不動搖，這就是翻譯的基本原則，這是翻譯的"不易"鐵律。在《易經》翻譯中，堅守了"不易"的守"信"原則的譯文，就是好的或者是比較好的，反之，就會出現各式各樣的問題。在《易經》五花八門的各種翻譯文本中，我們就可以看到不少不守"信"的、或者"信"度不高的譯文。例如：

例1：《遯》卦："上九，肥遯，無不利"句的翻譯。

《遯》卦的卦像是艮（山）下乾（天）上，為天下有山之象，象徵著隱讓退避。其中的"肥遯"，因"肥"通"飛"，故"肥遯"應解釋為"高飛遠退"，相應的譯文就應該為："soar high

---

3 黃壽祺 張善文譯著《周易》下冊，上海：上海古籍出版社，2007年，第374頁。
4 同上。

and retreat afar”。然而，比較各種不同的翻譯版本，我們看到這句有以下各種不同的翻譯：

1. Cheerful retreat. Everything serves to further.[5]

2. The sixth line, undivided, shows its subject retiring in a noble way. It will be advantageous in every respect.[6]

3. Your doubts will disappear when your future path becomes clear. Your depression and anger will fade and you can see where you should be going.[7]

4.（The dun hexagram predicates success.）In a carefree retreat, Nothing stands in the way.[8]

5. The gentlemen go away, and establish a new state in a wild land, it will not be disadvantageous.[9]

　　對比分析這五種不同的譯文，我們看到在第一句的翻譯中，譯者用了“Cheerful retreat”（愉快的撤退），第二句的譯文為“retiring in a noble way”（以高尚的方式退出），第三句的翻譯的意譯成分偏重，譯為“Your depression and anger will fade”（你的悲傷和憤怒將要消失），第四句譯文為“carefree retreat”（無憂無慮地退怯），第五句為“The gentlemen go away”（紳士們離開）。五種不同的譯文中，“遯”的意思被不同程度地譯出來

5 Wilhelm/Baynes, *The I Ching or Book of Changes*, Princeton, New Jersey Princeton University Press, 1984 P.554

6 *The I Ching, The Book Of Changes*, Translated by James Legge , Second　Edition, New York, Dover Publications,Inc 1982,P.128

7 Kim Farnell, *Simply I Ching*, SNew York terling Publishing Co.,Inc. 2008,P.98

8 汪榕培 任秀樺《英譯易經》上海外語教育出版社，2007 年版 P.69

9 羅志野譯《易經新譯》青島出版社，1995 年版 P.141

了，但"肥"通"飛"，"肥遯"應為"高飛遠退"這個意思都沒有被忠實守信地譯出。究其原因，大概都是因為對原文理解不夠。可見譯文要忠實守信，首先要認真閱讀、準確理解原文。如果理解出了偏差，就不可能有翻譯之"信"。例如上述第四句的翻譯將遯卦的主旨理解為"成功"（The dun hexagram predicates success.），而不是"隱讓退避"，這種對《遯》卦卦意主旨理解上的偏差，直接影響了譯者對爻辭的正確翻譯。

例 2：對"乾"的不同譯法。《乾》卦象徵"天"，其意為健。"天"體現了原始、亨通、和諧有利以及貞正堅固四種品質，"天"充滿著陽剛之德。如何能夠忠實守信地將"乾"的豐富內涵翻譯成對應的英語，是需要費一番心思的。試比較以下對此的各種不同翻譯：

（1）The qian hexagram[10]

（2）Qian[11]

（3）The Khien Hexagram[12]

（4）Ch'ien/The Creative[13]

（5）Ch'ien, Creativity, the King[14]

從上面五種不同的譯文可見，即使只是一個"乾"字翻譯，不同的譯者譯法各異，沒有一種譯文與其他的譯文完全一致。可見，對待博大精深的《易經》的每一個字的深刻含義，在翻譯時都得下一番反復推敲的功夫。為了滿足"信"這個易經翻譯的基

---

10 汪榕培 任秀樺 《英譯易經》上海外語教育出版社，2007 年版 P.3

11 羅志野譯《易經新譯》青島出版社，1995 年版 P.65

12 *The I Ching, The Book Of Changes*, Translated by James Legge , Second　Edition, New York, Dover Publications,Inc. 1982,P.57

13 Wilhelm/Baynes, *The I Ching or Book of Changes*, Princeton, New Jersey ，Princeton University Press,1984 P.3

14 Kim Farnell, *Simply I Ching*, New York ，Sterling Publishing Co.,Inc. 2008,P34

本屬性，就必須下大功夫把握《易經》原文的每一個詞的準確含義。若沒有對原文的透徹理解和準確把握，就沒有譯文之 "信"，也就談不上好的翻譯了。

二、簡易：翻譯之 "達"

"大道至簡" 是宇宙的另一基本法則。"簡易" 的內涵十分豐富，值得我們深入體會。據《繫辭上傳》："乾以易知，坤以簡能。易則易知，簡則易從。易知則有親，易從則有功。有親則可久，有功則可大。可久則賢人之德，可大則賢人之業。易簡，而天下之理得矣。"[15]這就是說 "乾" 的作為以平易為人所知，"坤" 的作為以簡約見其功能。平易就容易使人明瞭，簡約就容易使人順從；容易明瞭則有人親近，容易順從則可建立功績；有人親近處世就能長久，可建功績立身就能弘大；處世長久是賢人的美德，立身弘大是賢人的事業。所以，明白乾坤的平易和簡約，天下的道理就都懂得了。這段話語充分說明了 "簡易" 博大精深的內涵與無以倫比的智慧。從《易經》的卦象來看，全部卦象不論怎樣變化，都是由簡單的、容易把握的 "- -"、"—" 基本的陰陽二爻組成的，這就給了我們這樣的啟示：世間的事物無論多麼複雜，都是由最簡單的最基本的兩個元素組成的。就像《易經》中構成八卦的基本的陽爻、陰爻一樣，儘管簡潔，但就是這陰陽二爻，被智慧的中國人用來模擬天地萬物，象徵萬事萬物的矛盾統一性。由此，《易經》告訴我們，世界上所有看似錯綜複雜的紛繁事物，往往都是有著最為簡單的本質的東西和一定的規律可

---

15 黃壽祺 張善文 譯注《周易》，上海古典出版社，2007 年版，第 374 頁。

循的。所以，儘管"易道廣大，無所不包"，但越是深刻的道理越應當是易知、易行的。

"簡易"的原則也應該成為我們做《易經》翻譯的一個基本原則。"達"當然不能完全等同於"簡易"，但"簡易"卻是譯文"達"的重要標誌。因為《易經》的原文儘管喻意深遠，但文字的表達卻十分簡潔，相應的譯文自然也應當力求簡潔明瞭才是《易經》忠實守信的譯文，由此也才是譯文的通達之道。一些《易經》的翻譯者的譯法，使得大家似乎產生了一種誤解：以為《易經》翻譯的文字越古奧大家越看不懂才越有水準。下面看看幾種對易經《坤》卦爻辭的翻譯。《坤》卦爻辭如下：

"履霜，堅冰至。/直方大，不習無不利。/含章可貞。或從王事，無成有終。/括囊，無咎，無譽。/黃裳，元吉。/龍戰於野，其血玄黃。/利永貞。"

從《坤》卦爻辭可以看到，《易經》的語言簡潔且押韻，每行都是充滿著智慧的韻文，是表現藝術美的詩歌的語言。《坤》卦爻辭的押韻體明顯可見："六三：含章（zhang），可貞。或從王事，無成，有終。/六四：括囊（nang），無咎無譽。/六五：黃裳（shang），元吉。/上六：龍戰於野，其血玄黃（huang）。"《易經》爻辭採用的是詩的語言，譯文相應地也應該是詩，這樣才能盡可能地做到翻譯之"達"。

讓我們看以下幾種對《坤》卦中爻辭以 ang 押韻的三、四、五、六爻的翻譯。

例 1：

The third line, divided, (shows its subject) keeping his excellence under restraint, but firmly maintaining it. If he should have occasion to engage in the king's service, though he will not claim the success for himself, he will bring affairs to a good issue. The fourth line divided, （shows the symbol of）a sack tied up. There will be no ground for blame or for praise. The fifth line, divided, （shows）the yellow lower garment. There will be great good fortune. The sixth line, divided, （shows）dragons fighting in the wild. Their blood is purple and yellow. [16]

從例 1 的譯文中我們看出，譯者的英語譯文有著完整的語法結構，譯者甚至把漢語原文中精簡了的語法成分都添加完備，並加括弧補充上。但是，儘管譯者用詞嚴謹、語法完備，但他的譯文卻失之於太過冗長，譯者將《易經》原文簡短精煉的韻文，譯成了拖拖拉拉、囉裏囉嗦的令人乏味的一大段長文字，他的翻譯完全喪失了《易經》原文的生動簡潔含蓄的語言風格。在這段譯文中，《易經》爻辭中原有的簡潔明瞭、優美傳神的詩歌韻腳"含章"、"括囊"、"黃裳"、"其血玄黃"被譯成了完全不連貫、不押韻的長句子："keeping his excellence under restraint"、"a sack tied up"、"the yellow lower garment"、"Their blood is purple and yellow"等。如此，例 1 的譯者違背了"簡易"這個翻譯之"達"的原則，這就使得譯者抓不住原文的精彩內核，也就喪失了英語譯文的中心所在。由此，譯者的譯文字數越多，他的譯文就越是失去了《易經》爻辭的原汁原味。

例 2：

讓我們再比較一下對《坤》卦"六三，含章可貞。或從王事，無成有終"的譯文。

---

16 The I Ching ,The Book of Changes. Translated by James Legge, Second Edition. Dover Publications, Inc., New York, 1963. Page 60

Third line Up: You shouldn't bring your part in things to an end;you need to be visible and to have your efforts on show. You can be successful on behalf of others. Send out feelers in new directions, and you will make important discoveries.[17]

　　在例 2 中，《易經》爻辭原文只有精煉的十二個字，這十二個字簡明扼要、生動傳神，是《易經》"簡易"的典型生動體現。但是在這段英語譯文中，譯者用了太多的詞語，特別是用了太長的句式來翻譯這 12 個漢字。讀這個英語譯文，使人完全摸不著頭腦，一點也體會不到《易經》原文的"簡易"之美，由此，本爻辭翻譯之"達"也就只能望塵莫及了。對這句的其他幾種翻譯版本，也存在著大同小異的、違背簡易原則的、太不精練的拖泥帶水的長句翻譯，使得原本博大精深、言簡意賅的《易經》原文，被譯成冗長囉嗦、平淡無奇的令疲倦、不忍卒讀的句子。這種譯文就違背了"簡易" —— 翻譯之"達"的原則。

　　例 3：請看對《坤》卦"上六：龍戰於野，其血玄黃"句的翻譯：

　　譯文：Six at the top means: Dragons fight in the meadow, their blood is black and yellow.[18]

　　這句的翻譯比較簡潔明瞭，可見抓住了《易經》翻譯"簡易"的要旨，譯者就踏上了《易經》翻譯之"達"的大道。當然，這種簡潔對應的譯文在多數情況下，也只能使讀者看到《易經》原文的字面意思，因為讀者要完全理解"龍戰於野，其血玄黃"這八個中國漢字的深刻含義，就必須要有對中國文化背景知識的基

17　Kim Farnell, *Simply I Ching*, New York, Sterling Publishing Co.,Inc. 2008,P 38.

18　Wilhelm/Baynes, *The I Ching or Book of Changes*, Princeton, New Jersey，Princeton University Press, 1984 P.15

本瞭解。對於缺乏中國文化背景知識的讀者來說，譯者通常需要為這些讀者加長篇的注釋備查。例如西方漢學家理雅各等的做法即是這樣。但是對《易經》翻譯來說，用簡潔的譯入語再現《易經》爻辭原本的簡潔，不僅是忠實守信，也是使譯文通達、易於讀者理解原文、體驗《易經》原文風貌的必由之路。因為對待《易經》翻譯，我們應該把握住《易經》原文簡潔的基本要素，這樣才能明晰其構成的邏輯關係和發展脈絡，使看似古奧、複雜的句子變得簡單明瞭易於理解與翻譯。而在翻譯《易經》爻辭時添加很多解釋性的說明，反而會喧賓奪主、畫蛇添足，誤導譯入語讀者，使其如墮五裏煙雲，不知原本簡潔的《易經》卦爻辭在說些什麼。所以說，譯者的解釋性文字還是應當與卦爻辭的原文翻譯分開來比較好。

經過上述幾種對《坤》卦的英譯的分析，我們看到：對於《易經》翻譯來說，只要我們用"簡易"思想方法來處理譯文，將看似深奧的《易經》古漢語的英譯句子盡可能地化繁為簡，反而更利於抓住翻譯的主要矛盾。抓住了譯文的主要矛盾，《易經》翻譯的複雜問題就可以迎刃而解了。

三、變易：翻譯之"雅"

除了"不易"與"簡易"，我們還要重視"變易"的基本原則。"易"之"變易"講的是變化之義。學習《易經》可知，世間萬物的陰陽相推與變化是無窮無盡的，正可謂"化而裁之謂之變，推而行之謂之通"[19]，世間萬事萬物都是處在一個持續不斷

---

19 黃壽祺　張善文　譯注《周易》，上海古典出版社，2007年版，第396頁。

的、永恆變化之中的。這種事物的對立統一的矛盾與變化，就是貫穿於始終的"變易"。例如：陰與陽、剛與柔、善與惡之間的矛盾和鬥爭。由此，"運用易理可以應對萬物之求，可以佑助神化之功。"正如子曰："知變化之道者，其知神之所為乎？"[20] "變易"的法則告訴我們，"一陰一陽之謂道"。世間萬物都依陰陽互分，並相互依存、相互轉化。這就是世間一切事物發展變化的運動規律。而這種事物的發展變化，並非一成不變。它具有變化的偶然性和不確定性，"陰陽不測之謂神"。所以，對待世間的萬事萬物的變化，包括《易經》翻譯，都要注意"不可為典要，唯變所適"。

　　《系辭傳》說："剛柔相推，變在其中"，"剛柔相推而生變化"。事物變化的根源在於其內部對立雙方的相互作用。"變易"既是一種世界觀，又是一種方法論。"變易"的思想指出了世間一切事物發展變化的本質，長期以來它就滲透在中華民族的文化理念與思維方式之中，成為自古以來中國人觀察和應對世界的智慧。在《易經》英譯及其研究中，譯文不僅要做到"信"和"達"，而且要做到"雅"，三者缺一不可。"變易"的思想正好與翻譯之"雅"可以聯繫在一起進行討論，沒有"變易"的思想指導，譯文就不可能做到"雅"。《易經》譯文的"雅"就是要求譯文要"優雅"，要求譯文盡可能地反映出原文的修辭特徵和韻味，反映出《易經》原卦爻辭的美的格調與風格。《易經》成功的翻譯，應該能使讀者從譯者的翻譯中感受到《易經》原作的藝術魅力，這就要求譯文"雅"的文字。由此，我們在翻譯時就不可以固定不變的用一種僵化的模式來解讀原文。《易經》因

---

20 黃壽祺 張善文 譯注《周易》，上海古典出版社，2007年版，第388頁。

其文本的古奧、歷史文化背景的曲折變化而往往導致了其英譯的難度，這就更需要譯者瞭解原作的歷史文化背景，觀察一個詞在歷史發展過程中的演變，聯繫上下文，綜合判斷，借用“變易”的思維方式，採用“變易”的靈活機動的翻譯手法，盡可能完美地在譯文中再現《易經》原文的精彩。翻譯之“雅”要求譯者首先應該從整體上把握各個爻辭的基本意指與特徵，綜合採用各種不同的翻譯手段進行“變易”的靈活處理。

　　下面我們以《賁》卦為例，來看看不同的譯者是怎樣靈活“變易”使用不同的翻譯手法，盡可能地使譯文再現《易經》原文“雅”的韻味的：《賁》卦的爻辭十分簡潔，整卦僅 51 個字，言簡意賅，運用比喻象徵的手法表明高雅的文飾應當是潔白素雅之立意。《賁》卦的卦像是 ䷕ 離（火）下艮（山）上，為山下燃燒著火焰之象。山下火焰裝飾照耀著山上的草木；《賁》卦由此用來象徵文飾。《賁》卦一開始就用簡潔的語言說明事物須加以必要的文飾可致亨通，柔小者尤須加飾。初九爻辭用“賁其趾，舍車而徒”形象地比喻說明“賁”之始位卑處下不可奢求華飾，只能謙卑地裝飾一下自己的足趾，捨棄乘車而徒步前進以求“賁不失禮”。而六二處下卦之中，與九三均得位且兩相親比，二專意承三“賁其須”，文飾三之美須，由此陰陽互賁，相得益彰。而九三“賁如，濡如，永貞吉”則是進一步用“濡”的向下潤澤功能喻三與二的相親相賁、惠澤互施的文飾之美。六四的“賁如，皤如，白馬翰如；匪寇，婚媾”本身就是簡潔優美，具有節奏韻律美的漢語言。六四處上卦之初，賁道已變，柔正得位，下應初九，故文飾以“皤”的素白以求淡美素雅，加之乘坐的“白馬翰如”以相適應。原文以素白的奔跑的馬的形象比喻與本卦高雅的美學主旨相呼應。“匪寇，婚媾”是指初九雖陽剛卻並非強寇，實為與六四相應之配偶。六五"賁於丘園，束帛戔戔"，是指六五雖居賁尊位，仍是柔中無華，飾尚樸素，雖無下應，但能親比卦終的陽剛，故以遠方的山丘園圃為飾，加上一束微薄的絲帛禮聘賢士，共相輔治，由此成其"賁"道之至美之象；而"吝，終吉"是指六五雖美，無下以應，不免慽惜，但能持中行事，與上九之"白賁"的陽剛交相輝映，終獲吉祥。上九處文飾之終，卻仍然是素白無華的"白賁"[21]。由此，我們可以感受到中國古代美學崇尚"返樸歸真"、"大巧若拙"的高雅之趣。

現在讓我們看看如此形象優美簡潔的《賁》卦是如何被優雅地翻譯的。由於篇幅所限，本節只以賁卦初九、六四以及六五爻辭本身的翻譯為例談"變易"與翻譯之"雅"，譯文中的不同理解與偏差，以及譯者大段的解釋性文字暫不涉及。

例1：關於"初九，賁其趾，舍車而徒"的翻譯：

（1）The lines Nine at the beginning means: He lends grace to his toes, leaves the carriage, and walks.[22]

（2）The young men adorn their toes and prepare to walk on foot withour carriage.[23]

在上述的對初九爻辭的兩個譯文中，"賁其趾"根據譯者的理解與句式的獨特安排，分別譯為"lends grace to his toes"和"adorn their toes"；而"舍車"在前一例句的譯文中為動詞片語"leaves the carriage"，在後一例句譯文中為介詞短語"withour carriage"。可見"變易"的靈活機動可以體現在譯者

---

21 黃壽祺 張善文 譯注《周易》，上海古典出版社，2007年版，第132-137頁。

22 Wilhelm/Baynes, *The I Ching or Book of Changes*, Princeton, New Jersey，Princeton University Press, 1984, P.91

23 羅志野譯 《易經新譯》青島出版社，1995年版，P.118

獨立的翻譯詞句與句式選擇的不同上。

　　例2：關於 "六四，賁如，皤如，白馬翰如；匪寇，婚媾" 的翻譯：

　　（1）Six in the fourth means: Grace or simplicity? A white horse comes as if on wings. He is not a robber. He will woo at the righr time.[24]

　　（2）A man dressed in plain colour/ Gallops here on a white horse.

　　He dose not come for robbery/But comes for the hand of a lady.[25]

　　在這一組譯句中，我們看到：前一例句的譯者根據自己的思路靈活 "變易"，將 "賁如，皤如" 譯成了 "Grace or simplicity?" 的問句，後一例句的譯者卻僅僅譯為簡潔的 "dressed in plain colour"。這種從理解到句式、選詞的不同翻譯，體現了譯者不同的修辭特徵和個性韻味。面對這種不同的變化，究竟哪種翻譯更符合《賁》卦原文美的格調與風格呢？見仁見智，值得探討。再看對 "白馬翰如" 的翻譯，前一例句譯為 "A white horse comes as if on wings"（一匹如同長了翅膀一樣的白色的馬馳來），其譯文中 "white horse"（白馬）為主語格；而後一例句則被理解為 "一個人騎著飛奔的白馬"，"A man"（人）變為了 "Gallops here on a white horse"（騎著飛奔的白馬）的主語，而 "白馬" 就變成了句子的賓語。最後 "婚媾" 被譯為 "woo"，同時譯者並根據個人的理解添加了 "at the right time"

24　Wilhelm/Baynes, *The I Ching or Book of Changes*, Princeton, New Jersey Princeton University Press, 1984, P.92

25　汪榕培　任秀樺《英譯易經》上海外語教育出版社，2007年版，P.45

（適時）；而在後一譯句中，譯者靈活變換思路，運用英語俚語
"comes for the hand of a lady" 來處理對 "婚媾" 的翻譯，則使得
譯文更為生動活潑。可見高雅得體的譯文具有千變萬化的無限可
能性，但要判定哪句譯文更準確高雅，就要從整體上把握譯文是
否符合爻辭的基本意指與特徵而 "變易"。

　　例 3：關於 "六五：賁於丘園，束帛戔戔；吝，終吉" 的翻
譯：

> （1）Six in the fifth place means: Grace in hills and gardens.
> The roll of silk is meager and small. Humiliation, but in
> the end good fortune.[26]

> （2）Fifth Six. He adores the garden on a little mound. Rolls of
> silk adored are of small amount. It looks like a shame.
> The end will be good fortune.[27]

　　在例 3 的譯文中，我們看到 "丘園" 被譯為 "hills and
gardens" 或 "the garden on a little mound"；"束帛戔戔" 被譯為
"The roll of silk is meager and small"，或 "Rolls of silk adored
are of small amount"。同理，究竟哪種翻譯更符合《賁》卦的基
本含義且行文簡潔通達、潔淨高雅，要根據翻譯之 "雅" 與 "變
易" 的原則綜合判斷。

　　通過分析，我們看到，翻譯之 "雅" 在於運用 "變易" 的思
想，在準確把握《易經》卦爻辭中所隱藏的內涵和盡可能再現其
原文高超的精神思想文化意境的基礎上，儘量使譯文再現《易經》
原文的節奏和韻律美。我們看到，比較好的譯文的譯者，都很注

---

26 Wilhelm/Baynes, *The I Ching or Book of Changes*, Princeton, New Jersey Princeton University Press,1984,P.93
27 任運忠《易經英譯研究與探索》，四川大學出版社，2015 年版，第 71 頁。

意上古時期漢文字的特點，不望文生義想當然，並且對於有特定歷史文化內涵的古奧之詞，一定不隨意處理，而是以嚴謹的態度查找詞源，結合上下文搞清楚其真正的含義謹慎對待，在此基礎上靈活“變易”，推敲譯入語最恰當的措辭。

由此，要達到譯文之“雅”，譯者就要注意學習擴充文字訓詁方面的知識，把握與挖掘文字背後的文化心理背景知識。譯文要能夠隨時變通靈活處理，如可採用音意兼顧的翻譯，也可採用釋義或釋義加注的方法，對文中隱含的資訊和思想可加以補充說明，甚至在必要時可以變通另闢蹊徑，棄文求義，力求傳神。對於拿不准的爻辭含義，還可以採用多個注釋本比較研究的方法，反復對照推敲，最終選出正確的含義。切不可隨心所欲望文生義，把嚴肅認真的古籍英譯視作兒戲。《易經》翻譯可以直譯的地方就不要添加過多的解釋，否則反而會畫蛇添足，影響對原文的誠信度和譯文的簡潔度。譯文需要加注或音譯加注的，也要盡可能做到忠實原文，表述通達，古典高雅，力求保存《易經》原文的生動文化意象和語言藝術風格。上述這些翻譯的方法和技巧都是需要隨機變通、用“變易”的思想方法來處理的。

特別要注意的是，要譯好《易經》這部經過中國聖賢千錘百煉的簡潔優美的韻文，就得在追求忠實于原文的前提下，力求提高譯文表達的修辭藝術性。“《易》文似詩”，《易經》卦爻辭中的詩歌是中國最古老的民歌，《易經》的卦爻辭通常是有著音樂感和押韻的，而要譯好卦爻辭中優美的韻詩，就得反復推敲，不可一蹴而成地粗製濫造。如果要求譯文與《易經》的原文一樣是詩歌、是韻文，譯者就應當採用“變易”的手法，靈活運用“變易”與詩歌創作及翻譯的規則，反復推敲選詞變通達意，盡可能地調整譯文使之傳神、押韻；反復推敲“變易”的過程中，也正是力求翻譯之"雅"的實踐。要使《易經》爻辭的翻譯達到與原文一樣的意境美、音韻美與形態美，這就是"變易" —— 翻譯之"雅"的全部意義所在。

　　根據《易經》的"變易"思想原則，事物的"變易"還要"與時俱進"。《系辭下》曰："《易》之為書也不可遠。為道也屢遷，變動不居，周流六虛，上下無常，剛柔相易，不可為典要，唯變所適。"[28]這就是說，《易經》這本書不可須臾遠離。它所體現的道理在於屢屢推遷，變化運行而不居止，周遍流動於各卦六爻之間，上下往來沒有定準，陽剛陰柔相互更易，不可執求死守典常綱要，而要隨時變易，唯變所適。由此，《易經》的翻譯研究與其他的翻譯研究一樣，也是要與時俱進、順應時代的潮流和語言文字的發展而不斷更新變化的。"舊新之謂盛德，生生之謂易"。在《易經》翻譯中，"變易"不僅時時發生，處處發生，而且具有不確定性。不僅如此，事物的"變易"還總是連綿不絕，生生相續，永無止境。真正的"變易"就是不斷地更新不斷地創造，這才是生生不息的"變易"大德。世界處於永遠的運動和變化之中，《易經》的英譯本也是要不斷總結，不斷推陳出新與時俱進的。

　　由此，在我們今後翻譯《易經》的過程中，根據"變易"的原則，我們的翻譯策略和方法都要根據具體的原文字以及具體的譯入語實際、時代的語言發展變化而採用相應的變通方式。只有這樣，才能使《易經》這部古老的中國寶藏，在新時代的世界傳播中發出更加光輝燦爛的光芒。《易經》翻譯是我國跨文化的世界傳播的一項責任重大的系統工程，不僅需要譯者具有全面的綜

---

28 黃壽祺 張善文 譯注《周易》，上海古典出版社，2007 年版，第 417 頁。

合素質與多方面的專業知識，還需要學界同仁的共同努力和攜手協作。

　　綜上所述，翻譯，是把一種語言轉變成另一種語言的行為，用《易經》的“變易”思想來解釋，翻譯的本質也是一種變化，翻譯可以被認作是一種“變易”的文化交流活動，即把一種語言文字“變易”成另一種語言文字的活動。翻譯，特別是《易經》翻譯，不僅是一種文字的“變易”，更是一種對中國傳統的源遠流長的真善美的中華民族文化的追求與傳播。正確理解《易經》“三易”的問題，不僅可以幫助我們應對紛繁雜亂的矛盾世界，還可以幫助我們做好《易經》翻譯，將易之“三易”與翻譯“三難”結合起來思考與實踐，更加完備完美的《易經》英譯本的問世一定為期不遠。

第三章 五行：譯之"五德"

　　"陰陽五行"學說是中國傳統文化及哲學的寶藏，是中國古代聖賢在觀察探索天地間萬事萬物的構成與發展變化中逐步形成的，是中國古代聖賢大智慧的結晶。"五行"是世界上事物的陰陽相互作用的產物，指的是"木、火、土、金、水"這五種世界上基本的物質以及它們的運動。據史料記載，陰陽學說產生於中國古代的夏朝，它是中國古代哲學的原點。"陰陽五行"學說還和今天的唯物主義的辯證方法相通，認為世間萬事萬物都具有兩種互相對立又互相關聯的屬性，"五行"的五種要素相互作用與關聯形成一個整體，與"對立統一"觀點的論說都大有可聯繫在一起探討深究之處。中國古代聖賢將自然界所有的物質，都按這"五行"的五大類性質與範疇進行分類，並將這"五行"看作是世界萬事萬物的起源。

　　然而，"五行"究竟指什麼？其相互關係如何？對此，自古以來就有許多不同的觀點和看法。在中國古代，起初"五行"是指人類生存不可或缺的五種基本的自然事物，即所謂的"土、金、木、水、火"，它們是構成世間萬物的五類基本的物質，而其中的"土"更是最根本的。隨著社會的發展，古人對"五行"的認知逐步地由單純的對自然界物質的認識擴展到對社會、對道德感的深化認識，最終形成了中國人特有的對整個自然界與對人類社會認識的普遍法則和思維範式。古人將起初概括的自然界的"五行"，也運用到處理各種社會關係的實踐中，進而將道德規範也用對應"五行"的"五德"來概括，從而賦予自然物質"五行"以道德的內涵與象徵意義。在這種思想演繹發展的過程中，董仲舒稱得上是中國古代"五行說"的集大成者。是董仲舒將"五行"確立為中國人認識世界、規範社會道德的"五德"。董仲舒明確了具有自然屬性的"五行"（木、火、土、金、水）與人的道德規範（仁、智、信、義、禮）的互相匹配，從董仲舒開始，由"五行"發展而來的"五德"，就逐步成為中國人的道德規範和行為準則。

　　"五行"對應著"五德"的實踐，反映了古代社會尚"五"的風俗，也說明瞭人類社會從低級向高級的發展過程中，必會將調整人與自然關係的"五行"逐步推廣發展為調整社會與道德規範的一種思維模式。

　　正如歷史學者顧頡剛所說："五行，是中國人的思維律，是中國人對於宇宙系統的信仰，二千餘年來，它有極強固的勢力。"[1]關於這一問題的研究，筆者將留待以後深入的研究與討論，這裡只集中在"五行"與翻譯者"五德"的思考與探討。

一、"五行"的基本概念

　　"陰陽五行"的學說為中國傳統文化與思維的基礎和原點。在中國傳統翻譯學的研究中，當然也不能離開"陰陽五行"的中國傳統思維的關照與佐證。由此出發，我們才可以建立起具有中國特色的翻譯學理論。

　　"陰陽五行"學說告訴我們，探究世界上事物的存在和發展

---

1 顧頡剛，《古史辨》（第五冊），《五德終始說下的政治和歷史》，上海：上海古籍出版社，1982 年，第 404 頁。

變化，要透過其錯綜複雜的表像，找出引起其變化的根本所在，探究其事物內在的變化規律。西漢思想家董仲舒就對"五行"做過具體的解釋，他認為"五行"之關係即社會倫理的關係。他對"五行相生"作過這樣的解釋：天有五行，木火土金水是也。……[2]中國古典《尚書·洪范》中對"五行"也作了闡述，並記載了殷遺臣箕子對"五行"的不同視角的解釋："一曰水、二曰火、三曰木、四曰金、五曰木。水曰潤下、火曰炎上、木曰曲直、金曰從革、土曰稼穡。潤下作鹹、炎上作苦、曲直作酸、從革作辛、稼穡作甘。"[3]這段話闡述了作者的"五行"觀點：世界萬物都是由這五種基本物質構成的，他們之間具有著"五行相生"和"五行相克"的關係。而"五行相生"是說，木生火、火生土、土生金、金生水、水生木。具體來講，"木生火"，這是人們的生活常識，我們點燃木材生起火來燒水做飯取暖。"火生土"是說熊熊之火燃燒後會化作灰燼，而灰燼也就是土。"土生金"是先民們觀察到金屬礦藏都是從地下深土中挖掘出來的，這就是所謂的"土生金"。"金生水"是因為先民們發現在陰雨天氣導致的潮濕環境中，金屬表面可產生水氣或水珠。"水生木"是人皆知之的常識了，植物生長離不開水的澆灌。而"五行相克"呢，這是說這"五行"中的任何一行都可以戰勝特定的另一行。他們的相克關係為：木克土、土克水、水克火、火克金、金克木。這種對"五行相克"的關係認識也是來自先民們對生活的細微觀察。例如："木克土"是說樹木的種子春天發芽就會破土而出，這就是"木"戰勝了"土"。"土克水"是因為堆土可以填蓋住水坑，所以是"土克水"。"水克火"自然是因為用"水"可以撲滅

---

2 董仲舒：《春秋繁露·五行對》上海：上海古籍出版社，1989 年版。
3 孔穎達：《尚書正義，十三經注疏》，北京：中華書局，1980 年版，第 76 頁。

"火"。"火克金"是因為儘管金屬礦石非常堅硬，但是在火的高溫下加熱就會熔化為柔軟的液態，這就是"火克金"。"金克木"是因為金屬製作的刀鋸鋒利無比，可以用來砍伐樹木。

"五行"學說對中國傳統文化的發展和影響是深遠而長久的。作為中國的譯者，自然應當首先從自己的傳統文化中汲取養分，來創建具有中國特色的翻譯理論系統。"陰陽五行"學說是中華民族傳統文化的結晶，它在我國中醫藥、古建築、天文曆法、藝術、軍事等各個領域都可以廣泛地被運用。但是，用"五行"理論來解釋翻譯的還不多見。筆者嘗試做以下的初步探究。

二、"五行"的翻譯學解釋

談到中國的翻譯理論建立，中國譯界深感任重道遠；說到翻譯的標準以及譯者的道德規範，人們總是首先提及嚴複先生的"信達雅"三字標準。但筆者在研究《易經》的過程中認識到，儘管嚴複的翻譯三字標準對促進中國譯論的發展起到了很大的作用，但是要創建中國自己的翻譯理論體系，還是應該從《易經》這個中國文化的"大道之源"出發，來探究發掘其更為本質的要素。

"五行"是古老的中華文化，翻譯也是自古以來就有的行當。翻譯與《易經》理應存在相通的道理。翻譯家的基本道德規範也應當是與"陰陽五行"的規則相通的。"五行"的"行"代表的是"運動"、"動能"，"五行"學說告訴我們，"木、火、土、金、水"是構成我們的世界的不可或缺的最基本物質元素，正是由於這五種基本物質元素之間的相生相剋、相互制約的發展變化，我們人類才有了如此豐富多彩的大千世界。而從字形上看，在"五行"的這幾個字中，除了"土"以外的"木"、"火"、

"金"、"水"幾個字中都含有"人"字。從"人"字在"水"、"火"、"木"、"金"中的不同位置的顯現,我們可意識到"人"在"五行"中的地位和含義。由此可以理解為"五行"的本質與核心乃為"人"。因此,我們探究與理解"五行"的本質,就要緊緊抓住"人"這個核心,進一步說,我們要探究《譯易學》的"五行"理論,就要緊緊抓住"譯者"這個核心。

《禮記·禮運》曰:"人者,其天地之德、陰陽之交、鬼神之會、五行之秀氣也"。這就是說,"人是感於天覆地載之德、陰陽二氣交合、形體和精靈結合、吸收五行的精華而生的。"[4] "人者,天地之心也、五行之端也,食味別聲被色而生者也。"這是應吃何種味道的食品為好、何時應當傾聽何種聲音為好、何時應穿何種顏色的衣服為好的一種生靈。[5]上述語錄道出了"人"與"陰陽五行"之密切關係。

"五行"理論還告訴我們,世界上物質的運動並非一成不變,而是處在不停的生滅消長、相生相剋的運動之中。"五行相生"也不是絕對的,在一定的條件下"生"與"克"會發生轉化。例如"水"生"木",但是如果澆水太多,"木"也會被淹死,反而成了相克的關係了。在"五行相克"中的"克"也不是絕對的,有時"相克"之物也會向它們的反面轉化。例如:"火"克"金",而金屬卻可能反過來因為"火"的相克,在烈火的焚燒中百煉成鋼,反而成就了自我。可見令人嚮往的"相生"可能走向它的反面成為"相克",而令人沮喪的"相克"在一定的條件下,也會轉化成更高檔次的"相生"。所以,當我們觀察研究"五行"生克的現象時,一定不能片面性與絕對化。看待事物的

---

4 《禮記·禮運》,引自《古詩文網》http://so.gushiwen.org
5 《禮記·禮運》同上。

“相生”與“相克”關係時，要採用辯證思維，並且要注意在一定的條件下它們可能向著自己的反面轉化。

翻譯的理論與實踐中可能出現的各種問題，其實都可以歸為“五行”運動的範疇。在“五行”的相生相剋中，沒有“相生”也就沒有“相克”；沒有“相克”也就不會有“相生”。正是因為有了事物內部的這種既對立又統一的、既相互依賴又相互排斥的相生相剋的運動，才有了事物的不斷更新發展。所以，作為中國的翻譯家，要建立中國的傳統翻譯理論，就要理解“陰陽五行”之間存在著的這種相生相剋的相互關係，把握這種或生或克的關係是事物內部不可分割的矛盾的兩個方面，瞭解其或可稱之為“陰”和“陽”的兩個方面，把握其變化的規律，在翻譯理論的建設過程中，遵循事物的相生相剋這一萬事萬物發展的普遍規律，就能化繁為簡抓住問題的關鍵所在。

三、譯之“五德”闡釋

“五行”對中國傳統文化的發展和影響是深遠而長久的。翻譯者應當具有的基本素質和品德，用“五行”的觀點闡述如下。

陰陽五行圖

（一）木

《說文解字》根據"木"古體字的字形曰："木，冒也，冒地而生，東方之行，從中，下像其根。"[6]這裏的"木"的"從中（chè），下像其根"就是說"木"字可分為"中"與"人"兩部分，"下像其根"是說"人"就像是其"根"。我們可以理解為"人"為"根本"。"木"代表這世界上生命物"生"的蓬勃機能和發展變化的根源。據查，漢字的"生"字就是對"五行"中的"木"的最恰當的本源解釋。古漢字"生"為一象形字，字的下部是個"土"字，字的上部的造型就象徵著破土而生、長出來的樹木的一個枝和一片葉。由此，"木"本是生命的象徵。樹木的鬱鬱蔥蔥，蓬勃向上，就是"五行"的要素之一。

對比翻譯者的基本素質要求，我們可以將"木"的品德作為譯者的第一要素。因為作為一個譯者，首先應當具有生機勃勃、奮發向上的品質。只要人有了上進的要求，就有了工作的動力，而"文如其人"，這時，譯者的譯文才會彰顯出無窮的生命活力。大凡有作為的翻譯家，都是具有這種蓬勃向上、不屈不撓的精神的。例如：翻譯家楊憲益、戴乃迭夫婦就是具有這種蓬勃向上精神的翻譯界的常青樹。他們在長達半個多世紀的時間裏，始終充滿著生命的青春活力，他們長期合作，從先秦散文到現當代作品，翻譯了近千萬字的百餘種作品，他們的翻譯成果在中外文學翻譯史上樹立了不朽的豐碑。又如出生於 1911 年的翻譯家楊絳更是一棵不老松，她通曉英語、法語、西班牙語等幾種語言，她 1965 年翻譯《唐·吉訶德》時已經 54 歲了，但她就是不服老，為了翻

---

6 【東漢】許慎著、李伯欽注釋：《說文解字》，北京：九州出版社 2012 年版，第二卷，第 535 頁。

譯這本書她從零開始學習西班牙語，她翻譯論著的青春活力與熱情朝氣，是很多年輕人也比不上的。《唐·吉訶德》漢譯本出版發行後被讀者評價為最優秀的翻譯佳作，出版數年的發行量就高達 70 多萬冊之多。楊絳 93 歲時出版散文隨筆《我們仨》，一經出版就風靡全國，一版再版，印數高達一百多萬冊，她 96 歲時還出版了哲理散文集《走到人生邊上》，在她 102 歲時又出版了《楊絳文集》八卷本 250 萬字。她翻譯蘭德詩的著名詩歌《我和誰都不爭》現在已經成為家喻戶曉的名句："我和誰都不爭，和誰爭我都不屑，我愛大自然，其次就是藝術。我雙手煨著生命之火取暖；火萎了，我也準備走了。"由此可看出楊絳的豁達與堅韌，這也是她永保青春活力與翻譯熱情的力量所在。

從上述楊憲益、戴乃迭夫婦、楊絳先生身上，我們都看到了翻譯者五行中"木德"的品質：他們具有蓬勃向上，欣欣向榮的精神面貌。他們像長青的大樹，像"泰山頂上的青松"，歷經風雨雷電，汲取大地的養分，根深葉茂蓬勃生長。他們的生命之樹開出絢麗的精神之花，結出累累的翻譯之果，成其為年輕的翻譯者們學習與效法的榜樣。

（二）火

從字形上看，"火"字中間也是個"人"字，而"人"字兩側的兩道似臂膀、如飛翼。正如人類自從有了火的利用，便"如虎添翼"一般。《說文解字》曰"火，毀也，南方之行，炎而上，象形。"[7]火光旺盛而向上，火對人類的文明與進步起到了非常重要的作用，它帶給了人類光明與進步的劃時代的發展。

---

7 【東漢】許慎著、李伯欽注釋：《說文解字》，北京：九州出版社 2012 年版，第三卷，第 960 頁。

　　在遠古時期，先民們由大自然的雷鳴電閃認識到火，又經過了長期的觀察與實踐，才發現了人工取火的方法的，例如利用摩擦石頭、舉著凹面鏡對著太陽取火等方法。正是由於火的利用，原始先民才可以從此改變了茹毛飲血的飲食習慣，進入了熟食的時代，這對人類的進化和文明起到了劃時代的作用。吃熟食的習慣使得人的機體功能得以健全與完善，加速了人類的文明進程。也正是由於火的利用，先民們的生存環境得到了根本的改善。火給了原始先民溫暖和生活的各種便利，例如先民們利用火取暖度過嚴寒的冬季，還用火把驅趕野獸。有了火的利用，先民們還學會了焚燒草木獲取草木灰肥料給田地施肥，由此，先民們逐步地由遊牧部落、刀耕火種的原始農業耕作方式進化，這一切都離不開火。先民們的原始手工業製作，例如弓箭、矛槍的製作，也都要用火來烤矯成型。再往後的燒制陶器，金屬冶煉等，更是人類利用火以後文明進化的結果。我們甚至可以說，如果沒有火，就不會有人類的文明社會，就不會有人類社會持續發展到今天的繁榮昌盛。

　　火在文學中，還具有摧枯拉朽的力量象徵，它在燃燒時發出的沖天向上的熊熊光焰，代表著熱能和力量。在西方，也有許多關於火的傳說故事。中國人最熟悉的關於火的傳說，有希臘神話中普羅米修士盜取天火的故事。普羅米修士從太陽神阿波羅那裏盜走了火種送給處在黑暗中的人類，他要把光明和溫暖帶給人類。由此，他受到了宙斯的處罰，他被捆綁在高加索的山上，每日忍受著風吹日曬，還要忍受被鷲鷹啄食的痛苦。普羅米修士寧願忍受著巨大的痛苦，也要為人類尋求光明的火種的精神，就應當成為譯者的一種品質要素。

　　關於火的格言，還有中國的俗語"星星之火可以燎原"。它

啟迪人們不要小看微小的火星，因為它有著燎原之勢。這句話的
啟迪作用在於：任何新生事物的成長，最初都是弱小的，但卻有
著無限的發展可能性。學做翻譯就應當學習“火德”，就應當有
這種鑒別與展望的眼光，對待弱小但有遠大發展前途的新事物，
要能夠敏銳地發現，熱情地翻譯傳播。由此，我們總結翻譯者應
當具有的“火”的品質：用自己的翻譯作品感動他人，照亮人心，
溫暖世界。

　　具有這種“火”的品質的翻譯家大有人在。例如中國著名的
文學家魯迅，他實際上首先是一位翻譯家。魯迅冷峻嚴肅的外貌
下，隱含著一顆火熱的赤子之心，在魯迅生活的舊中國時代，他
為了喚醒麻木的中國人而大聲吶喊，被稱作“中國人的脊樑和咽
喉”。魯迅一生共翻譯過 14 個國家近百位作家 200 多種作品，譯
文字數達 500 多萬字的。魯迅火一般的激情、土地一般厚重的學
識與品德，受到中國乃至世界的關注和欽佩。在中華民族處在黑
暗之中時，魯迅像普羅米修士盜取天火一樣，翻譯引進西方進步
的文學作品用以喚醒沉睡的中國人。他的“別求新聲於異邦”的
翻譯作品，他的倡導“拿來主義”的引進思想，為中國翻譯事業
開拓出了新的道路，指明了新的方向。再例如翻譯家余光中也是
具有火一般熱情的人。他出於對祖國文化的熱愛和強烈的民族自
豪感，大力提倡與維護漢語的純潔性。余光中發表的《論中文的
西化》等論文，就是為保持中華民族漢語的純潔性、免受外語同
化的危機與影響而發出的大聲疾呼。魯迅、余光中等都是以旺盛
的生命之火，燃燒自己，照亮世界的人。他們都是學習普羅米修
士盜取天火，通過翻譯為國人引進真理照亮人心的翻譯家。

（三）土

土地是天下萬物的載體，"萬物土中生"這一中國古代諺語精准地概括了土地的偉大功能。《說文解字》曰："土，地之吐生物者也。二象地之下。地之中，物出形也。"[8]這是說"土"是指吐生萬物的土地。字形中"二"象地的下面及地的中間，那中間的一豎道，就像萬物從土裏長出的形狀。除了土地的養育功能，土地的承載功能更是使得人類的各種活動、城市的建設與工業的發展、建築的空間成為可能。土地還具有重要的文化功能。沒有土地，人類社會的各種地面文化設施、自然景觀的建築、歷史遺跡的保留以及人類歷史文明的積澱都是不可能的。土地是人類的寶貴財富，它蘊含著取之不盡用之不竭的自然資源，土地上的高山平原、大江湖海不僅為人類提供美好的家園，還為我們提供天南海北的廣闊天地。土地的養育功能在於有了土地，人類才可以種植莊稼，發展農業。土地蘊含的各種有機物營養孕育著滋潤著各類樹木花草的生長與繁榮，土地維護著整個星球與人類的生存環境，提供了生命賴以延續的生態環境。

"土德"在於土地的高貴與壯美，在於土地的廣博寬厚、忍辱負重承載萬物的能力與孕育萬物的無私奉獻精神。古今中外具有這種土地般厚重美德的翻譯家也是大有人在。例如中國著名學者、翻譯家季羨林，他曾經長期致力於梵文文學的研究和翻譯，季羨林先生身上就聚集了"土德"的品質，他像土地一樣樸實無華、深厚廣博、寬闊包容。他像土地一樣具有旺盛的生命力和任勞任怨的精神。他刻苦努力，孜孜不倦地做學問搞翻譯，汲取大

---

8 【東漢】許慎著、李伯欽注釋：《說文解字》，北京：九州出版社 2012 年版，第四卷，第 1322 頁。

地的靈性，積聚知識的力量，他用自己的論著和翻譯啟迪學子，他的論著與翻譯之目的就像土地一樣，在於幫助人間去除苦難，滋潤生命的萌芽，帶來冬去春來的繁花似錦。例如他的論著《天竺心影》、《朗潤集》以及《季羨林散文集》等，還有他翻譯的印度著名大史詩《羅摩衍那》等著作，都是博大精深、蘊含著"土德"精神的鴻篇巨著，值得翻譯者深入研究與學習借鑒。

（四）金

關於"金"，《說文解字》曰："金，五色金也。黃為之長。久埋不生衣，百鍊不輕，從革不違。"這是說"金"是白、青、赤、黑、黃五色金屬的總稱。黃金是它們的代表。它們久埋在地下也不產生朽敗的外層，經過千錘百煉，它們也不會損耗變輕，它們順從人意可變更成器，但不會違背其本性。[9]由此，我們看到對"金"的中國傳統認識。在遠古時期，先民們掌握了金屬冶煉的技術後，就可以鍛打製造出各種不同的兵器。而正是由於使用了金屬兵器，才推動了社會的變革與進步。從字形上看，漢字的"金"字上部為"人"字，下面是"王"，左右兩道可看做是兩個衛兵。"金"不僅具有王者風範，"金"更是具有堅硬牢固的性質。"金"還經得起嚴酷的考驗，正所謂"真金不怕火煉"。金屬中的鋼鐵品質象徵意味著經受得起千錘百煉。千錘百煉意為經受住反復的烈火燃燒與重錘鍛打，以去除自身的雜質，煉就品質好鋼。

作為具有"金德"的譯者，首先要具有高貴的品德與王者風範，還應當像鋼鐵般意志堅強，經受得起翻譯人生中各種挫折與考驗。讓我們看看具有這種"金德"高貴品質的中國翻譯家的榜

---

9 【東漢】許慎著、李伯欽注釋：《說文解字》，北京：九州出版社 2012 年版，第四卷，第 1358 頁。

樣與典範。

朱生豪（1912～1944）為我國著名的莎士比亞戲劇翻譯家和詩人，他翻譯的莎士比亞作品的譯文品質好格調高，他的優雅的譯文特色為世界莎士比亞研究者所公認，他翻譯的《莎士比亞戲劇全集》至今仍然是中國莎士比亞作品最完整、品質較之最好的譯本。

然而，我們難以想像的是，如此高品質的譯文是在他經歷了多少磨難和困苦下完成的。朱生豪1933年大學畢業後，就在上海世界書局任英文編輯，他從那時起就開始了文學翻譯及詩歌創作。1937年8月日軍將戰火燒到上海，朱生豪隨身只帶有一本牛津版英語詞典和莎氏全集以及部分譯稿，逃離被日軍焚燒的寓所。這時他已交付出版的全部譯稿被戰火毀於一旦。此後他在輾轉各地避難的日子裏，只要稍得一點安寧，就立刻投身於補譯失稿的勞作中。1939年冬朱生豪應邀去了《中美日報》社任編輯，在這裏他為報刊寫了大量控訴日本侵略者、號召國民奮起抗戰的戰鬥檄文。1941年日軍侵佔上海後，朱生豪在顛沛流離、貧病交加的生活中仍堅持翻譯，並將戰火焚燒了的譯文重新翻譯補齊，在極端惡劣的戰爭生存環境中，他以鋼鐵般的意志先後譯出莎劇31種，若沒有鋼鐵般的意志和高度的責任感，這是根本做不到的。朱生豪立志翻譯莎士比亞戲劇，是因為當時在國際上很多國家都有了莎士比亞的譯著，而中國還沒有並因此遭到他國人的嘲笑與譏諷。朱生豪就是要為中國人爭這一口氣。1943年元月朱生豪在嘉興定居時，他的正直性格使得他寧可在家鄉挨餓受貧困，也不願為與日本侵略者勾結的敵偽效勞。他的極端困難的生計僅靠微薄的稿費來維持，然而就是在這樣惡劣的生存條件下，他仍然是堅持繼續他的莎士比亞戲劇翻譯。僅靠兩本字典，朱生豪譯出了莎士比亞所有重要悲劇如《羅密歐與茱麗葉》、《李爾王》、《哈姆萊特》等。此後他的健康日益惡化，但他仍然繼續堅持他的理想與翻譯工作，直至譯出莎氏的全部悲劇、喜劇、雜劇等共計 31 部譯著。1944 年初他又帶病堅持苦作譯出《約翰王》《理查二世》《理查四世》等 4 部莎氏歷史劇，此後他還寫了《譯者自序》、編《莎翁年譜》等。直到同年六月，他強忍病痛勉強支撐著譯完《亨利五世》第一，二幕後就重病臥床不起，才不得不放下譯稿。這時他竟然還悲痛地說，若早知自己會一病不起，就是拼命也要早些把未盡的譯作譯完。到同年 12 月他的病情更加嚴重，在他含恨離世時年僅 32 歲。朱生豪先生就是具有“金德”的中國翻譯家。學者洪忠煌先生在評價朱生豪時這樣說：他的才學固然令人欽佩，但價值更高的，是他的精神。尤其是，他那種一定為民族爭一口氣的志向和勇氣，那種傳播人類最寶貴精神財富的神聖使命感，對於今天被物質和私欲嚴重侵蝕的中國知識界，如同洪鐘大呂，振聾發聵。”[10]朱生豪翻譯的莎士比亞劇作與他的金子般的高貴人品和精神永存于世，成其為中國翻譯界的一座萬人矚目的高峰。

　　再讓我們看另一位具有“金德”的中國翻譯家穆旦。

　　穆旦（1918～1977），原名查良錚，他是我國著名的愛國主義詩人、翻譯家。穆旦生活在動盪的戰爭年代，他 1935 年考入清華大學地質系，後轉入外文系讀書。抗日戰爭爆發後，他隨學校輾轉多地，同時在報刊發表愛國抗日詩作。穆旦的詩歌具有雪萊式的浪漫氣質與強烈的抒情與現實感。1942 年 2 月 24 歲的穆旦投筆從戎參軍入伍參加了中國抗日的入緬遠征軍，他以翻譯官的

10百度百科：朱生豪 http://baike.baidu.com

身份隨軍進入緬甸投入抗日戰場。他經歷了滇緬大撤退和震驚中外的野人山戰役，他在荒無人煙的熱帶雨林中一個人孤身行走，經歷了常人難以想像的艱難困苦九死一生，終於僥倖逃出。這些戰爭的苦難如同烈火，鍛造了穆旦的人生、使他百煉成鋼。他的翻譯作品充分體現了他的金子般高貴的品德。穆旦的主要譯作有俄國普希金的作品《波爾塔瓦》、《青銅騎士》等，以及英國雪萊、拜倫、濟慈等詩人的詩作，如《雪萊抒情詩選》、《拜倫抒情詩選》、《濟慈詩選》等。穆旦劫後餘生的詩歌以及翻譯與他九死一生的戰爭苦難經歷中都有他金子一般的意志力和高貴品質在閃閃發光，使讀者高山仰止、感歎不息。

　　金子般高貴的翻譯家還有被稱作“文革中最有傲骨的一朵玫瑰”的鄭念（1915～2009）。鄭念即使到了老年，她的面容仍然讓人感覺到金子般的貴族氣息和水一般的清澈與寧靜。在中國文革的瘋狂歲月中，她由於在英國留過學和供職外商公司的經歷被控為英國間諜，她被關進獄中六年。獄中惡劣汙濁的環境沒有消磨掉她的鋼鐵意志，沒有改變她作為人的尊嚴。嚴刑拷打也不能使她屈服於惡勢力，即使身陷囹圄，她在獄中仍然盡可能維護自己的衣衫外貌的整潔，在酷刑下也絕不嚎哭與悲聲求饒。當國內形勢好轉時她已經 65 歲了，此時她隻身赴美。1987 年 72 歲的鄭念出版了以她自己的親身經歷創作的小說《上海生死劫》（Life and Death in Shanghai）。她的小說創作為英文版，但她作為中國人，寫作時必定是心中經歷了漢英語的反復比較與互譯才完成的，所以這裏也把她作為具有金子一般高尚情操與堅強意志的翻譯家來舉例。她的金子般的高貴品德是融進了骨子裏的，在文革的腥風血雨的摧殘下，她寧死不屈地維護著自己的做人原則，竭力保持著自己的精神貴族風範。即使在惡勢力的威逼下，即使饑寒交困衣衫襤褸，她仍然表現出一身正氣與傲骨尊嚴。正是：“真正的貴族不在於他生來就是貴族，而在於他直到去世仍保持著貴族的風采和尊嚴。”（福樓拜語）飽經磨難的鄭念以九十四歲高齡辭世，她的優雅堅毅與高貴的王者風範，她的不畏強暴的人格尊嚴以及她的《上海生死劫》為後人留下的寶貴精神財富和翻譯的經典。

（五）水

“水”字的左右兩側各寫有一個“人”字。《說文解字》曰：“水，准也，北方之行，像眾水並流，中有微陽之氣也。”這是說，水，平。代表北方的一種物質。水的古體字形像許多水一同流去，古體字體的“水”中間的一豎道，表示有深隱在內的陽氣。[11]老子曰：“上善若水。水善，利萬物而有靜，居眾人之所惡，故幾於道矣。”[12]這是說，高尚的人就像水。水具有多種美德，它滋潤萬物有利於它們的生長，但又不與萬物相爭保持安靜，水處在人人都厭惡的低下的地方，所以“水”性接近於“道”理。水是生命的起源，做人、做合格的翻譯者，都應當效仿水德，做人如水、上善若水。

“水德”首先在於守拙。水為萬物之源，豐功偉績當屬第一，但水卻從不炫耀，不事張揚，水潤物細無聲，水滋潤天地萬物，但從不爭搶高下，水總是流向低窪之地。水的寧靜與低調，值得人們學習效仿。“水德”還在於其凝聚力。千萬滴水匯成一片融為一體，義無反顧地奔向共同的目標。水滴凝聚在一起，就

---

11 【東漢】許慎著、李伯欽注釋：《說文解字》，北京：九州出版社2012年版，第三卷，第1038頁。
12 [春秋]老聃，梁海譯著《老子》，太原：山西古籍出版社，1999年版，第14頁。

匯成浩瀚的江河湖海，成就聲勢浩大，由此生命永不枯竭。“水德”蘊含著堅忍不拔，百折不回、具有“水德”者以柔克剛。水流一路奔來，衝破重重阻隔、百轉千回，永不放棄，直至東流入海。“水德”還在於其博大的胸懷。“海納百川，有容乃大”。水絕不附炎趨勢，水滋養天下萬物，廣濟天下生靈，即使是一顆小草，水也同樣染綠它每一片細弱的葉子；即使是一朵不知名的野花，水也滋潤著它綻放出自己的美麗。

作為譯者就應該學習水的高尚品質，低調做人、心懷大目標、堅忍不拔、向著自己心裏的江河大海不息地奔流。具有“水德”的翻譯家不勝枚舉，這裏就以兩位翻譯《易經》的西方人為例。

理雅各（James Legge，1815 年～1897 年）英國傳教士、著名漢學家、翻譯家。他是第一個全面系統地研究並翻譯中國古典著作的西方人。自 1861 年到 1886 年的 25 年間，理雅各不辭艱辛篳路藍縷，克服種種難以想像的困難，將《四書》、《五經》等中國重要典籍共計 28 卷全部譯成英語出版發行。理雅各作為一個外國人，對中國文化的熱愛、對中國典籍的持之以恆的專注，不辭勞苦地翻譯與傳播，就是具有“水”之德的典範。理雅各的《易經》英譯本，如水流一樣向世界各地廣泛傳播，開拓了西方瞭解與認識中國的新時代。

德國人衛禮賢（Richard Wilhelm 1873～1930）是另一個具有“水”之德的西方翻譯家。他也是一名來華傳教士，同樣也是出於對中國文化的熱愛與著迷，他在中國生活了二十多個年頭。他在中國青島以盎然的活力與鬥志，不屈不撓地辦教育、辦醫院，做翻譯。在向世界傳播中國文化的事業中，他像奔騰不息的大河之水，百折不撓，奔騰入海。終於實現了他的翻譯中國典籍的人生目標，他翻譯的《易經》至今仍然被西方認作最好的譯本。他的堅強和執著的翻譯人生，在中西文化交流史上留下了濃重的一筆，為《易經》翻譯事業建立了不朽的功勳。

綜上所述，“陰陽五行”學說是中國自古以來就傳播甚廣的中華民族傳統文化。它最初是中國聖賢先民對大自然現象觀察的結果，它被認定為構成世界萬物的五種基本元素，“陰陽五行”也是先民們用於指導勞動與生產以及把握天氣變化的工具。隨著後來的歷史發展演變，“陰陽五行”逐步成其為一種涵蓋自然、社會以及人倫觀念的博大精深的學說。特別是到了秦漢時代，董仲舒在總結前人研究的基礎上，進一步將“五行”學說發展為一種“明天人之故，通古今之變，言天地之美”的、傳播影響巨大的中國人的特有的思維觀。正如顧頡剛（1893～1980）所言：“五行，是中國人的思想律，是中國人對於宇宙系統的信仰。”[13]

英國人李約瑟在論中國的科學技術史時對中國的“陰陽五行”給予了高度讚揚與評價。他說：“當希臘人和印度人發展機械原子論的時候，中國人則發展了有機宇宙的哲學。在這些方面，西方是初等的，而中國是高深的。”[14]特別是當世界進入 21 世紀時，整個世界都將目光轉向中國，寄希望於從中國古典文化與哲學中尋求救世良方。此時，研究中國傳統的“陰陽五行”對翻譯學的影響，必將對國際交流至關重要的翻譯學產生巨大的影響。

---

13 徐複觀，《先秦儒家思想的轉折及天的哲學的完成》，《兩漢思想史》卷二，臺北：臺灣學生書局，1985，第 404 頁。
14 李約瑟：《中國與西方的科學與社會》，上海科技出版社，1956 年版，第 65-85 頁。

第四章 八卦：譯之“八律”

　　《易經》是中國傳統文化的“大道之源”，它蘊含著非凡的生命力和持久的無窮魅力，它是中國傳統文化、民族精神與思維模式的源頭活水。《系辭上傳》曰：“易有太極，是生兩儀，兩儀生四象，四象生八卦，八卦定吉凶，吉凶生大業。[1]這是說宇宙是從混沌未分的“太極”演變而來的，而太極又進一步演變出“兩儀”，即“陰”與“陽”，再由“陰”、“陽”演變分化出“太陰”、“太陽”、“少陰”、“少陽”四象；四象又演變分化為八卦（乾、坤、震、巽、坎、離、艮、兌）。這八卦又分別代表著“天、地、雷、風、水、火、山、澤”。八卦的八種符號代表著世界萬事萬物的基本性質。天地間一切事物的變化都可以最終歸為陰陽的演變，都是依據陽剛陰柔的變化規律而運動的。正所謂“一陰一陽之為道”[2]。

　　就八卦的性質而言，《說卦》曰：“乾，健也；坤，順也；震，動也；巽，入也；坎，陷也；離，麗也；艮，止也；兌，說也。”[3]由這八卦進一步可演變出六十四卦，以致無窮無盡。大千世界的萬物就是這樣演變發生出來的。

　　《易經》的八卦與翻譯規律是否可以聯繫在一起進行論說

---

1 黃壽祺 張善文 譯注《周易》，上海古典出版社，2007年版，第392頁。
2 同上，第381頁。
3 同上，第435頁。

呢？答案是肯定的，這是因為八卦和翻譯規律都可以歸為人類的認知範疇。八卦是中國古代先民在長期的生活實踐中總結出的人類認知世界的基本規律，而翻譯規律也屬於認知範疇，故用大道之源的陰陽八卦來指導闡釋翻譯規律不僅是可能的，而且是應該的。

　　八卦的產生正如《周易·系辭下》的如下描寫："古者包犧氏之王天下也，仰觀象於天，俯則觀法於地，觀鳥獸之文，與地之宜，近取諸身，遠取諸物，於是始作八卦，以通神明之德，以類萬物之情。"[4]由此可見，《易經》八卦是我們的祖先在觀察生活中客觀事物時所總結出的應對天下事物物變化的規律。

　　《易經》為群經之首，其陰陽八卦的變化規律乃宇宙萬物的變化規律。瞭解這種規律並將其法則運用到人生的各種運動變化中，就能使我們去惡向善、驅凶避邪。將陰陽八卦的法則運用到翻譯研究上，就能使翻譯學的規律更加簡潔明晰、順理成章。

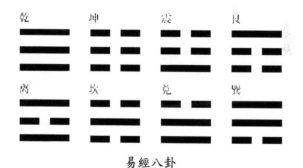

易經八卦

　　下面就根據八卦的基本法則來歸納翻譯的八律。

　　在"譯之五德"一章中，筆者是從"人"的立場出發，論述了翻譯者應當具備的五種基本品行道德。"譯之八律"一章將主

---

4 同上。第402頁。

要從衡量優秀的翻譯文本應當達到的標準和要律談起，如
"乾"、"坤"、"震"、"巽"、"離"、"艮"、"兌"各
卦的精神體現在翻譯文本上，特別是從如何體現在文學翻譯文本
上的要律談起。"坎"卦的解讀主要集中在對艱難的翻譯事業的
對照上。本文按以下卦序逐一闡述：

　　1.乾（天）----譯文之陽剛正氣；

　　2.坤（地）----譯文之守持正固；

　　3.震（雷）----譯文之震耳發聵；

　　4.巽（風）----譯文之深入人心；

　　5.坎（水）----譯文之似水奔流；

　　6.離（火）----譯文之光明燭照；

　　7.艮（山）----譯文之不出其位；

　　8.兌（澤）----譯文之澤被蒼生。

一、乾（天）☰：譯文之陽剛正氣

　　在《易經》中，《乾》卦象徵"天"。元始，亨通，和諧，
貞正。乾的含義還是"健"。在遠古，天還指太陽。太陽運轉不
息，剛健永恆。《象》曰：天行健，君子以自強不息。"這是說
天行剛健、生生存在、永恆不息。"天行有常，不為堯存，不為
桀亡。"（荀子：《天論篇》）天道運行周而復始，永無休止，
不可阻擋。《乾》卦道出君子應當效法天道，充滿陽剛之氣，自
立自強，奮鬥不止。"天乃積諸陽氣而成。"（周易正義）《易
經》闡明恒久的剛健中正的重要作用，君子應當效法之。

　　數千年來，人類無限敬畏與崇仰天，不懈地探索研究天，不
停地探索宇宙的奧秘，努力認識世界、以天地為準則來規範人類

社會，由此以求達到“天人合一”的理想境界，而《乾》卦的陽剛中正的內涵也正是翻譯文本的第一要律。

（一）《乾》卦的翻譯學解釋

將《易經》八卦與翻譯學進行比較研究，我們首先遇到的就是《乾》卦。優秀的文學翻譯“原語”的文本選擇，應該也可以是體現了《乾》卦天道的陽剛正氣的，這一點可以用來檢驗翻譯文本是否值得挑選出來費時費力地進行翻譯和傳播。

在《易經》中，我們知道，“天”是陽剛，是主宰；與其相適應的是“地”的順從與包容。用這種關係來比照翻譯，我們可以這樣認為：翻譯的“原語”就是“陽”，就是主宰，翻譯的“目標語”就是“陰”，就是順從，就是忠實于原語。

然而從另一個角度看翻譯的“原語”與“目標語”的關係，我們就看到了《乾》卦“群龍無首”的意像。《象》曰：“用九：見群龍無首，吉。”“用九天德，不可為首也。”這就是說，群龍相互平等相處沒有首領，便是吉祥的了。因為天下並不是只靠某一個人單獨作用的，所以每個人都應當對他人以禮相待，切不可居功自傲。“用九”講的是相互合作，相互尊重，彼此平等的道理。落實到翻譯事業的參照上，就是“原語”與“目標語”的相互依存的關係。對於翻譯文本來說，也不能絕對地認為哪個文本更重要。因為沒有“原語”，就沒有“目標語”可談，而沒有“目標語”，“原語”也就失去了翻譯的意義。所以說，應當辯證地看待翻譯的“原語”與“目標語”的關係。它們互相依存，互相影響。

（二）表現《乾》卦 "陽剛正氣" 精神的文學翻譯例證

《牛虻》（The Gadfly）是愛爾蘭女作家艾捷爾‧麗蓮‧伏尼契（Ethel Lilian Voynich 1864～1960）出版於 1897 年的一部感人至深的文學作品。1953 年由中國青年出版社出版，翻譯者為李俍民。該書描寫了義大利革命黨人牛虻命運多舛的一生。他參與了反對奧地利統治者、爭取國家獨立統一的鬥爭，最後為之獻出了寶貴的生命。

《牛虻》1897 年在英國出版，在本國文學界並沒有怎麼引起關注。但半個世紀後這本書竟然被中國人發現了，繼而被譯成中文。《牛虻》的漢譯本在中國青年人中引起極大的轟動，深受中國人的喜愛，先後發行量高達一百多萬冊。很多中國年輕當時都是流著淚讀完這部從英語翻譯過來的故事的，書中人物的感人事蹟令讀者終身難忘。

現在我們分析促成這一中英翻譯文學史上巨大成功的事例，其主要原因之一在於：故事主人翁所體現出來的陽剛之氣感人至深，牛虻的曲折身世的傳奇故事、以及他臨危不懼、寧死不屈、為人民而戰鬥的英雄形象深深地打動了讀者。可見，這樣的充滿陽剛正氣的翻譯原語文本的選擇，就是翻譯成功的首要條件。它的選擇不僅給譯者以工作的動力，而且會感動目標語讀者的心。

《牛虻》漢譯本故事結尾處，主人公牛虻英勇就義前留下的遺書裏的一段話，至今仍然是中國幾代讀者喜愛的經典：

"我沒想到他們這麼快就重新動用審訊和處決的手段。我知道如果你們這些留下來的人團結起來，就會給他們猛烈的反擊，你們將會實現為之奮鬥的宏偉大業。至於我，對待死亡將會懷著輕鬆的心情，走進院子，就像是一個放假回家的孩童。我已經完成了我這一份工作，死刑就是我已經徹底完成了這份工作的證明。他們殺了我，因為他們害怕我，我心何求？-------。”

　　“不管我活著，還是我死去。我都是一隻牛虻，快樂地飛來飛去。”[5]這首牛虻兒時與朋友經常一起朗讀的小詩，就是他的信的落款處的簽名。

二、坤（地）▤：譯文之守持正固

　　《坤》卦象徵大地，原始，亨通。《象》曰：“地勢坤，君子以厚德載物。”是說君子應當效法大地的品德，寬厚廣大，包容萬物，利於像雌馬一樣守持正固。君子有所前往，但是如果搶先居首必然迷入歧途，要是隨從人後就會有人做先導，必定有益。六三卦的陰居陽位隱含的寓意為，具有才華而不顯露，若輔佐賢主，功成而不自居，且始終盡職盡責這樣就是大地的品格。《坤》卦的“用六”道出運用“六” 這個數字的變化道理，既是柔而能剛，陰陽矛盾的轉化的道理，利於永遠保持中正。

（一）《坤》卦的翻譯學解釋

　　“一陰一陽之為道。”陰陽之道是《易經》的本質，是萬物變化的根本。而對於翻譯來說，如果把“原語”文本作為“陽”，那麼“目標語”文本就是“陰”。把握好“原語”與“目的語”的相互依存與變化的規律，就是做好翻譯的根本。

　　《坤》卦的六二爻為：“直方大，不習無不利。”是說大地

---

5 《牛虻》艾捷爾‧麗蓮‧伏尼契著，李俍民譯，中國青年出版社，1953 年 7 月版。

總是表現的正直、方正、大氣。所以，“即使不學習也不會有什麼不利。”對於翻譯的目標語來說，不需要表現出不同于原語文本的別出心裁的新意。《坤》卦的“守持正固”、“輔佐君王”的精神體現在翻譯中，就是“目標語”對“原語”的忠實與隨從。

《乾》卦的陽剛正氣與《坤》卦的守持正固精神相結合，才是君子處世應當奉行的行為準則。對於文學翻譯來說，原語文本所蘊含的陽剛之氣與目標語文本所表現出的忠實原文、守持正固的坤德柔順精神的結合，就是好的翻譯文本的呈現。

（二）表現《坤》卦“守持正固”精神的文學翻譯例證

若要舉例說明表現《坤》卦守持正固、忠實原作精神的文學經典翻譯，我們可參見原作為荷蘭語的《小約翰》的漢、英、德幾種不同語言的翻譯：

荷蘭語原文：

Blauw was het groote vlak, tot aan de kimme, maar onder de zon straalde een smalle strook in verblindend roode schittering. Een lange, donzig witte schuimrand omzoomde het zeevlak, zooals hermelijn het blauw fluweel omzoomt. En aan de kimme scheidde lucht en water een fijne, wonderbare lijn. Een wonder scheen zij: recht en toch gebogen, scherp en toch onbestemd, zichtbaar en toch onnaspeurlijk. Zij was als de toon eener harp, die lang en droomend naklinkt, die schijnt weg te sterven en toch blijft.[6]

---

6 Frederik Van Eeden，De kleine Johannes，from http://manybooks.net.P.24.

英語譯：

The vast expanse was blue to the very horizon; but out there, under the sun, a small streak shone in bliding red fire. An endless fringe of downy-looking white foam edged the waters, as ermine borders blue velvet. On the horizon a wonderful, fine line divided the air from the ocean. It was indeed a marvel; straight yet curved, sharply defined yet non-existent; visibly yet intangible. It was like the vibration of a harp- string, which thrills dreamily for a long time, seemingly to die away and yet still be there.[7]

德語譯：

Blau war die große wasserfläche bis an den fernen Horizont, unter der Sonne aber strahlte ein schmaler Streifen in blendend rotem Glitzern. Ein langer, dunstig weißer Schaumrand umsäumte die Meeresfläche, so wie der Hermelin den blauen Sammet umsäumt. Und am Horizont trennte eine zarte, wunderbare Linie Luft und Wasser. Ein Wunder schien sie：gerade und dennoch gebogen, scharf und dennoch unbestimmbar, sichtbar und dennoch unergründlich. Sie war wie der Harfenklang, der lang und träumerisch nachtönt, der zu verschwimmen scheint und dennoch bleibt.[8]

---

7 Eeden, Van, Frederik. Little Johannes. (translated by Clara Bell) London: W. Heinemann, 1895. P.74.

8 Frederik van Eeden, Der kleine Johannes, Deutscheübersetzung aus dem Holl? ndischen von Anna Fles, Halle a. d. S. Druk und Berlag von Otto Hendel, 1892, P.42 （Anna Fles 譯本為魯迅翻譯所參照的德文譯本。）

魯迅譯：

藍的是寬大的水面，直到遠處的地平線，在太陽下，卻有一條狹的線發著光，閃出通紅的晃耀。一條長的，白的飛沫的邊鑲著海面，宛如黃鼬皮上，鑲了藍色的天鵝絨。地平線上分出一條柔和的，天和水的奇異的界線。這像是一個奇跡：直的，且是彎的，截然的，且是遊移的，分明的，且是不可捉摸的。這有如曼長而夢幻地響著的琴聲，似乎繞繚著，然而且是消歇的。[9]

對照上述原語與幾種不同的目標語的翻譯，可以感受到幾種翻譯不同程度地忠實再現原語文本、守持正固精神。對比魯迅的漢語翻譯，我們可以感受到魯迅先生的漢語譯文達到高度的"信達雅"統一的標準。如以下兩句中英譯文比較，魯迅漢語譯文中的"寬大的水面"、"白的飛沫的邊鑲著海面"、"鑲了藍色的天鵝絨"等詞語的選擇都恰當得體、栩栩如生，它們是既忠實于原文又嫻熟的漢語表達。

（1）The vast expanse was blue to the very horizon;

藍的是寬大的水面，直到遠處的地平線。

（2）An endless fringe of downy-looking white foam edged the waters, as ermine borders blue velvet.

一條長的，白的飛沫的邊鑲著海面，宛如黃鼬皮上，鑲了藍色的天鵝絨。[10]

9　魯迅：《小約翰》，《魯迅譯文集》第 4 卷，人民文學出版社 1958 年版，第 64 頁。

10　參見吳鈞著：《魯迅翻譯文學研究》，齊魯書社，2009 年版，第 135-137 頁。

三、震（雷）䷲：譯文之震耳發聵

《震》卦象徵雷聲震動，可致亨通。《周易正義》曰："雷既威動，莫不驚懼；驚懼以威則物皆整齊，由懼而獲通，所以'震'有亨德。"[11]這是說，驚雷震動時，萬物惶恐畏懼，而雷威震動萬物時，可令萬物保持警懼，由此可致亨通。人們若由於震雷而能夠謹慎保福，就可獲笑聲；若君王的號令像雷一樣震驚百里，宗廟祭祀便可由此長延不絕。

（一）《震》卦的翻譯學解釋

《震》卦精神在翻譯文本中的體現在於威懾警懼：翻譯作品中的文化精神力量，對讀者可以起到"震動"的作用。這種震動作用，如雷貫耳，發人深省。《震》卦精神在翻譯文本的體現在於引起讀者的警覺作用，提醒讀者謹慎行事，不致災禍。《震》卦精神在翻譯文本中的體現也是《乾》卦陽剛之氣之力量的表現。凡是具有一種震耳發聵的精神力量的文學翻譯作品，也一定會是值得一譯的精品佳作。

（二）表現《震》卦"震耳發聵"精神的文學翻譯例證

《泰坦尼克號》是美國 20 世紀福克斯公司和派拉蒙影業公司共同出資，于 1994 年成功拍攝的一部描寫災難中愛情的影片。影片上映的全球票房超過 18 億美元，是當時世界票房最高的電

---

11 黃壽祺 張善文 譯注《周易》，上海古典出版社，2007 年版，第 298 頁。

影，並榮獲第 70 屆奧斯卡金像獎最佳影片、最佳導演獎等 11 項獎。為緬懷泰坦尼克號沉船事件 100 周年，《泰坦尼克號》在 2012 年 4 月以 3D 版形式再度在全球上映，此時該部電影在中國的票房是 9.87 億元，北美票房 5700 萬美元，全球票房 3.44 億美元，總票房已達到 21.87 億美元。[12]在中國，觀眾對此部影片熱情高漲，使得原計劃從 2012 年 4 月 10 日至 5 月 10 日下線的 3D 版《泰坦尼克號》延期兩周至 5 月 24 日下線，此後由於影迷仍然踴躍觀看，影片不得不再次延期至 6 月 3 日才結束放映。

　　《泰坦尼克號》為什麼會有如此強大的震撼作用呢？其主要原因是因為該影片是根據發生在 1912 年 4 月 10 日的真實沉船事件而製作的。泰坦尼克號豪華郵輪從英國安普頓起航前往紐約，開始了這艘號稱"永不沉沒"和"夢幻之船"的處女航行。然而令人意想不到的是，在 4 月 14 日晚，泰坦尼克號不幸在北大西洋觸撞冰山而傾覆，船上 1500 多人喪生，成其為世界上迄今為止最嚴重的一次海難。號稱"永不沉沒"的泰坦尼克號的沉沒，對當時人類創造力的自信是一個沉重的打擊。它的沉沒向人類展示了大自然的威力與神秘，以及人類面對大自然災難的無能為力。

　　《泰坦尼克號》真實地再現了船難的真實情景，儘管它杜撰了一場絕美的愛情故事。影片展示的災難來臨之時各色人物的衝突與表現震撼人心。例如觀眾被震驚並讚歎那些在即將沉入海底的船甲板上平靜地演奏樂曲、撫慰驚恐的面臨死亡的人們的靈魂的小提琴手們；他們在災難面前所表現出來的人的尊嚴與高貴令人敬佩不已。對比那些在災難面前驚慌失措、痛哭流涕，貪生怕死的小人，影片展示的那些把生的希望留給他人，自己勇敢地去

---

12 百度百科：《泰坦尼克號》http://baike.baidu.com/

面對死亡的水手們給觀眾留下極大的震撼與深刻的印象。觀眾在這部影片中觀看與比較到了不同的人的靈魂與表現，受到心靈的劇烈震動與淨化。《泰坦尼克號》展示面對死亡永遠高揚著的人的精神，是這部影片最大的成功之處；這樣的具有震撼心靈作用的電影翻譯引進，是該片在中國上演獲得巨大成功的主要原因。

四、巽（風）☴：譯文之深入人心

《巽》卦的卦像是巽（風）下巽（風）上，為風行"順"而"入"。凡物沿"順"則能"入"。由此《巽》卦象徵順從。具有道德的君子應當效仿風行而物無不順的樣子來行事，以達亨通。

（一）《巽》卦的翻譯學解釋

《巽》卦的六四爻為"悔亡，田獲三品。"是說若能恪守"順從"之道，田獵時就能得到多種收穫。在翻譯中，目標語聽命"順從"于原語文本，忠實于原文，就是成功的翻譯之道。"風"為"巽"之象。風能夠無孔不入，鼓動萬物。目標語翻譯結果也可以如風般的無孔不入、廣為傳播，以鼓動讀者的心。

《巽》卦九五爻的"無初有終"是說做正確的事情，開始的時候也許並不順利，但最後一定會通達順暢。同理，有價值的譯文著作出版後的發行，開始時也許不會太順利，但只要是值得翻譯的、有價值的著作，最終一定會風行萬里、通達暢銷。

（二）表現巽卦"深入人心"精神的文學翻譯例證

美國故事片《阿凡達》（Avatar）就是一個在中國非常風行暢銷的科幻故事影片。

　　該影片起初於 2009 年 12 月在北美上映。截止 2010 年 9 月該片以全球累計 27 億之多的票房刷新了全球影史票房紀錄。該片還獲得第 67 屆金球獎最佳導演獎和最佳影片獎等多項獎項。2010 年 1 月該片在中國大陸上映後就風靡全國。

　　該部電影講述的科幻故事發生在 2154 年，一位雙腿癱瘓的前海軍陸戰隊員傑克被派遣去潘朵拉星球的採礦公司工作。那裏有一種寶貴的礦物元素叫做 "Unobtanium"，它將徹底解決人類的能源危機問題，這就是人類來此開採它的原因。然而潘朵拉星球儘管資源豐富，但是並不適合人類生存。人類在這裏必須戴上空氣過濾面罩。地球人與本星球人爭奪資源的戰爭、以及地球人傑克與潘多拉星球女孩的虛擬愛情都被製片人製作的有聲有色。但本片中最有價值的部分是它的帶有中國元素的奇特想像，以及電影的音響與色彩藝術效果。例如寬銀幕所展現的高聳入雲的參天大樹、星羅棋佈的飄浮著的群山、色彩斑斕的茂密雨林、各種發出五彩光芒的生物，這些奇幻的畫面使觀眾如置身于夢境的花園。

　　《阿凡達》這部科幻電影在全球的風靡與傳播，是導演花費整整 14 年打磨等待的結果。他為打造這部美輪美奐的潘朵拉星球傳奇，為營造那些超出人類想像力的奇特外星美景付出了巨大的辛勞，耐心的等待終於換來了觀眾稱讚的電影視覺體驗與風靡全球的巨大成功。

五、坎（水） ䷜ ：譯文之似水奔流

　　《坎》卦象徵重重險陷。但只要有信心，就能使內心亨通。君子胸懷堅定的信念，執著專一，內心才能不畏艱險而獲得亨通，這種似水奔流、衝破重重險陷、搏擊激流險灘勇往直前的精神，就是君子應有的對待艱難險阻的態度，同時也是勇者的奮鬥快樂時光的體驗。

（一）《坎》卦的翻譯學解釋

《坎》卦曰："習坎：有孚，維心亨，行有尚。"這是說前進的道路上重重險陷，但只要有信心，其心亨通，行動涉險也可以立功獲嘉賞。翻譯的道理與此相同。翻譯，是一項逆水行舟的艱難的事業，譯者要像水流一樣百折不回，就會終將奔流入海，達到自己的目的。

"六三，來之坎坎，險且枕，入於坎窞，勿用。"是說來去進退都處在重重險陷之中。當我們處於危險並且深淺難測、陷入險陷深處時，只有伏枕以待，切不可輕舉妄動，妄圖施展才用。同理，翻譯過程中也是有可能陷入困難窘境的，這時既不能放棄，也不可急功近利地冒進，而是要耐心細緻地判斷、等待成功的時機。

"九二，坎有險，求小得。"是說當人處在陷坑裏遭遇危險時，可從小處做起謀求脫險必有所得。對於翻譯過程中的困難也是一樣，不可急躁，否則"欲速則不達。"對待翻譯中的困難，要步步為營地應對，一步步前進，先爭取局部小的成功，再逐步擴大陣營，而不可奢望全面鋪開、一步到位地急功近利獲勝。

（二）表現《坎》卦"似水奔流"精神的文學翻譯例證

翻譯，是充滿重重險陷的艱苦的勞作。我們從魯迅翻譯《死魂靈》艱難困苦之狀就可見一斑。

例如俄國作家果戈理的文學名著《死魂靈》是魯迅晚期最重要的翻譯作品。《死魂靈》的翻譯"是一件艱苦的奇功，不朽的絕筆"，[13]它是魯迅以健康與生命為代價而成就的。

在魯迅生命的晚期，他為中國沒有《死魂靈》的譯本而深感遺憾，終於不顧自己身患疾病，竭盡全力地親自動手翻譯起了《死魂靈》。

魯迅《死魂靈》的翻譯工作進行得非常艱巨。他在 1935 年 5 月 17 日寫給胡風的信中說："這幾天因為趕譯《死魂靈》，弄得昏頭昏腦，我以前太小看了ゴ-コリ了，以為容易譯的，不料很難，他的諷刺是千錘百煉的。其中雖無摩登名詞（那時連電燈也沒有），卻有十八世紀的功能表，十八世紀的打牌真是十分棘手。上田進的譯本並不壞，但常有和德譯本不同之處，細想起來，好象他錯的居多，翻譯真也不易。"[14]由此可見，魯迅翻譯時參考的英語、日語和德譯本之間有不少不一致的地方，這更加重了翻譯的困難之處，由此使魯迅深切地體會到了翻譯真也不易"。他在 1935 年 5 月 22 日給黃源的信中說："《死魂靈》第四章，今天總算譯完了，也到了第一部全部的四分之一，但如果專譯這樣的東西，大約真是要'死'的。"[15]1935 年 6 月 10 日魯迅還以調侃的語氣說："可恨我還太自大，竟又小覷了《死魂靈》，以為這倒不算什麼，擔當回來，真的又要翻譯了。於是'苦'字上頭。仔細一讀，不錯，寫法的確不過平鋪直敍，但到處是刺，有的明白，有的卻隱藏，要感得到；雖然重譯，也得竭力保存它的鋒頭。"

---

13 許壽裳：《亡友魯迅印象記·許壽裳回憶魯迅全編》，上海文化出版社 2006 年版，第 55 頁。

14 魯迅：《書信 350517 致胡風》，《魯迅全集》第 13 卷，人民文學出版社 2005 年版，第 458 頁。

15 魯迅：《書信 350522 致黃源》，《魯迅全集》第 13 卷，人民文學出版社 2005 年版，第 463 頁。

[16]魯迅說他翻譯時是"字典不離手，冷汗不離身"。"字典不離手"，體現了魯迅嚴肅認真的翻譯態度，"冷汗不離身"是他抱病工作的真實寫照。這一年的 6 月 28 日，在給胡風的信中魯迅又說到："譯《死魂靈》，頗以為苦，每譯兩章，好像生一場大病。

許壽裳也曾回憶說："當魯迅臥病的時候，我去訪問，談到這部譯本，他告訴我：'這番真弄得頭昏眼花，筋疲力盡了。我一向以為譯書比創作容易，至少可以無須構想，哪里知道是難關重重！……'說著還在面孔上現出苦味。"[17]從魯迅對摯友的真實袒露中我們可以體會到《死魂靈》的翻譯對魯迅健康的傷害程度。然而魯迅並沒有因此而放棄這一損傷健康與消耗生命的翻譯，在魯迅的堅持下，到了 1935 年 8 月 30 日，他就已經譯完了第九、第十章，並親赴生活書店交付譯稿。就在翻譯全書大功即將告成之際，魯迅又惦記著翻譯出版果戈理選集的更大的計畫。這是因為魯迅在 1934 年 11 月購得了一部德譯《果戈理全集》，這時魯迅的健康狀況不佳，他說將其譯成中文"雖是一個尋常的小夢，也很難實現"了。[18]可見，魯迅在生命的晚年不顧身體的疾病和勞累，頑強地堅持翻譯介紹《死魂靈》，正如盜天火的普羅米修士，他是以燃燒自己生命為代價完成了《死魂靈》的翻譯的。"（引自吳鈞著《魯迅翻譯文學研究》，齊魯書社，2009 年版 158～176 頁。）

由上述例證我們可見翻譯的艱辛。魯迅以"似水奔流"的無

---

16 魯迅：《"題未定"草》，《魯迅全集》第 6 卷，人民文學出版社 2005 年版，第 363 頁。

17 許壽裳：《亡友魯迅印象記許壽裳回憶魯迅全編》，上海文化出版社 2006 年版，第 56 頁。

18 魯迅：《書信 341204 致孟十還》，《魯迅全集》第 13 卷，人民文學出版社 2005 年版，第 273 頁。

畏精神，衝破重重坎坷進行翻譯的典範，值得我們永遠緬懷與紀念。

六、離（火）䷝：譯文之光明燭照

《離》卦的卦象為離（火）下離（火）上，火熱的太陽連續地升起，使世界充滿了光明。離，麗也，象徵太陽，象徵火。因太陽高高地懸掛依附在天空，所以又象徵附麗。《離》卦由此為光明的太陽連接升起高高懸掛附麗在天空之表像。君子應當效法太陽，以自己的持續發出的光與熱惠及他人。《離》卦還有一個寓意為：君子應依附中正之道的天則，約束自己的過激言行，避免咎害。

（一）《離》卦的翻譯學解釋

《《離》卦"六二，黃離，元吉。"這裏的"黃"為中正之色。此爻是說附麗在中正的黃色上，是可以大吉大利的。它的翻譯學寓意在於：在翻譯中選擇譯本至關重要。如果選對優秀的譯本，就如同生命附麗沐浴著燦爛的陽光，翻譯就會帶給讀者溫暖與光明。優秀的譯著就如同火炬燭照天下，傳播真理，啟迪人心。

（二）表現《離》卦"光明燭照"精神的文學翻譯例證

英語散文《青春》就是一篇光明燭照、啟迪人心的優秀作品，《青春》近年來在中國受到了讀者熱烈的歡迎，相繼出現的漢語翻譯有幾個不同的版本，但都同樣膾炙人口，受到中國人的喜愛。更由於互聯網對各種版本的廣為傳播，這篇散文被很多人當作座右銘來吟唱背誦，成為照亮各種年齡層次人們心靈的一支溫暖明亮的燭光。

英語原文：

Youth

Samuel Ullman

Youth is not a time of life; it is a state of mind; it is not a matter of rosy cheeks, red lips and supple knees; it is a matter of the will, a quality of the imagination, a vigor of the emotions; it is the freshness of the deep springs of life.

Youth means a temperamental predominance of courage over timidity, of the appetite for adventure over the love of ease. This often exists in a man of 60 more than a boy of 20. Nobody grows old merely by a number of years. We grow old by deserting our ideals.

Years may wrinkle the skin, but to give up your enthusiasm. It can not wrinkle the soul. Worry, fear, self-distrust bows the heart and turns the spirit back to dust.

Whether 60 or 16, there is in every human being's heart the lure of wonder, the unfailing childlike appetite of what's next and the joy of the game of living. In the center of your heart and my heart there is a wireless station: so long as it receives messages of beauty, hope, cheer, courage and power from men and from the Infinite, so long as you are young.

When the aerials are down, and your spirit is covered with snows of cynicism and the ice of pessimism, then you are grown old, even at 20, but as long as your aerials are up, to catch waves of optimism, there is hope and you are young at 80.

漢語翻譯：

青　春

撒姆耳‧厄爾曼

　　青春不是一段時光，而是一種心態；青春並非粉紅的面頰、美麗的丹唇和柔軟的雙膝，青春是堅強的意志，宏偉的想像，熱烈的情感；青春是生命的春意盎然的鮮活季節。

　　青春意味著勇氣戰勝怯懦，意味著對冒險的渴望壓倒對安逸的嚮往。這種氣質在 60 歲的人身上往往比在 20 歲的人身上更為多見。沒有人因為歲月的增長而變老，我們變老是因為我們放棄了理想。

　　歲月可以使我們的皮膚起皺，但是它卻對我們的熱情無能為力。歲月不能使我們的靈魂起皺。焦慮、恐懼、喪失自信會使我們精神低迷，心灰意冷。

　　無論是 60 歲還是 16 歲，在你我的心中，都有對探索未知的嚮往，都有永不衰竭的孩童般的對將來的憧憬、對征戰歡樂的渴望。在你我的心中，都有一台無線電臺，只要它的天線能夠接收到天上人間美好、希望、歡樂、勇氣和力量的電波，我們就青春永駐，永遠年輕。

　　一旦天線倒塌，生命就被玩世不恭和悲觀主義的冰雪覆蓋，這時你即使只有 20 歲也已經衰老。只要你的天線高高揚起，捕捉樂觀主義的電波，你就仍有希望，即使 80 歲你也仍然年輕。

（吳鈞譯）

七、艮（山）䷳：譯文之不出其位

《艮》卦的卦像是艮（山）下艮（山）上，《艮》象為山有“靜止”之意，象徵抑止。本卦的卦意在於：如要抑止人的邪惡欲望，應當在其人尚未察覺到是“邪惡”時，就在不知不覺中制止住這邪惡為好，就是要使被抑制者還不知道那“邪惡”為何物時就及時制止住。《艮》卦還道明：君了的思想應當切合實際，不可超越自己所處的地位而有不切實際的想法。

（一）《艮》卦的翻譯學解釋

《艮》卦對翻譯的啟示在於：“目標語”譯文應當是翻譯“原語”的忠實再現，由此，翻譯呈現出來的“目標語”不可逾越自己所處的地位，不可偏離“原語”擅自“創作”。如果“目標語”不表現出“抑制”的特徵，而是“出其位”，就是失去了翻譯的“正道”。

本卦的“上九，敦艮，吉”告訴我們：優秀的翻譯文學應當以敦厚品德抑止邪欲、抑止人的邪惡欲望為己任，優秀的譯文著作應當是弘揚正氣、抑制邪惡欲念的作品。

（二）表現《艮》卦“不出其位”精神的文學翻譯例證

朱生豪先生翻譯的英國莎士比亞作戲劇作品的譯文品質和風格特色，為國內外莎士比亞研究者所公認。但是，也有一些批評意見。例如：有專家認為：朱生豪的漢、英語都很有造詣，文學修養也很高，他的莎劇翻譯既精准又流暢通俗易懂，他的譯作很好地傳達了莎翁高雅文字的"神韻"。但是朱生豪卻"不善於，或者說不屑於傳達莎翁作品粗俗文字的"神韻"。這些批評家認為，粗俗和猥褻的語言，在生活充滿樂趣而無所顧忌的莎士比亞筆下是很多的，特別是在他的喜劇裏大量存在。他們批評朱生豪的"淨化之舉，雖包含譯者一番良苦用心，卻是不足取的。"洪忠煌先生認為：其實粗俗語也是莎劇的一大特色，不僅反映了當時的時代風貌，而且有其特定的戲劇作用。但是"考慮到朱生豪所處的年代，這種處理可以理解。但這樣一來，很多地方就不能客觀反映原作的風貌，與朱生豪本人的宗旨也是相悖的。"（見《百度百科》詞條：朱生豪）

　　然而，從優秀的譯文著作弘揚正氣、抑制邪惡欲念的觀點出發，朱生豪不翻譯原語文本中粗俗和猥褻的字眼，自有他的道理。在某種意義上來說，他的翻譯成為經典與他的純正、他的以敦厚品德抑止邪欲的翻譯不無關係。朱生豪在翻譯中自覺地表現了中國傳統文人受《易經》文化薰陶、遵循《艮》卦"不出其位"精神的文學翻譯值得稱讚。

八、兌（澤）䷹：譯文之澤被蒼生

　　《兌》卦的卦像是上下卦均為兌（澤），為兩個澤水並連之表像。澤水相互流通滋潤，彼此受益，因而又象徵喜悅。

（一）《兌》卦的翻譯學解釋

　　優秀文學作品的翻譯是啟迪心智、開拓眼光、澤被蒼生的文化交流的一種重要途徑。譯者是不同文化之間的溝通者與傳播者，正是由於譯者的辛勤勞動，不同種族與國家的文化交流才可能恩惠遍及眾多的不同國度的人民。

《兌》卦的"九四，商兌未寧，介疾有喜"講的是：面對思量欣悅之事時，應保持心中的警覺，要能夠拒絕誘惑。若能絕除諂妄者的邪疾，則有喜慶。由此，翻譯者應當由《兌》卦汲取精神力量，在中西兩種文化與語言的交流與溝通中相互受益，促進人類共同的和平與發展的目標實現，同時在翻譯的事業中體驗文化交流的喜悅，分享資訊暢達亨通的樂趣；但是與此同時，也要保持警覺，守持正固，拒絕翻譯事業被商業化的庸俗所誘惑。

（二）表現《兌》卦"澤被蒼生"精神的文學翻譯例證

澤被蒼生的翻譯論著最突出的一個例證就是漢語佛經的翻譯：

佛經的翻譯在中國翻譯史上佔有重要的地位，對中國翻譯從理論到實踐的各個方面都產生過重大的影響。請看如下的記載：

"東漢明帝年間，朝廷派遣使者從西域請來了攝摩騰和竺法蘭兩位僧人，這兩位僧人不僅從西域帶來了佛像，還帶來了佛經。由於這些佛經是從印度傳入的梵文經書，為了便於傳教，攝摩騰和竺法蘭將佛經翻譯成了漢文。自此以後，中印兩國的僧人來往不斷，更多的佛經傳入中國，經過 200 多位譯師 10 個世紀的辛勤努力，由梵文翻譯過來的漢文三藏達到了 1690 餘部、6420 餘卷，佛教的聲聞乘、性、相、顯、密各部學說都系統地介紹到中國，從而形成了中國佛教的巨大寶藏。"（ —— 引自《百度百科》http://baike.baidu.com）

由此可見，譯著只要具有"澤被蒼生"的功能，就會得到人們的重視。它的翻譯價值也會在久遠的歷史中被不斷認識和發現。

　　綜上所述，八卦（乾、坤、震、巽、坎、離、艮、兌）在翻譯文學中都具有各自不同的功能和實踐作用，都可以舉出典型的例證。遺憾的是，就文學翻譯來說，多年來，西方向中國輸入的翻譯文本大大地多於中國向外翻譯輸出的文本。正是因為這種嚴重的不對等的存在，我們才應該格外地珍視《易經》的對外翻譯傳播。中國古老的《易經》，自 17 世紀始就受到西方世界的關注，此後不斷地有各種翻譯版本出現。到了 21 世紀的今天，《易經》在世界上已經有了多種語言的多種翻譯版本。目前，西方世界越來越關注《易經》這部中國文化的經典著作，其博大精深的內涵正在被進一步地開發與認識。例如先進的電腦的二進位，就與古老的《易經》的原理相通，這一點非常值得我們中國人驕傲和自豪。

　　然而，迄今為止的《易經》翻譯還存在很多不盡人意的地方，可見《易經》的研究與翻譯還有漫長的路要走，這就是中國譯界同仁應當共同努力為之奮鬥的事業。

第 二 編

第五章 全英譯《易經》

一、簡 介

　　《易經》是中國傳統文化的"大道之源"，是中國古漢語的經典巨作，是中國先民智慧的結晶，它內涵博大精深，涉及到人生的哲學、文藝、經濟、政治、軍事等各個方面。《易經》是古人"仰則觀象於天，俯則觀法於地，觀鳥獸之文於地之宜，近取諸身，遠取諸物，於是始作八卦，以通神明之德，以類萬物之情"的創作。《易經》成書於遠古的西周年代，最初用作蔔筮之書，被先民智慧地運用到生活中來推斷事物的發展規律、預示吉凶。一部《易經》，反映的是遠古社會的人民生活，蘊含著的是先民們的智慧與敏銳的觀察力。

　　《易經》卦爻辭中有很多押韻的古歌民謠，這些歌謠表現出古代先民的心聲與喜怒愛樂。學習與研究《易經》，傾聽我們的祖先對生命的叩問與思考，體會先賢對事物的形象概括與總結，以及他們對大自然的謳歌與對生命的熱愛，是一件非常有意義的事情。

　　從《易經》的卦爻辭我們可以體會到先民們生活的各個方面，如祭祀、出征、圍獵、愛情等。《易經》的原始歌謠蘊含著古樸的“太和”美學思想，這不僅是中華民族子孫後代學習增長智慧的百科全書，還是我國詩歌美學的重要源泉與寶庫。這些古歌謠採用的賦、比、興等詩歌藝術手法，對此後我國《詩經》的產生有過直接的影響。《易經》中先民們淳樸的歌謠簡短、委婉動聽。這些原始歌謠中有古樸典雅的一字句和二字句，還有一些詩歌包括有二、三、四言。此外，還另有格式比較自由的雜言詩歌，這些形式各異的《易經》歌謠，表現出遠古時期先民質樸簡短的語言和形象思維的特色。歌謠的“象思維”，對後來我國古典文學與詩歌運用“意象”的創作思維也是有著淵源關係的。

　　《易經》中的歌謠是中國古典詩歌的起點，研究《易經》，欣賞其古樸的歌謠，可以使我們看到殷周時期原始先民的社會生活風貌，尋找中國詩歌的源泉與母體。《易經》古歌直接影響到中國格律詩的創作與發展，從《易經》古歌謠中，我們可以探索中國古典詩歌歷史發展及其特色。《易經》研究可以幫助我們更深刻地理解中國詩歌，追朔中國詩歌的發展歷程。

　　《易經》這部蘊含著遠古歌謠的博大精深的漢文學經典，是原始先民社會生活的豐富多彩的歷史畫卷，《易經》的這些古老的原始歌謠，簡樸、押韻、意境深刻，它們隱藏在《易經》的字裏行間，如果將它們略加歸類整理，就是非凡的古代歌謠集了。這個工作值得在今後加強研究與整理。

　　筆者的這一編的寫作，是對《易經》卦爻辭的學習，也是對《易經》古歌謠的欣賞與初步的研究與整理。筆者的本章寫作首先在對《易經》卦爻辭深入理解的基礎上，將其整理翻譯為現代漢語詩歌，進而再嘗試將其翻譯成英文。這一嘗試的目的在於使《易經》這部古奧之書更容易被理解，筆者這裏的《易經》英文翻譯，是為其世界傳播的參天大樹增添一葉新綠。

每一卦的寫作翻譯順序如下：

（一）《易經》爻辭

（二）卦解與注釋：1.卦解；2.爻辭注釋；3.整卦解釋

（三）漢詩翻譯

（四）英詩翻譯（English Poetic translation）

上經

The First Book

二、《易經》注釋與英譯

1.乾　Qian

一、易經爻辭

乾：元，亨，利，貞。

初九：潛龍勿用。

九二：見龍在田，利見大人。

九三：君子終日乾乾，夕惕若，厲無咎。

九四：或躍在淵，無咎。

九五：飛龍在天，利見大人。

上九：亢龍有悔。

用九：見群龍無首，吉。

二、卦解與注釋

（1）卦解

《乾》卦象徵上天：元始，亨通，和諧，貞正。乾的含義還是健。在遠古，天還指太陽。太陽運轉不息，剛健永恆。《象》曰：天行健，君子以自強不息。是說天道運行周而復始，永無休止，不可阻擋。乾卦道明君子應當效法天道，自立自強，奮鬥不止。

（2）爻辭注釋

潛龍：巨龍潛伏在水中，暫不施展才能。

終日乾乾：整天自強不息。乾乾：憂心忡忡。

夕惕若：夜晚也警惕戒備著。

亢龍有悔：亢，過度，極度。亢龍：飛得過高而不知收斂的
　　　　　龍。它必會後悔。

群龍無首：出現一群巨龍，都不以首領自居。

（3）整卦解釋

乾：元始，亨通，和諧，貞正。

初九：龍潛伏在水中，韜光養晦，養精蓄銳，暫時還不能發
　　　揮作用。龍象徵陽剛。

九二：龍已顯現在大地上，有利於出現偉人。

九三：君子整日自強不息，夜晚上也無絲毫的懈怠，如此即
　　　使遭遇危險也能轉危為安，逢凶化吉。

九四：龍或騰躍起，或隱退於淵，均不會有危害。（能審時
　　　度勢，進退自如。）

九五：龍飛上高空，利於出現大人物。

上九：龍飛的過高，必會後悔。

用九：出現群龍，但沒有以首者自居者，這是吉利之兆。（無
　　　居功自傲者）

三、漢詩翻譯

天道啊，原始、亨通、和諧、貞正

初生的蛟龍啊，你要潛伏隱忍
然後顯現在田野上，等待大事將成
你終日自強不息，不分晝夜地警覺，逢凶化吉
你跳躍騰飛或退隱於淵，審時度勢安然無事
終於飛騰上高天，去成就偉業功績
勿飛得過高，否則必有悔恨與悲戚
看群龍無首，必將大吉大利

四、英詩翻譯（English Poetic translation）

Oh , the heaven! original, prosperous , harmonious and justful
You newly born dragon, be patient to lie dormant
Then you'll appear in the fields, waiting for your accomplishment
Strive day and night, turning calamities into benediction
Fly in the sky or withdraw in the valley, examines the situation
Finally you soar into the zenith, for your great achievement
Remember don't fly too high, or you'll regret and be sorrowful
None of the dragons claims to be the head of the management
This is a sign of being prosperous and successful

2.坤 Kun

一、易經爻辭

　　坤：元，亨，利牝馬之貞。君子有攸往，先迷；後得主，
　　　　利。西南得朋，東北喪朋。安貞吉。

初六：履霜，堅冰至。

六二：直方大，不習無不利。

六三：含章可貞。或從王事，無成有終。

六四：括囊，無咎無譽。

六五：黃裳，元吉。

上六：龍戰於野，其血玄黃。

用六：利永貞。

二、卦解與注釋

（1）卦解

　　《坤》卦象徵大地。原始，亨通，利於像雌馬一樣守持正固。
君子有所前往，如果搶先居首必然誤入歧途；如果隨從人後就會
有人做主，必有利益。往西南走將得到朋友，往東北走將喪失朋
友。安順守持正固可獲吉祥。

（2）爻辭注釋

直方大：直：正直；方：端方；大：宏大。指坤的品質。

含章：含為包括，章為光明，光彩，華章。指六三爻蘊含陽
　　　剛的章美。

可貞：可以守持正固。

括囊：紮緊袋口。比喻慎言，緘口不言，隱而不發。

黃裳：穿土黃色衣裙。黃，居"五色"之"中"，象徵"中
　　　道"；黃也為土地的顏色。

龍戰於野，其血玄黃：龍，喻陽剛之氣；"龍戰"指陰陽交
　　　合；龍在原野上交合，流出青黃相雜的鮮血。玄色為
　　　天的顏色，黃色為地的顏色。

（3）整卦解釋

坤：元始，亨通，如像母馬那樣柔順，便是吉祥。如果搶
　　先居首必然誤入歧途；如果隨從人後就會有人做主，
　　必有利益。往西南走將得到朋友，往東北走將喪失朋
　　友。安順守持正固可獲吉祥。

初六：踏上覆蓋著霜雪的大地，結冰的嚴冬快到了。

六二：正直、端方、宏大，不學習也未必不獲利。

六三：陰居陽位，具有才華而不顯露。若輔佐君王，功成不
　　　自居，始終盡職盡責。

六四：紮緊口袋，隱忍不發。不爭榮譽，無災無禍。

六五：穿上土黃色的衣裙，大為吉祥。

上六：龍在原野上交合，流出青黃相雜的鮮血。

用六：運用"六"這個數，利於永久守持正固。

三、漢詩翻譯

大地啊，元始亨通，如牝馬般守持正固
搶先居首誤入歧途，謙遜退守必得先導
向西南得到朋友，走東北失去伴侶
安順守正，吉祥和好

踏霜，迎堅冰
平直、端方、宏大的地啊，不假營修功自成
蘊含陽剛章美，守持正固，或輔佐王業，守臣職至終
束緊囊口，免遭咎害，不求讚譽稱頌
黃裳中道，至為吉祥
龍會于原野，陰陽相推，天玄地黃
守中正，至地久天長

四、英詩翻譯（English Poetic translation）

Oh, the earth, original , prosperous and fair
As positive and solid as a mare
Leading up in front, you will go astray
Modestly following ,there is the guide for your way
You'll find friends when you go to the southwest
You'll lose friends when you go to the northeast
Peace, perseverance and good fortune will you obtain

Trampling the frost, to meet the solid ice on the ground

Oh, the earth! Straight, square and extensive around

Your merits are self- evident and practice is unwanted

Contain brilliant virility, positive and solid,but not unlocked

Assist the King's undertaking

Be loyal and trustworthy in his doing

Silent like a tied up bag, to avoid the disaster

Yet not claim for praise and recognition

Wearing in yellow will bring good luck and dexter

Dragons meet in the wild, Yin and Yan mutual functioned

The heaven is black and the earth is yellow

Being fair and perseverant, and forever growing

3.屯 Zhun

一、易經爻辭

屯：元亨，利貞；勿用有攸往，利建侯。

初九：盤桓，利居貞，利建侯。

六二：屯如，邅如，乘馬班如。匪寇婚媾；女子貞不字，十
年乃字。

六三：即鹿無虞，惟入于林中；君子幾，不如舍，往吝。

六四：乘馬班如，求婚媾；往吉，無不利。

九五：屯其膏。小，貞吉；大，貞凶。

上六：乘馬班如，泣血漣如。

二、卦解與注釋

（1）卦解

《屯》卦象徵初始。《屯》卦的卦像是震（雷）下坎（水）上，為雷上有水之表像，水在上即為雨雲，是將要下雨的預兆。《象辭》曰："雲雷屯，君子以經綸"；是說天地初始，開創階段君子不宜急於發展，首先要建立秩序。由此：《屯》卦象徵初始：至為亨通，利於守持正固；不利於有所前往，利於建立諸侯。此卦寓意為不要冒進，應先建立秩序以利發展。

（2）爻辭注釋

盤桓：徘徊流連不得前進。

利居貞：利於靜心居住，守持正固。

利建侯：利於建立諸侯。

屯如，邅如：屯（zhūn），象徵初生；如，語氣詞；邅（zhān），行進困難之狀。形容初創時的艱難。

乘馬班如：班如：馬多之狀；眾多騎馬的人紛擁而來。

匪寇婚媾：匪，通"非"，（他們）不是土匪而是來求婚的人。

十年乃字：十年，言時間之久；字，謂女子許嫁。久待十年才能嫁人。

虞：虞人，即古代管理山林的官員。

吝：憾惜。

屯其膏：屯，意為克服屯難；其，助詞，"將"之意；膏，膏澤，轉意為恩惠。克服初創時的艱難，即將廣施膏澤。

小，貞吉；大，貞凶：柔小者，守持正固可獲吉祥；剛大者，
守持正固以防風險。

（3）整卦解釋

屯：象徵初生。至為亨通，利於守持正固；不宜冒進，利
於建立諸侯。

初九：躊躇不前，利於靜居守持正固，利於建立諸侯。

六二：初始階段困難重重，徘徊流連不前。騎馬的人紛擁而
至，他們是娶親的而非賊寇；女子守持正固不急於出
嫁，需待十年才嫁。

六三：追逐山鹿沒有虞人引導，只是空入林海；君子應見機
行事，果斷捨棄，若緊追不捨必有憾惜。

六四：乘馬紛擁而去，欲求婚配；此往必獲吉祥，無所不利。

九五：克服初創艱難，即將廣施膏澤。柔小者，守持正固可
獲吉祥；剛大者，守持正固以防風險。

上六：騎馬之人紛擁而往，欲求婚配，（但沒有回應）嗚咽
哭泣，血淚漣漣。

三、漢詩翻譯

初始之際，至為亨通，守持正固，建立諸侯

徘徊流連，宜靜居守持正固，秩序建立

初創艱難彷徨不前，騎馬人紛擁而至，娶親而非強寇

然女拒嫁，久待須十年不急

逐山鹿，無虞人引導，空入林海，君子敏行，終無悔果斷放棄

騎馬紛擁求婚配，必獲吉祥，無所不利
初創艱難，廣施恩惠，小者謹守安吉，大者正固，慎防兇險
騎馬紛擁而往，欲求婚配不得，嗚咽哭泣，血淚漣漣

四、英詩翻譯（English Poetic translation）

All is going with success, at the beginning great
Be positive and solid, setting up the king's foundation
Yea and nay, and in great hesitation
It's favorable to settle down with pacification
Arrange the order, but not to take any actions

At the beginning, move back and forth
Inburst and come the men on horses
They come for marriage, not for heisting
Yet refuses the girl for marriage and engaging
She would not marry, till ten years long

He hunts the deer without the forester' guide
He loses himself among the sea of woods for the game
A wise man would change and give up the chase
His quick reaction would bring him no regret at the time

They come and rush out for marriage on horses
It would be advantageous and lucky to move forward
All is happy and nothing would go downward

From the very beginning there are hardships and adversities
Offering great kindness to the extensive universe
It would be safe for the weak man to be cautious
It would be no danger for the strong man virtuous

Riding on horses they rush away
They go for marriage but in vain
With whimpering and tears they rush all the way

4.蒙 Meng

一、易經爻辭

蒙：亨。匪我求童蒙，童蒙求我；初筮告，再三瀆，瀆則
　　不告。利貞。

初六：發蒙，利用刑人，用說桎梏；以往吝。

九二：包蒙，吉。納婦，吉；子克家。

六三：勿用取女，見金夫，不有躬，無攸利。

六四：困蒙，吝。

六五：童蒙，吉。

上九：擊蒙，不利為寇，利禦寇。

二、卦解與注釋

（1）卦解

《蒙》卦象徵蒙稚。《蒙》卦的卦象是下坎（水），上艮（山），象徵山下有水之表像。要發掘清泉，需找准泉水位置，由此象徵啟發蒙昧幼稚，以達亨通。君子必須果斷決策，才利於培養出好的人品。

（2）爻辭注釋

匪：非。

童蒙：指需要被啟蒙之人。

發蒙：啟發蒙稚。

利用刑人：刑，即"型"，指以典範教育人。

說：通"脫"，擺脫。

桎梏：木制刑具。

包蒙：被幼稚者所環繞。

納婦：娶妻。

子克家：兒子治家。

勿用取女：不要娶這樣的女子。

金夫：貌美的男子。

不有躬：躬，自身。不顧自身體統，不守規矩。

困蒙：困陷於蒙稚。

擊蒙：猛擊以啟發蒙稚，嚴厲地教育蒙昧者。

不利為寇：不利於使用過於暴烈的方式。

利禦寇：宜於採用抵禦強寇的方式。

（3）整卦解釋

蒙：象徵啟發蒙昧，以達亨通。並非我有求于幼童來啟發

蒙稚，而是幼童有求于我；首次他向我請教，我有問
必答，但若他再三沒禮貌地亂問，我便不予回答，利
於守正道。

初六：啟發教育蒙稚，利於樹立典型教育人，使人免犯罪；
如果急於前往必有憾惜。

九二：被幼稚者所環繞，吉祥，像迎娶新娘一樣，吉祥；又
像兒子能夠治理家業。

六三：不可娶這樣的女子，她看到美貌的男子，就不顧自身
體統，娶這樣的女子是沒有益處的。

六四：困陷於幼稚，有所惋惜。（六四以陰處於上下二陰之
間，猶如遠離九二蒙師。）

六五：童蒙的蒙稚正受啟發，吉祥。

上九：猛擊以啟發蒙稚，但不利於使用過於暴烈的方式，宜
於採用抵禦強寇的方式。

三、漢詩翻譯

非我求稚童，稚童求我，啟發蒙昧，亨通以達
首次求教，有問必答。再三亂問，不予理睬，利守正道
啟發蒙稚，樹典育人，避免犯罪；如急於前往，必有懊惱
幼者環繞，吉祥如意，像娶新娘，喜氣洋洋；如兒善治家
勿娶此女，見美男忘形，不顧體統，毫無利益
困陷於幼稚，有所惋惜
甚為吉祥，蒙稚受啟發
猛擊以啟發蒙稚，但不利過於暴烈，宜抵禦強盜

四、英詩翻譯（English Poetic translation）

To enlighten the ignorance，so as the success to reach
It is not I who ask the help from the kids I meet
But the kids who ask help from me

The first time they ask, I tell them the true
They ask again and without aim
I'll not answer them, this is the proper way
To enlighten the kids,I'll show them what is correct
And to avoid the commitment of crimes of a fool
If you do things in a hurry, you will have regret

To be circled by the kids untaught
It is a sign of being fortunate
Like to meet a good bride very happily
Or like to have a loyal son for the family

Do not marry this woman
Who loses herself ,in seeing a handsome man
It is disgrace and shameful
And it is worthless, as well as sinful

If falling down into the ignorance of the kids you meet
It is a pitiful thing indeed
If the kids are enlightened, this is great deed

Strike hard on the ignorant kids is the need

Yet you should not be too severe and hard

If you do it as to resist the robbers, you are smart

5. 需 xu

一、易經爻辭

需：有孚，光亨，貞吉，利涉大川。

初九：需于郊，利用恒，無咎。

九二：需于沙，小有言，終吉。

九三：需於泥，致寇至。

六四：需於血，出自穴。

九五：需於酒食，貞吉。

上六：入於穴，有不速之客三人來；敬之，終吉。

二、卦解與注釋

（1）卦解

《需》卦象徵需待。《象》曰："雲上於天，需；君子以飲食宴樂。"是說《需》卦的卦像是乾（天）下坎（水）上，為天上之水的表像。水汽聚成雲層在天上，但要下雨還需等待。君子在這個時候需要飲食調養，休息娛樂等待，在等待的時候積聚力量。

（2）爻辭注釋

需：停留，等待。

孚：心懷信用。

光亨：光明亨通。

貞吉：守持正固可獲吉祥。

利涉大川：利於涉越大河巨川。

需于郊，利用恒：郊，指城邑外的周邊地區；在郊外需待，
　　利於保持恒心。

需于沙：在沙灘需待；喻距離危險不遠。

小有言：略受言語中傷。

需於泥，致寇至：泥灘，喻危險在即；在泥灘需待，招致強
　　寇到來。

需於血，出自穴：血，喻傷之重；穴，喻險之深；在血泊中
　　需待，從陷穴裏掙脫出來。

需于酒食，貞吉：酒食，食物之豐美者；準備好豐美的酒食
　　招待客人，守持正固可獲吉祥。

入於穴，有不速之客三人來：落入陷穴，有不請自到的三位
　　客人來。

（3）整卦解釋

需：象徵需待，心懷誠信，光明磊落，持中守正，有利於
　　涉過大江大河。

初九：等待在郊外，要有耐心，這樣無禍害。

九二：等待在沙灘，距離危險不遠，略受言語中傷，然而耐
　　心等待終會吉祥。

九三：在泥灘需待，招致強寇到來。

六四：在血泊中需待，從陷穴裏掙脫出來。

九五：準備好豐美的酒食招待客人，守持正固可獲吉祥。

上六：落入陷穴，有不請自到的三位客人來；對其恭敬有禮，
　　　終會吉祥。

三、漢詩翻譯

寧靜需待，心懷誠信，光明一片

守持正固　順利涉越大河川

需待在郊外，耐心靜候，吉祥泰安

需待在沙灘，距離危險不遠，略有小人非難

需待在泥灘，招致強寇到眼前

需待在血泊，強掙脫出穴深陷

備好酒食，廣施於民，致榮昌

落入洞穴，不速三客至，以禮相待，終吉祥

四、英詩翻譯（English Poetic translation）

Waiting , with sincerity, for the future bright

Firm and persevere, crossing the river sizable

Waiting, patiently, outside the skirt

Peaceful, propitious, with a heart calm and firm

Waiting, on the sand, approaching the danger

Someone will have things to say

But it will be right again

Waiting, in the mud and sludge
Ther thieves and robbers come

Waiting, in a pool of blood
Falling deeply into the burrow
Bur he will get out of it with struggle

Waiting, for the feast
Widely applied to the people
He will have fortune indeed

Falling into the cave
Three guests came
Sudden and unexpected
If you show politeness and respect
It would not bring calamity and regret

6. 訟 Song

一、易經爻辭

訟：有孚窒惕，中吉；終凶，利見大人，不利涉大川。

初六：不永所事；小有言，終吉。

九二：不克訟，歸而逋，其邑人三百戶，無眚。

六三：食舊德，貞厲，終吉；或從王事，無成。

九四：不克訟；複即命，渝，安貞吉。

九五：訟，元吉。

上九：或錫之鞶帶，終朝三褫之。

二、卦解與注釋

（1）卦解

《訟》卦象徵爭訟。《訟》卦的卦像是坎（水）下乾（天）上，為天下有水的表像。天的運轉由東向西，天下之水由西向東流，天與水的運動正好相反。本卦由此象徵衝突與訴訟打官司。但本卦指導思想為無訟最佳，止訟次之，爭訟奪勝會有兇險。有德高望重的大人出來調停會有利，若像渡過大河大川那樣勇往直前地爭訟是不會順利的。本卦主導做人的厚道與人為善，適可而止的中道思想。

（2）爻辭注釋

訟：打官司。

不永所事：永：長時間。所事：指訴訟之事。不可久纏於爭
　　　　　訟之事。

小有言：略受言語中傷。

歸而逋（bū）：逋：逃跑。逃跑速歸。

邑（yì）人：邑為城市，都城，舊指縣。　邑人：同鄉的人。

無眚（shěng）：沒有災禍。

舊德：指舊有俸祿，祖上的家業。

　　貞厲：守持正道，以防危險。

　　不克訟：爭訟失利。

　　複即命：複：回轉。即：就也。命：理也。回心歸就正理。

　　渝：改變。

　　安貞吉：安守正固則吉。

　　錫之鞶（pán）帶：錫：賞賜。鞶帶：皮制的華麗腰帶。獲得
　　　　飾有大帶的賞賜。

　　終朝三褫（chǐ）終朝，喻一天之內；之：三，喻多次。一天
　　　　之內被多次剝奪。

（3）整卦解釋

　　《訟》卦象徵爭訟。打官司必有誠信被"窒"，因心有惕懼
而致，然訴訟不可過甚，持中不偏才會吉利。爭訟不息會有兇險，
利於出現大人，不利於涉越大河巨川。

　　初六：不可長時間陷入訴訟官司之中；儘管受到一些言語中
　　　　傷，終會獲吉祥。

　　九二：打官司失利時，儘快撤離。逃到三百戶人家的小邑中，
　　　　居此地可避開災禍。

　　六三：安享舊有的德業，守持正固以防危險，終會吉祥；或
　　　　輔佐君王，不可貪功自傲。

　　九四：打官司失敗，回心歸就正理，放棄爭訟，安順守持正
　　　　固則吉。

　　九五：明決爭訟，至為吉祥。

　　上九：因打官司獲勝，君王偶或賞賜飾有皮制腰帶的華貴衣
　　　　服，但在一天之內卻多次被剝下。（指上九以剛居上
　　　　訴訟得勝）

三、漢詩翻譯

心有惕懼， 訟起因誠被窒
訟不可過，持中為吉
爭訟不息則兇險
利出大人，不利涉越河川

勿久陷訴訟，閒言碎語無妨
終會有吉祥
若不勝訴，儘快撤離
退於三百戶小邑，災禍可避

安享舊有德業，守持正固為要
以防危險，吉祥終來到
或輔佐君王，不可貪功自傲

訴訟失利，歸就正理
放棄爭訟，守持正固，安順則吉

若要吉祥，須明決爭訟
不可強爭獲勝
君王賜予鞶帶，然僅一日
被剝下收回多次

四、英詩翻譯 (English Poetic translation)

Obstruction of sincerity causes the arising of the lawsuits
He is cautious and prudent when facing the disputes.
The lawsuit should not goes to the extreme
It is propitious to follow the doctrine of golden mean
Endless lawsuit is dangerous and full of fear
It is time for the eminent man to appear
It is not the time for acrossing the river by and near

Not to fall into lawsuit for a long time
Gossip will be there, just at that while
But in the end all will be right
If he fails in the lawsuit, he should go and hide
In a small town of three hundred househholds for life
This is good enogh for him to avoid the danger
Peacefully enjoy his heritage, positive and solid
Avoid the disaster, he will be proper and safe
Or to assist the King's cause, but not to claim the honour

If you fail in the lawsuit, quickly return to the right way
Give up the lawsuit, peacefully settle down and keep silence
Then the propitious end will come, nothing will be blamed

If the lawsuit is fair and just, it will be extremely a good sign

If he is to win the lawsuit ferociously, with hard striving

Even the king bestowed him with a leather belt of praise

It will be taken away thrice in a single day

7.師　Shi

一、易經爻辭

　　師：貞，丈人吉，無咎。

初六：師出以律，否臧凶。

九二：在師，中吉，無咎；王三錫命。

六三：師或輿屍，凶。

六四：師左次，無咎。

六五：田有禽，利執言，無咎；長子帥師，弟子輿屍，貞凶。

上六：大君有命，開國承家，小人勿用。

二、卦解與注釋

（1）卦解

　　《師》卦象徵兵眾，其卦像是坎（水）下坤（地）上，是地下有水之表像。地下蘊藏了大量的水，象徵充足。"師"為軍隊之單位，故此卦象徵兵力充足。君子觀此卦，應當發揮厚德載物之精神，德高望重，吉而無咎。

（2）爻辭注釋

貞：正道。指兵力足。

丈人：大人，賢明的統帥。

師出以律：出師作戰要有紀律

否臧凶：臧（zāng）善也；凶：失敗。指否則必有風險。

在師：統帥兵眾；指九二陽爻居下卦的中位，持中吉祥。

王三錫命：三：泛指多次。錫：賜。君王多次嘉獎，委以重任。

師或輿屍：輿屍：兵敗時用車裝載屍體，此六三為陰爻，卻
　　　　　處下卦之上，陰柔失正，且其上無陽爻應之。喻不自
　　　　　量力，作戰失敗。

左次：撤退。

田有禽：田裏有野獸出現。

利執言：利於捕捉。"言"為語氣助詞。

長子：同丈人，大人，賢明統帥。

弟子：小人。相對于長子而言。

（3）整卦解釋

師：《師》卦象徵兵眾。守持正固，賢明長者統兵可獲吉
　　祥，沒有咎害。

初六：出師征戰須紀律嚴明，否則必有兇險。

九二：在軍中做將軍統帥，持中正之道不偏頗可保吉祥無災
　　　禍；君王多次給予獎勵，並被委以重任。

六三：不時有從戰場上運來的士兵的屍體，兇險。

六四：率兵眾暫時撤退，以免遭受損失。

六五：田野中有野獸出沒，率軍圍獵捕獲，不會有損失；委

　　任德高望重的長者為軍中主帥，必將戰無不勝，委任
　　無德小人為統帥，將運送著屍體大敗而歸，守持正
　　固，以防兇險。
上六：君王頒發詔命，分封獎賞功臣，但決不可重用小人。

三、漢詩翻譯

率兵出征，須守持正固，賢明統帥，必打勝仗
作戰要紀律嚴明，失律必有禍殃
統帥兵眾，堅守中道，如意吉祥
君王委以重任，屢授獎

兵敗車馬裹屍回，悲戚戚
率師撤退，免遭損失
野獸入我田，率兵圍捕正當時
英賢率師取勝，無德小子必敗
守持正固防凶險，必無咎害
君主詔令，獎勵分封論功
然小人不可重用

四、英詩翻譯（English Poetic translation）

Leading the troops to the battle field , cruel and dangerous
Be positive and solid within the heart of the officer
The victory of the war, owes to the virtuous commander
The soldiers are with disciplines strict and rigorous

If the rules are loose, there would be the blames

The head of the army, persisting on the golden mean

Surely the good fortune there will be

Award and orders thrice, the officer gets the king's praise

The battle is lost, horses retreat

With chariots of corpses, tragically flee

The officer gives way ,and nothing will be blamed

Wild animals enter into the field, the soldiers go for the game

Victory for the brave soldiers, led by the resourceful commander

Failure to the shabby man, and his evil followers

Be positive and solid, no disasters would occur

The king delivers edict, vests fiefs and noble titles to the officers

The mean men will not be trusted, and nothing is worthy to earn

8.比　Bi

一、易經爻辭

比：吉。原筮，元永貞，無咎。不寧方來，後夫凶。

初六：有孚比之，無咎；有孚盈缶，終來有它，吉。

六二：比之自內，貞吉。

六三：比之匪人。

六四：外比之，貞吉。

九五：顯比；王用三驅，失前禽，邑人不誡，吉。

上六：比之無首，凶。

二、卦解與注釋

（1）卦解

《比》卦象徵親密比輔。《比》卦的卦象為坤（地）下坎（水）上，象徵地上有水。此卦借地上之水浸潤大地的關係來象徵親密比輔，團結互助，相互協助。中國古代甲骨文中的"比"字，就像兩個人並肩而行，步調一致。《比》卦是講如何處理人際關係的，君子應當主動與他人親比團結，協調一致。

（2）爻辭注釋

寧：寧靜安樂。

方：四面八方。

後：遲到。

夫：語氣詞。

孚：信用，信譽。

盈缶：缶（fǒu），盛酒的陶器。盈缶：比喻誠信之人的說明
　　　如裝滿美酒的酒罐。

自內：發自內心。

匪人：匪，非也。比喻品行不端的人。

外比：對外交往中團結互助，相互協助。

顯比：光明正大，無私援助。

王用三驅：跟隨君王打獵時，三面圍堵，網開一面。讓不該

捕獲的獵物從網開處逃生。

失前禽：讓獵物從前面逃跑。

邑人：邑（yi）人這裏指屬下。隨從。

不誡：不警備，不戒備。

無首：不領先。

（3）整卦解釋

比：《比》卦象徵親密團結互助，吉祥。探求本卦願意，
再一次蓍筮占問，知道要輔佐有德行的尊長；長久不變
地堅守正道，不會有禍害。如果連原來不安分的諸侯也
來朝賀了，少數遲到者將會有兇險。

初六：以誠實守信的德行輔佐君主，不會有災禍；君王誠信
的品德如同美酒注滿了酒缸，就會吸引各方紛紛前來
歸順，定會有吉祥的結果。

六二：在內部親密輔佐君主，守持正固，可獲吉祥。

六三：比輔於品行不端的人，為可悲也。

六四：在外緊密輔佐君主，守持正固可獲吉祥。

九五：光明無私，廣獲親比；跟隨君王去田野圍獵，從三面
驅趕，而網開一面，看著禽獸從網開的一面逃走，並
不去追趕，也不去戒備，結果是吉祥的。

上六：親密比輔於人卻不領先居首，將有兇險。

三、漢詩翻譯

親密比輔，合作協同，定會吉祥幸福

再次問卦蓍筮，輔佐德高望重長者

堅守正道，消災避禍
不安分諸侯，也來比輔
姍姍來遲者，兇險一路

真誠比輔君王，咎害自無
王者誠信如酒美缸盈
終有吉祥喜慶

在內親密輔佐君主
若獲吉祥，需守持正固
後果必定可悲，若與不端之人比輔

在外親密輔佐君主
守持正固
吉祥可獲取

光明無私，廣獲親比
隨王田獵三面驅趕，網開一面任其逃離
不去追趕，不與戒備，無不吉利

親密比輔於人，卻不居首領先
一味龜縮退居，將有紛爭兇險

四、英詩翻譯（English Poetic translation）

Assistance to each other, cooperation brings happiness

Once again, ask hexagrams augury, assist the elder of greatness
Persistant and solid, stick to the righr way, there is no harmfulness
For assistance, even the restless ones are new comers
The one who comes late will have troubles

Sincere assistance to the king, everything goes well
His sincerity, like good wine filled the vessel
Full of the blessings, like it in the festival

Internally, assisit the king with all your goodness
positive and solid, there is the propitiousness
If it is to assist the evil person, there will be the sadness

Externally, to assisit the king ,with all your firmness
positive and solid, to win the propitiousness

Luminous and selfless, the assistance all around to obtain
Follow the king, go hunting, pursue in three directions the game
With one direction open , leaving for the game to escape
no watching out for it, no chasing, nothing to be blamed

Closely assist to the others
But not to keep ahead and occupy the summit
Then there will be dangers and benefit none

9.小畜 Xiaoxu

一、易經爻辭

小畜：亨；密雲不雨，自我西郊。

初九：複自道，何其咎？吉。

九二：牽複，吉。

九三：輿說輻，夫妻反目。

六四：有孚；血去惕出，無咎。

九五：有孚攣如，富以其鄰。

上九：既雨既處，尚德載；婦貞厲，月幾望；君子征凶。

二、卦解與注釋

（1）卦解

《小畜》卦象徵"小有積蓄"。《小畜》卦的卦像是乾（天）下巽（風）上，為風在天上刮的表像。風在刮，雲雨聚，但並未雨。所以象徵只是"小有積蓄"。君子面對這種情況，應當潛心修養美好的品德，等待時機。

（2）爻辭注釋

小畜：小有積蓄。

亨：亨通順利。

西郊：象徵西方。

複自道：自己從原路返回。

牽複：牽手他人，一道原路返回。

輿說輻：輿：泛指車；說（tuō），通“脫”。車輛輻條脫落，
　　　　不能行走。

有孚；真誠坦率。

血去惕出：血：恤。憂慮、憂患。去除憂慮恐懼。

有孚攣如：攣（luán），維繫不絕；如：語氣助詞。

富以其鄰：帶著鄰人一起致富。

既雨既處：既雨：即將下雨。既處：止也。大雨即將來臨，
　　　　　卻因故而止。

尚德載：尚：上。載：承載。陽德被積聚承載。

婦貞厲：婦：象徵陰。貞厲：守正防危。

月幾望：幾：接近。月亮將圓滿。意為陰柔發展快到頂點。

君子征凶：君子：喻陽。征：前進，向前發展。意為：陰氣
　　　　　已經積聚到頂點，君子前進會有兇險。

（3）整卦解釋

小畜：《小畜》卦象徵小有積蓄：亨通順利；天空佈滿稠雲，
　　　將雨未雨，雲雨來自城西郊。

初九：複返自身陽剛之道，哪兒還會有災害呢？吉祥如意。

九二：被牽連複返陽剛之道，吉祥。

九三：大車的輻條和車輪散架解體，夫妻吵鬧反目。

六四：陽剛施予誠信，除去憂慮，脫出惕懼，這樣便沒有災
　　　禍。

九五：具有誠信的德行，牽系群陽共信一陰，以陽剛充實豐

富近鄰。

上九：密雲已經降雨，陽剛已被蓄止，至高陽德被陰氣阻止；
　　　此時婦人要守持正固以防危險，就像月亮將圓而不過
　　　盈。此時君子如要出外遠行，必有兇險。

三、漢詩翻譯

小有積蓄，亨通順利
天布稠雲，將雨未雨，雲雨自西郊至
複返陽剛，豈有災害，吉祥如意
牽連複返陽剛，喜氣洋洋一路
車輻脫，車輪散，夫妻吵鬧反目
陽剛施予誠信，無禍無災，除去憂慮，脫出惕懼
誠信有德，牽系群英，互勉共進，陽剛充實富鄰居
密雲已降雨，陽剛被止蓄
陰氣積載，至高陽德受阻
如月將圓而不過盈，婦人須守持正固，以防兇險
君子慎遠行，出必有災難

四、英詩翻譯（English Poetic translation）

Small accumulation, smooth and successful
The dense clouds gethering, coming from the west suburb
Rain seemingly falls, but it does not fall
Return to his own virility, nothing goes wrong
Prosperous and joyful

Link together , to their own virility return
happy and cheerful

The spoke of the cart pull off, scattered the wheels
The couple had disputes and altercation
Virility applies to sincerity, eliminating sorrow and worry
He gets no blames of argumentation
With morality and sincerity, unite the people
Get together, benefiting the neighbours and others

Dense clouds gether into rain
The virility and virtue reach its supreme state
Women should be positive and solid, avoid the danger fully
Like the moon, is approaching the full but not full
A gentleman should be cautious for traveling far away
In case there will be the troubles on the way

10. 履 Lü

一、易經爻辭

履：履虎尾，不咥人，亨。
初九：素履，往無咎。

九二：履道坦坦，幽人貞吉。

六三：眇能視，跛能履，履虎尾咥人，凶；武人為于大君。

九四：履虎尾，愬愬，終吉。

九五：夬履，貞厲。

上九：視履考祥，其旋元吉。

二、卦解與注釋

（1）卦解

《履》卦象徵小心謹慎行事，《履》卦的卦像是兌（澤）下乾（天）上，天在上，澤在下，為天下有沼澤之表像。又如跟在老虎尾後小心行走，因而老虎沒有回頭咬人，亨通吉祥。君子要深明大義，遵循禮儀而行，謹慎行事，勿陽剛躁動，狂妄自大。君子當心懷坦蕩，寬容他人，理解諒解他人，以保持平靜的心境與寬容的品格。

（2）爻辭注釋

履：踩踏。引申為前行。

履虎尾：踩著老虎尾巴。

咥人：（dié）咬人。

素履：樸素無華，專心行路。

幽人：安靜恬淡之人。

貞吉：守正獲吉。

眇能視：瞎了只眼還能看見。

跛能履：瘸了條腿還能走路。

武人：習武之人。

大君：君王。

恩恩：（suǒ）害怕恐懼的樣子。

夬履：（guài）通"決"。斷然決絕。

考祥：考察凶吉得失。

其旋元吉：旋：轉身。居尊位者能夠轉身考察下應，
　　　　大吉大利。

（3）整卦解釋

　履：跟在老虎尾巴後面小心走路，老虎沒有回頭咬人，亨
　　　通順利。

初九：樸素純正，小心謹慎，有所前往而無災禍。

九二：小心翼翼地走在平坦的大道上，幽靜安適，守持正固，
　　　吉祥如意。

六三：眼睛快要瞎了，但仍然能視物；腿跛了，但還能走幾
　　　步。一不小心踩在老虎尾巴上，老虎回頭就咬人，兇
　　　險；勇敢的武士要為君主效力。

九四：跟在老虎尾巴後面走路，膽顫兢兢，小心翼翼，終得
　　　吉祥。

九五：果斷決絕，行動小心，守持正固，提防危險。

上九：回頭考察走過的路，詳細察看所經歷的兇險與災禍，
　　　順應陰柔自然之道，其結果是吉祥的。

三、漢詩翻譯

　跟著老虎，小心行路
　虎未回頭咬人，欣喜祝福

小心謹慎，純正樸素

有所前往，災禍全無

走平途大道，也小心翼翼

幽靜安適，守持正固，吉祥如意

眼近瞎盲，仍能視物

腳跛腿瘸，還能走步

不小心踩了虎尾，虎回頭就咬，甚為兇險

勇士當為君主效力奉獻

膽顫兢兢，跟隨行在虎後

小心翼翼，終得平安

果斷決絕，行動小心，守持正固，提防兇險

吉凶禍福，往事回首

思歷經艱險，走吉祥之道，因剛能返柔

四、英詩翻譯（English Poetic translation）

Following at the tail of a tiger, picking his steps

The tiger does not turn and bite, a good sign of success

Simple and pure, careful and cautious

Goes forward and nothing dangerous

On the smooth path ,the quiet and secluded man is scrupulous

Positive and solid, good fortune is meticulous

Half-blinded, but still can the way to find
Lame legs, but still can hike
With imprudence he walks on the tail of the tiger
The tiger turns and bites
It is extremely a dangerous time
To serve the king with dedication, as a brave fighter

Following at the tail of a tiger, frightened trembling
With great care, finally all is in peaceful traveling
Decisive and absolute, carefully treading
positive and solid, look out for the harms
Recall the bygones, fortune or misfortune, all is past
Masculinity returns back to femininity, all is in great harmony

11. 泰 Tai

一、易經爻辭

泰：小往大來，吉，亨。

初九：拔茅茹，以其匯，征吉。

九二：包荒，用馮河，不遐遺；朋亡，得尚於中行。

九三：無平不陂，無往不復；艱貞無咎，勿恤其孚，於食有福。

六四：翩翩，不富，以其鄰不戒以孚。

六五：帝乙歸妹，以祉元吉。

上六：城複於隍；勿用師，自邑告命，貞吝。

二、卦解與注釋

（1）卦解

《泰》卦象徵通泰。《泰》卦的卦象為乾（天）下坤（地）上，地氣上升，居於乾氣之上。而乾氣下降，與地氣互相，天地交合萬物通達。《泰》卦講的是順應自然規律永保泰勢的道理。君子觀此卦，應當善於把握時機，促使事物通達平安。

（2）爻辭注釋

小往大來：柔小者往外，剛大者來內。

拔茅茹：茅：茅草。茹：根部隨茅草被拔出而一起被帶出狀。

以其匯：匯，同類。同類彙聚。指九二、九三與初九同類。

征：行動，前進。

包荒：包：包括。荒：大河大川。包荒：意為九二陽剛居中當位包容一切。

用馮河：馮（ping），涉水。馮河：涉水過河。

不遐遺：沒有遺棄。

朋亡：朋，朋友；亡：沒有。這裏指九二光明正大，不結黨營私。

無平不陂：陂（pí）陡坡。沒有平地不變成陡坡的。

無往不復：沒有出去的不會回來的。

勿恤其孚：恤：憂慮。孚：信譽。不必擔憂其信譽。

於食有福：安享有道食祿，自有福份。

翩翩：像飛鳥從高處連翩下降。

不富：《易》以陰虛為"不富"。這裏六四為陰爻，故曰"不
　　　富"；又指六四能虛懷下應初陽，有"上以謙虛接乎
　　　下"之意。

以其鄰不戒以孚：與鄰居相處，彼此以誠相見，互相無戒備，
　　　講求信用。

帝乙歸妹：商代帝乙嫁出少女。

以祉元吉：祉：福。因此獲得福分，吉利。

城複於隍：複：覆也。城牆倒塌在城牆下的壕溝裏。

勿用師：不可興師妄動。

自邑告命：邑，通"挹"，"減損"之意。告命：誥命。指
　　　訓誥政令。

貞吝：守持正固，以防憾惜。

（3）整卦解釋

　泰：《泰》卦象徵通泰。柔小者往外，剛大者來內；吉祥，
　　　亨通。

初九：拔起一把茅草，根系相牽，可見其同質彙聚；往前行
　　　進，可獲吉祥。

九二：有包容大川般的胸懷，可涉過大河急流；禮賢下士，
　　　對遠方的賢德之人也不遺棄；不結黨營私，能夠輔佐
　　　公正持中的君主。

九三：沒有坦途不變為陡坡的，沒有只出去不回來的，處在
　　　艱難困苦的環境中若能夠牢記艱險，守持正固，就沒
　　　有災禍，不怕不能取信於人，只要安心享用自己的俸
　　　祿就是福分。

六四：翩然下降，虛懷若谷，與鄰居相處，不互相戒備，都

　　　以誠相待。

六五：商代帝王乙嫁出少女，因此得到福澤，至為吉祥。

上六：城牆倒塌在乾涸的護城壕溝裏；不可出兵征戰，應減
　　　少典誥政令，守持正固，以防懊惜。

三、漢詩翻譯

乾坤通泰，柔小往外，剛大來內，亨通吉祥和睦

拔起茅草，根系相牽，同質彙聚
往前行進，吉祥可獲取

有容包大川，涉越大河急流險阻
禮賢下士，遠方賢人不棄
非結黨營私，輔佐持中君主

往者無不回頭來，坦途無不變陡坡
牢記艱險，守持正固，免遭災禍
豈能不取信于人，安享俸祿，福澤深厚

翩然下降，虛懷若谷
與鄰誠信相處
帝乙嫁女，喜氣洋洋，吉祥幸福
城牆倒塌在壕溝，不宜出兵征戰
減少典誥政令，守持正固，以防懊惜災難

四、英詩翻譯（English Poetic translation）

The universe, open and glorious
The gentle and little goes out
The strong and great comes in
All is auspicious and prosperous

Plucking up the grass, with the tangled roots
Things of a kind tied in one group
Marching forward and keep going
There the good fortune is coming

Be broad-minded and tolerate, crossing the great river
So the raging torrent and rapids he can wade over
Treat worthy men with courtesy, polite to far-away supporters
Not to form only a small clique of his own parners
Following the golden mean, to assist the emperor

There is no royal road without a steep turn
And so that no travellers without back returning
Remenber the hardships, be positive and firm
To avoid the disasters and hard curves
Be confident with your faithfulness
Enjoy your prebends and happiness

Like a bird descending, open-minded with modesty
No caution against others, neighbours meet with sincerity
The king Diyi offers his sister for wedding
Everywhere is beaming with blessings
The city wall into the moat down falls
It is not the time to send an army to force
If he is to reduce the decrees, be positive on firmness
He will have no regret and ruefulness

12.否　Pi

一、易經爻辭

否：否之匪人，不利，君子貞，大往小來。

初六：拔茅茹，以其匯，貞吉，亨。

六二：包承，小人吉，大人否，亨。

六三：包羞。

九四：有命無咎，疇離祉。

九五：休否，大人吉；其亡其亡，系于苞桑。

上九：傾否，先否後喜。

二、卦解與注釋

（1）卦解

　　《否》卦象徵否閉。《否》卦的卦象為坤（地）下乾（天）上，為天在地上之表像。天在高處，地在低處，天地陰陽不能互相交合，所以時世閉塞不通。此卦寓意為在卦閉的、交往不暢通的社會，剛大者往外，弱小者來內。此時君子須堅守正道；以避開危險與災難。

（2）爻辭注釋

　　否：音（pi），象徵否塞、否閉。

　　否之匪人：否閉之世人道不通。

　　大往小來：即陽往陰來；上乾居外，下坤居內；剛大者往外，柔小者來內。

　　拔茅茹，以其匯：拔起茅草，根系相牽。

　　包承：包，包容。承：順承。

　　包羞：指六三被上九所包容。羞，羞辱。

　　有命無咎：奉行天命，替天行道，開通閉塞，免除災禍。

　　疇離祉：疇（chóu），通"儔"。意為"眾人"。離：依附。祉：福也。眾人相依附並均獲福祉。

　　休否：以休止天下否閉狀態為己任。

　　其亡其亡，時刻以戒懼危亡之心警戒自我。

　　系于苞桑：時刻警覺，居安思危，才能像系在桑樹上那樣牢固安然無恙。

　　傾否：傾覆否閉局面

　　先否後喜：否極泰來。徹底顛覆，天下通泰。

（3）整卦解釋

　　否：《否》卦象徵否閉。否閉之世人道不通。天下無利，君子應當守持正固;剛大者往外,柔小者來內。

初六:拔起茅草,其根相連一片,這是因為同質彙聚所致;
　　　守持正固可獲吉祥、亨通。

六二:被包容並順承尊者,小人獲得吉祥;大人否定此道,
　　　可獲亨通。

六三:被包容為非作歹,終於召致羞辱。

九四:奉行扭轉否道的天命,無所災禍,眾類相依附均獲福
　　　份。

九五:休止閉塞不通的局面,大人可獲吉祥;心中時刻自我
　　　警示:將要滅亡,將要滅亡,才能像結在叢生的桑樹
　　　上一樣安然無恙。

上九:一舉傾覆否閉的局面,起先猶存否閉,後來通泰欣喜,
　　　否極泰來。

三、漢詩翻譯

否閉不通,天下無利
君子當正固守持
剛大者往外
柔小者內來

拔起茅草,其根相連,同質彙聚
可獲吉祥,甚為亨通,歸功守持正固
包容小人,若其順承尊者,可獲吉祥
德高望重大人,否定此道,甚為亨通,災禍亦免除

小人被包容，為非作歹，終召致羞辱
奉行天命，扭轉否道，無所災禍相附
眾類相依，均獲福份榮譽

休止閉塞，打通局面，大人獲吉祥
自我警示：將要滅亡！
就像結于叢生桑樹，安然無恙
傾覆否閉，通泰欣喜，否極泰來榮光

四、英詩翻譯 (English Poetic translation)

Impassable obstruction, nothing is favorable
The gentleman should be positive and stable
Goes out , the strong and great man
Comes in, the gentle and weak man

Pluck up the grass, together tangled the roots
Things of a kind tied in one group
Be positive and siolid, auspicious and smooth

Be tolerated, the mean man is obedient to the senior man
Even he is a villain, still he can get his portion
The great man has negative views against the mean man
And he is to win the success, and his fortune

Be tolerated, but he carries on misdeeds and evil action

That will bring himself shame ansd disgrace

Pursue the law of nature, change the obstruction

There will be no fault and mistakes

Together all kinds share the blessings and boom

Obstruction is removed, the separation is through

For the great man, there is auspicious moves

Bear in mind the warning: may we perish and decease!

So as to tie the safety to the bushy mulberrytree

Overturn the Obstruction, all is smooth and free

The pain is past and there is pleasure and gleam

13. 同人 Tongren

一、易經爻辭

同人：同人於野，亨，利涉大川，利君子貞。

初九：同人於門，無咎。

六二：同人于宗，吝。

九三：伏戎於莽，升其高陵，三歲不興。

九四：乘其墉，弗克攻，吉。

九五：同人，先號咷，而後笑，大師克相遇。

上九：同人於郊，無悔。

二、卦解與注釋

（1）卦解

《同人》卦象徵和同與人。《同人》卦的卦像是離（火）下乾（天）上，為天下之火的表像。天在上，火勢熊熊騰升至天際。天與火相互親和。《同人》卦由此象徵與人和睦相處：與人協同互助，亨通吉祥，有利於渡過大江大河，才有利於君子守持正固。

（2）爻辭注釋

同人：與人合同一致。

同人於野：與人一起走在原野上。野：原野，廣遠之處。喻
　　　　　君子才能夠合同與人，統一天下民眾的意志。

利涉大川：有利於涉過大河大江。

同人於門：一出門便與人和同。

同人于宗：在宗族內部與人和同。

伏戎於莽：兵戎潛伏在草叢中。

升其高陵：登上高陵察看。

三歲不興：三年也不敢發動征戰。

乘其墉：墉：城牆。準備登城向敵人進攻。

弗克攻：不能攻克。

先號咷，而後笑：號咷（háo táo），開始時大哭，後大笑。

大師克相遇：志同道合者相會在一起。

同人於郊：在荒郊也願與人和睦相處，未遇到志同道合者也
　　　　　不後悔。

（3）整卦解釋

《同人》卦象徵和同與人。與人和同一致，在原野和同與人，

甚為亨通，利於跋涉大江大河。利於君子守持正固。

　　初九：一出門就能和同於人，必無咎害。

　　六二：在宗族內部和同於人，有所憾惜。

　　九三：兵士們埋伏在草莽中，登高瞭望，三年都不敢出兵攻打。

　　九四：高據城牆之上，準備攻城，但又自退不能進攻，吉祥。

　　九五：與人和和同於人，開始大哭，後來大笑了。大軍作戰
　　　　　告捷，志同者相會聚合。

　　上九：在荒郊合同於人，未遇到志同道合者，也不後悔。

三、漢詩翻譯

　　與人協同在原野，甚為亨通和睦
　　利於跋涉江河，利君子守持正固

　　與人和同在出門，必無咎害損傷
　　與人和同僅在宗族內，卻會有所憾惜
　　兵士埋伏在草莽，登高瞭望
　　三年不出兵打仗
　　準備攻城，高據城牆
　　但又自退不攻，甚為吉祥

　　於人和同，始於大哭，終於大笑歡暢
　　大軍作戰告捷，志同者相聚匯
　　與人和同在荒郊，未遇志同者，終不悔

四、英詩翻譯（English Poetic translation）

To cooperate with people in the weald
Prosperous, with good luck and glee
It is beneficent for crossing the river great
For the gentleman, positive and stable

To cooperate with people at the gate
Nothing is to be blamed
To cooperate with people within the clan
It will be some sorry and regretful thing for you late

The soldiers lurk among the wildness , looking around
They ascend high and watch and scout
For three years they dare not to come out

Occupying the city wall for attacking
It is fortunate to change the mind and to draw back
To cooperate with people, frist cry and laugh after that
The people is assembled, the army wins the battle
To cooperate with people in the outskirt on the meadow
There is no regret even without the meeting with his fellow

14. 大有 Dayou

一、易經爻辭

大有：元亨。

初九：無交害，匪咎；艱則無咎。

九二：大車以載，有攸往，無咎。

九三：公用亨于天子，小人弗克。

九四：匪其彭，無咎。

六五：厥孚交加，威如，吉。

上九：自天佑之，吉無不利。

二、卦解與注釋

（1）卦解

　　《大有》卦象徵大有所獲。《大有》卦的卦像是乾（天）下離（火）上，意為太陽（天上之火）照耀萬物，天地一片光明，大有收穫，至為亨通。

（2）爻辭注釋

無交害，匪咎：不互相來往，也不彼此傷害，沒有什麼禍患。

艱則無咎：記住過去的艱難困苦，才能免於禍患。

大車以載，有攸往：用大車裝載著財物前行，必然沒有什麼禍患。

公用亨于天子：王公前來朝賀，向天子貢獻禮品並致以敬意。

小人弗克：小人不能勝任此重要的職務。

匪其彭：彭，盛大繁多。富有但不過分奢靡就不會發生災禍。

厥孚交加：厥，其也，以誠信結交上下。

威如：威嚴顯赫。

（3）整卦解釋

大有：《大有》卦象徵大有收穫：至為亨通。

初九：不互相來往，不彼此傷害，就沒有禍患；但須牢記艱
　　　難才能免於禍患。

九二：用大車裝載著財物前行，沒有禍患。

九三：王公前來朝賀，向天子獻禮致敬，小人不能擔任如此
　　　要職。

九四：富有但不過分奢靡，就不會有災禍。

六五：以誠實守信交往，威嚴顯赫，吉祥如意。

上九：蒼天保佑賜福於有德之人，甚為吉祥，無往不利。

三、漢詩翻譯

大有收穫，至為亨通，保大有之勢

不互相來往，不彼此傷害，就沒有禍患

銘記艱難，災禍得以避免

車載財物前行，沒有災難

王公前來朝賀，向天子獻禮致敬，小人重任不可擔

富有而不過盛，便無禍事

以誠信交往，威嚴顯赫，吉祥如意

蒼天保佑，賜福於有德人，甚為吉祥，無往不利

四、英詩翻譯 (English Poetic translation)

Extremely prosperous, there is a bumper harvest
No intercommunion, no injury, and no disaster
Nothing will goes wrong, with the hardship in mind carved

Going forward with loaded waggon, you'll receive no blame
The princes go to the king for the tributions to pay
While the mean men this position should not take
Be wealthy but under the restraint; no blame you would gain
With sincerity, you get stateliness and splendor to communicate
Blessings from the heaven, for the men of morality to obtain
It will be extremely a good fortune, and nothing will be mistaken

15. 謙 Qian

一、易經爻辭

謙：亨，君子有終。
初六：謙謙君子，用涉大川，吉。
六二：鳴謙，貞吉。

九三：勞謙，君子有終，吉。

六四：無不利，撝謙。

六五：不富，以其鄰利用侵伐，無不利。

上六：鳴謙，利用行師，征邑國。

二、卦解與注釋

（1）卦解

《謙》卦象徵謙虛。《謙》卦的卦像是艮（山）下坤（地）上，為高山隱藏於地中之表像，象徵具有美德與才華的人藏而不露、隱而不顯、謙虛謹慎。

（2）爻辭注釋

謙：謙虛。

君子有終：君子能保持謙虛始終。

用涉大川：可以涉過大河大川。

勞謙：勤勞而謙虛。

撝謙：撝（huī），裂也。引申為發揚光大謙虛的美德。

不富：虛懷謙遜之意。

以其鄰利用侵伐：與鄰人一起都利於出征討伐。

鳴謙：謙虛的美德名聲遠揚。

利用行師，征邑國：有利於征伐鄰近的小國。

（3）整卦解釋

謙：《謙》卦象徵謙虛，亨通，君子能堅持謙虛到底。

初六：謙虛謹慎的君子，可以涉過大河大江，安全吉祥。

六二：謙虛的美名遠揚，固守中正可得吉祥。

九三：勤勞謙虛的君子，美德始終如一，大吉大利。
六四：沒有任何不吉利，要發揚光大謙虛的美德。
六五：虛懷謙遜，與鄰人一起，都利於出征討伐。
上六：謙虛的美德名聲遠揚，有利於征伐鄰近的小國。

三、漢詩翻譯

謙謙君子，至為亨通，堅持到底
謙虛謹慎，涉越大江河，平安吉祥
守持正固，可得吉祥，謙虛美名遠揚
勤勞謙虛，隱而不露，始終如一

發揚光大，謙虛美德，無所不利
虛懷謙遜，善待鄰人，共同出征打仗
謙虛美德，威名大振，四方小國歸降

四、英詩翻譯（English Poetic translation）

The modest gentleman persists, he will succeed
Modest and prudent, he'll cross great river, with safety and peace
His modesty well known, positive and solid, for accomplishment
Hidden and not exposed, hardworking towards achievement

To carry out the excellence of modesty, nothing is bad
Staying humble, be kind to neighbors, together go to the battle
With virtue of modesty, widely spreading the reputation

The adjacent countries will admire and show resignation

16.　豫　Yu

一、易經爻辭

豫：利建侯行師。

初六：鳴豫，凶。

六二：介於石，不終日，貞吉。

六三：盱豫悔；遲有悔。

九四：由豫，大有得；勿疑，朋盍簪。

六五：貞疾，恒不死。

上六：冥豫成，有渝無咎。

二、卦解與注釋

（1）卦解

《豫》卦象徵歡樂。《豫》卦的卦象為坤（地）下震（雷）上，為地上響雷之表像。大地上空雷聲轟鳴，萬物為之振奮，故象徵歡樂。君子學習此卦，把握歡樂與危難的辯證關係，以提高自身對事物的判斷能力。

（2）爻辭注釋

豫：卦名。象徵歡樂。

利建侯行師：有利於建立君王的偉業，有利於出師征戰。

鳴豫：指初六陰居陽位，以失正之體上應九四。沉溺於歡樂，
　　　自鳴得意。

介於石：介，耿介正直。於，介詞，意同"如"：柔順中正，
　　　耿介如石。

不終日：指還不到一天時間，（就明白了歡樂的寓意。）

盱豫悔：盱（xū），"张目"，"小人喜悦佞媚之貌也"；
　　　媚上求樂，必有悔。

遲有悔：悔悟太遲必有悔。

由豫：由此得到歡愉。

大有得：大有所得。

朋盍簪：盍，通"合"。簪（zān），古代用於束頭髮的首飾。
　　　朋友們像頭髮束于簪一樣聚合在一起。

恒不死：長久康健不會死亡。

冥豫成：昏冥縱樂的局面已經形成。

有渝無咎：渝：變也。及時糾正則無危害。

（3）整卦解釋

　豫：《豫》卦象徵歡愉。有利於建立君王的偉業和出師征
　　　戰。

初六：沉溺於歡樂，自鳴得意，便會有兇險。

六二：耿介正直如石，不到一天便明白了歡樂要適中的寓
　　　意。守持正固可得吉祥。

六三：媚上求樂，必有悔。悔悟太遲必又有悔。

九四：依靠君子得到歡愉，大有所得。剛正不疑，朋友們就
　　　像頭髮束于簪一樣聚合相從在一起。

六五：守持正固，預防疾病，就會長久康健不會死亡。

上六：昏冥縱樂的局面已經形成，及時糾正，則無危害。

三、漢詩翻譯

歡愉快樂，利建君王偉業、出師征戰

沉溺於歡樂，自鳴得意，便招致兇險

耿介正直如石，不到一天便明瞭，歡樂適中，謹小慎微

守持正固，可得吉祥，不可過分揚威

媚眼悅上，以求歡樂，必有悔恨；悔悟遲亦又悔

依靠君子，獲得歡愉，大有所得所獲

剛正不疑，朋友紛至，如發束於簪，相從聚合

守持正固，預防疾病，長久康健，永不衰亡

昏冥縱樂，須及時糾正，則無危害，平安日久天長

四、英詩翻譯（English Poetic translation）

With pleasure and joyousness all along

It is favorable to set up the king's great cause

As well as to take military actions of the war

If you addict yourself to pleasure, sing your own songs

There will be danger for you to recognise

As integrity as a rock, within one day you will realize

It is proper to have only moderate enjoyment

Be positive and solid, you will have improvement

If you leer your superior for advantages and reward
Be sure you will soon have repentance and remorse
If you have regret late
you will have repentance once again

From the gentleman one gets the pleasure, and satisfaction
Upright and trustful, all the friends will come for collection
Like the hair pinned together for good function

Positive and solid, guarding against the ailment
Your health and happiness will be permanent
If you indulged in pleasure, you should have correction
You'll have no danger, there is a fortune of accumulation

17. 隨　Sui

一、易經爻辭

隨：元亨，利貞，無咎。

初九：官有渝，貞吉；出門交有功。

六二：系小子，失丈夫。

六三：系丈夫，失小子；隨有求得，利居貞。

九四：隨有獲，貞凶；有孚在道，以明，何咎！

九五：孚于嘉，吉。

上六：拘系之，乃從，維之；王用亨於西山。

二、卦解與注釋

（1）卦解

《隨》卦象徵隨從。《隨》卦的卦像是震（雷）下兌（澤）上，為澤中有雷之表像。澤隨從雷聲而震動，故此卦象徵隨從。君子學習此卦，生活應遵循合適的作息時間，建立和諧的生活次序，還要在人際交往中從善如流，固守正道。

（2）爻辭注釋

官有渝：官，意為思想；思想要隨時而改變。

出門交有功：出門交往必可成功。

系小子，失丈夫：隨從于小子則會失去陽剛丈夫。指六二有系小失大之象。

系丈夫，失小子：隨從陽剛方正的丈夫，則必然丟失小子。

隨有求得，利居貞：隨從于人，有求必得，利於安居、堅守正道。

隨有獲：被人追隨，多有收穫。

有孚在道：心懷誠信，堅守正道。

孚於嘉：嘉意為美善；誠信相待誠實善良之人。

拘系之：拘禁強迫其服從。

維之：用繩子捆綁住。

王用亨於西山：君王要出師討伐不順從的叛逆者，在西山設祭壇。

（3）整卦解釋

隨：《隨》卦象徵隨從，至為亨通，利於固守正道，這樣就無危險。

初九：思想隨時改善，堅持正道便可吉祥。出門交往必可成功。

六二：傾心隨從于小子，便會失去了陽剛丈夫。

六三：隨從陽剛方正的丈夫，則必然丟失小子。隨從于人，有求必得：利於安居、堅守正道。

九四：被人所追隨，多有收穫，守持正道以防不測兇險。自身光明磊落，會有什麼危害呢！

九五：誠信相待誠實善良之人。吉祥。

上六：拘禁強迫其服從相隨，再用繩索捆緊，才能使其順從。君王要出師討伐不順從的叛逆者，在西山設祭壇。

三、漢詩翻譯

隨而從之，甚為亨通，守持正固，便無禍殃

思想隨時改善，堅持正道，可獲吉祥

尋求成功，應出門交往

傾心隨從小子，失了陽剛丈夫

隨從陽剛丈夫丟失小子。隨從於人，有求必得，開心幸福

利於安居、守持正固

被人追隨，多有收穫，守持正固，以防不測危機

光明磊落，不違正道，危害何以至

誠信相待，敦實善良，可保吉祥如意

使其相隨順從，拘禁強迫，繩索捆之
君王出師，討伐叛逆，西山祭壇設立

四、英詩翻譯（English Poetic translation）

Entourage and following, it will be prosperous
Positive and solid, nothing is to be blamed
Ideas improves, if you keep the proper way
There will be good fortune for you to gain
If you want to be lucky and be propitious

You should go out of the gate, finding your communications
If follow the boy blindly, you lose the masculine disposition
If you follow the man, you'll lose the little boy for the alteration
Entourage and following, you get what you want with satisfaction
It is right to be settled, positive and solid with your action

If you are followed by others, you may have a lot to gain
You need to keep positive stand, in case there will be danger
Be open and straightforward, you will not go astray
Honest and sincere, and kind-hearted, it will bring favour
May detention force is used, to enforce them to be corteges
May bind them with cord, to compel them to obey
The king would dispatch troops, to punish the rebellious betrayers
He sets up the altar in west mountain as devout prayer

18. 蠱 Gu

一、易經爻辭

蠱：元亨，利涉大川；先甲三日，後甲三日。

初六：幹父之蠱，有子考，無咎；厲終吉。

九二：幹母之蠱，不可貞。

九三：幹父之蠱，小有悔，無大咎。

六四：裕父之蠱，往見吝。

六五：幹父之蠱，用譽。

上九：不事王侯，高尚其事。

二、卦解與注釋

（1）卦解

《蠱》卦象徵拯弊治亂。《蠱》卦的卦像是艮（山）上巽（風）下，為山下刮起大風之表像，由此用來象徵拯弊治亂、撥亂反正。君子當培育自己的美德，為糾正時弊而出力。

（2）爻辭注釋

蠱：（音 gǔ），蠱害，指弊亂。

利涉大川：有利於涉越大河大川。

先甲三日，後甲三日：“甲”：“天干”數之首位，具有“終而複始”之含義。“甲日”為“轉化弊亂”的象徵。

先後甲三日指的是，要預先思考知曉治蠱前的形勢，制定措施，還要推算治蠱後的事態發展趨勢，以利合理根治蠱害。

幹父之蠱："幹"：正也；匡正父輩的弊亂。

有子考："考"，成也；有兒子成就父業。

幹母之蠱，不可貞：糾正母親的弊亂，不可勉強硬來。要擇時機而動。

裕父之蠱：裕：寬裕。寬裕松緩地匡正父輩的弊亂。

用譽：受人稱讚。

不事王侯，高尚其事：事，從事。不從事王侯的事業，這種行為是高尚的。第二個"事"為名詞，意為"行為"。

（3）整卦解釋

蠱：《蠱》卦象徵拯弊治亂、撥亂反正。至為亨通，有利於涉越大河大川。預先思考"治蠱"前的形勢，制定措施，推算"治蠱"後的事態趨勢，以合理根治"蠱"害。

初六：匡正父輩的弊亂，由兒子成就父業。無咎害；即使有險終會吉祥。

九二：糾正母輩的弊亂，不可勉強硬來，要擇時機而動。

九三：匡正父輩的弊亂，略有悔恨，但無大的咎害。

六四：寬裕松緩地匡正父輩的弊亂，如此發展下去，必會因難以得到治理弊亂的正道而憾惜。

六五：對父輩的弊亂進行匡正，定會受到讚譽。

上九：不從事王侯的事業，將自己逍遙物外，這種行為是高尚的。

三、漢詩翻譯

拯弊治亂，撥亂反正。至為亨通，利涉越大河川
預先思考，治蠱前況與現狀
制定措施，推算趨勢，根治蠱害風險
匡正父之弊亂，成就父業，必無咎害，有險而終吉祥
糾正母之弊亂，宜擇機而動，不可勉強
匡正父輩弊亂，略有悔恨，大咎害卻無
若寬裕松緩，匡正父之弊，如此發展延續
必難以治理，為失正道而遺憾
匡正父輩弊亂，定受讚譽表揚
不事王侯業，逍遙物外，純淨高尚

四、英詩翻譯（English Poetic translation）

To rectify the malpractice, bringing order out of chaos
It will be supreme a success, and the time the river to cross
You should think all sides of the malpractice beforehand
To make the measure, to reckon the trend and track
Reasonably to get rid of the malpractice at hand

To rectify the father's misdoing and impairment
For the accomplishment of his achievment
Nothing is to be blamed for this correction
Some dangers may occur but there is a good solution

For the mother's misdoing to rectify
You should be patient and careful, be tolerable this while
You'd better do it at a suitable time

To rectify the father's misdoing
there will be somewhat regret, but no serious mistake
To rectify the father's misdoing
If you are slow and loose with your action
It will be hard to have the function
And you'll regret and lose your correct way
To rectify the father's misdoing
You will be highly praised
If one man who does not serve the king, away from the officialdom
He is certainly a pure and noble man with freedom

19.臨　Lin

一、易經爻辭

臨：元亨，利貞；至於八月有凶。

初九：咸臨，貞吉。

九二：咸臨，吉無不利。

六三：甘臨，無攸利；既憂之，無咎。

六四：至臨，無咎。

六五：知臨，大君之宜，吉。

上六：敦臨，吉，無咎。

二、卦解與注釋

（1）卦解

《臨》卦象徵監臨。《臨》卦的卦像是兌（澤）下坤（地）上，為地在澤上之表像。澤上有地，地居高而臨下，用來象徵監督、督導。君子由此得到啟迪，教育引導受教育者朝著良性之勢發展是非常有利的。

（2）爻辭注釋

臨：監也、視也；此卦含義為"由上視下"、"以尊臨卑"之意。

至於八月有凶：到了八月將有兇險。本句以時令的變化來說明"監臨"盛極必衰的道理。八月為"陽氣日衰"之月。

鹹臨："鹹"為"感應"之意；感應于尊者，行其督視臨查之責。

吉無不利：吉祥無所不利。

甘臨：靠甜言蜜語去督視臨查。

無攸利：沒有利益。

既憂之：若能自知並改過，就不會有災禍。

至臨：至，極也。極為親善地監臨下屬，必無災禍。

知臨："知"即"智"也。以聰慧明智來實行督臨。

大君之宜：大人君主最適宜之道。

敦臨：溫柔敦厚地實行督臨。

（3）整卦解釋

臨：《臨》卦象徵督視臨查。至為亨通，利於守持正固；但
　　到了八月將有兇險。
初九：感應於尊者，行其督視臨查之責。守持正固為吉祥。
九二：感應於尊者行其督視臨查之責，吉祥無所不利。
六三：靠甜言蜜語去督視臨查，便無益處。若能自知並改過，
　　　就不會有災禍。
六四：極為親善地監臨下屬，必無災禍。
六五：以聰慧明智來實行督臨，為大人君主最適宜之道，吉祥。
上六：溫柔敦厚地實行督臨，　吉祥，無災禍。

三、漢詩翻譯

　　督視臨查，至為亨通，守持正固；然八月有險
　　感應於尊者，督視臨查。守持正固，甚為吉祥平安
　　感應於尊者，督視臨查，吉祥無所不利
　　甜言蜜語，督視臨查，無所益處。若能自知改過，則災禍避之
　　親善親民，監臨下屬，必無禍事
　　以聰慧明智，實行督臨，大人君主，甚為適宜
　　溫柔敦厚，實行督臨，無有災禍，吉祥如意

四、英詩翻譯（English Poetic translation）

Supervision and inspectation, for being smooth and bright

Be positive and solid, yet August will show the bad sign

Supervising and inspecting, induction upon the esteemed
Be positive and solid, it'a great fortune indeed

Supervising and inspecting, induction on the honourable
It's good luck and nothing is unfavorable

If you are with sweet talk for supervision, it will benefit for none
If you regret and correct it, the disaster would be gone

If for supervision to people and you are kind
Inspecting the underling, everything goes fine

Supervising and inspecting on the way
The gentlemen and governors their wisdom to display
If they behave smartly
There will be no harm

If you are with gentilesse and sincerity for supervision
It will be happy and propitious, no evil would be visioned

20. 觀 Guan

一、易經爻辭

觀：盥而不薦，有孚顒若。

初六：童觀，小人無咎，君子吝。

六二：闚觀，利女貞。

六三：觀我生，進退。

六四：觀國之光，利用賓于王。

九五：觀我生，君子無咎。

上九：觀其生，君子無咎。

二、卦解與注釋

（1）卦解

《觀》卦象徵觀仰。《觀》卦的卦像是坤（地）下巽（風）上，為風吹拂於大地而遍及萬物之表像，故用來象徵觀仰。喻君子觀察世界萬物，留心民風民俗，用高尚的道德情操教育感化受教育者。

（2）爻辭注釋

觀：《觀》卦象徵觀仰。

盥而不薦：盥（guàn），古代祭祀用酒澆灌地面以降神之禮。

薦，獻也。祭祀中的獻饗[xiǎng]之禮。觀仰了祭祀開頭的傾酒灌地的降神儀式後，就不必再觀看後面的獻饗之禮了，因為這時心中已經充滿了誠敬肅穆的情感。

有孚顒若：顒（yóng），仰慕；敬仰。孚，做助語，無意。若，語氣助詞。心中充滿誠敬肅穆的情感。

童觀：像幼稚的孩童一樣觀察景物。

君子吝：對君子來說必有所憾惜。

闚觀："闚"（kuī）通"窺"。暗中窺視。

利女貞：利於女子守持正固。

觀我生：仰觀美德標準，對照自省言行。

進退：審時度勢，謹慎選擇進退之道。

觀國之光：仰觀國家的光輝盛治。

利用賓于王：有利於成為君王的貴賓。

觀其生：觀仰其行為。

（3）整卦解釋

觀：《觀》卦象徵觀仰。觀仰了祭祀開頭的傾酒灌地的降神儀式後，就不必再觀看後面的獻饗之禮了，因為這時心中已經充滿了誠敬肅穆的情感。

初六：像孩童一樣觀察景物，這對小人不會有危害，但對君子來說必有所憾惜。

六二：暗中窺視，利於女子守持正固。

六三：仰觀陽剛美德標準，對照自省言行。審時度勢，謹慎選擇進退之道。

六四：仰觀王朝的光輝盛治，有利於成為君王的貴賓。

九五：受人觀仰，自我審視，君子無咎害。

上九人們都在觀仰其行為，君子必無咎害。

三、漢詩翻譯

觀仰祭祀，傾酒灌地
降神儀式，誠敬肅穆，不必觀後獻饗禮

如孩童觀察景物，對小人無害，君子必有憾惜
暗中窺視，利女子正固守持
仰觀陽剛美德，對照自省言行
謹慎選擇，進退之道，審時度勢
仰觀王朝，利為君王之貴賓，贊其光輝盛治
受人觀仰，沒有咎害，然君子需自我審視
觀仰其行，沒有咎害，君子美德，人皆瞻視

四、英詩翻譯 (English Poetic translation)

Observation of the worshiping of the sacrifice

The ceremony of respection to the divinity is acted

Pouring wine on the ground as if to irrigate the land

If yor are sincere and respectful to the gods

You need not view the following ceremony of offering

Observe things like a child, for the inferior nothing is to be blamed

But it is regretful for the gentlemen, and it is a humiliation

Observe things with peeping eyes behind the gate

It's good for girls to behave in a positive and solid way

Observe the manly morality, compare with your own behavior

To assess the situation, to choose with cautious action

Make judgement on whether to retreat or progress to make

Observe the kingdom, with glorious and prosperous light

It is advantageous to be the guest of the sovereign bright

You may be observed by others, you should have self- survey

So the gentleman will receive nothing for being blamed

If you are under the observation by the people

A good thing for you the morality of a gentleman to keep

21. 噬嗑 Shihe

一、易經爻辭

噬嗑：亨，利用獄。

初九：履校滅趾，無咎。

六二：噬膚，滅鼻，無咎。

六三：噬臘肉，遇毒；小吝，無咎。

九四：噬乾胏，得金矢；利艱貞，吉。

六五：噬乾肉，得黃金；貞厲，無咎。

上九：何校滅耳，凶。

二、卦解與注釋

（1）卦解

《噬嗑》卦象徵嚙合。《噬嗑》卦的卦像是震（雷）下離（火）上，為雷電交加之表像。雷電交擊，又像口中齧物使合一樣；古代君王效法這一自然現象，明其刑罰與法令的公平合理處置。

（2）爻辭注釋

噬嗑：象徵齧（niè）合，又象徵刑法、懲罰。

利用獄：利於使用刑法。

屨校滅趾：屨（jù），用作動詞，意為"足著"；校，木制刑具，這裏指"腳鐐"。足戴腳鐐，傷及腳趾。

噬膚：使用像咬齧柔軟的皮膚的刑法。

滅鼻：傷及鼻子。

噬臘肉：吃幹肉。

遇毒：肉中有毒藥。

噬幹胏：胏（zǐ），咬帶骨的肉脯。

得金矢：具有金箭般的剛直氣魄。

利艱貞：有利於在艱難中堅守正固。

噬幹肉：吃幹肉。

得黃金：具有黃金般的剛強、中和的氣氛。黃色代表中正。

貞厲：有利於在艱難中堅守正固。

何校滅耳："何"通"荷"。"校"指刑具木枷。被戴上木枷，遭受滅失耳朵的重罰。

（3）整卦解釋

噬嗑：《噬嗑》卦象徵刑法、懲罰；亨通，利於使用刑法。

初九：足戴腳鐐刑具，傷及腳趾。並無大礙。

六二：使用像咬齧柔軟的皮膚的刑法順利，即使傷及鼻子，也無大礙。

六三：如咬嚙堅硬的臘肉，肉中又有毒藥一樣施刑不順利；這稍有遺憾，還不至於有禍害。

九四：像咬食帶骨頭的肉一樣施刑不順利，但具有金箭般的剛直氣魄，有利於在艱難中堅守正固，甚為吉祥。

六五：像吃乾硬的肉脯那樣艱難地施刑不順利，但具備了黃金般的剛強中正性格，守固正道以防危險，可免除咎害。

上九：像被戴上木枷，遭受滅失耳朵的重罰，兇險之極。

三、漢詩翻譯

效法雷電，刑法實施
甚為亨通，如雷電交擊

足戴腳鐐，並無大礙，但傷了腳趾
施刑如咬齧柔膚，但無大礙，即使傷及鼻子
似咬嚙堅硬臘肉，且肉中藏毒，施刑不順不利
不至有禍，但稍有憾惜

像咬食帶骨之肉，施刑艱澀不利
若有金箭般剛直氣魄，利艱難中堅守正固，堪稱大吉

像吃乾硬肉脯，艱難施刑不利

若具黃金般剛強中正，守持正固，可防咎害禍事
被戴木枷，遭受滅耳重罰，兇險之極

四、英詩翻譯（English Poetic translation）

Imitation of the thunderbolt, to practise the penalty
Like the thunder and lightning join and attack, a profitability
Put shackles on the feet, hurting the toes
But it will be no big injuring and errors
To practise the penalty, like biting the soft skin, and hurt the nose
But it will be nothing serious to note
To practise the penalty, like gnawing on the hard preserved ham
And there is poison hidden inside the gammon
It is not convenient for the penalty, but no big damage

To practise the penalty, like to bite on meat of the bone
It is not convenient for the penalty, but t is good for the hold
Because of the strong quality of the arrows of gold
Positive and solid, and there will be a hope

To practise the penalty, like on meat tough to bite
It is not convenient for the penalty to be exercised
But owning to the golden quality strong and upright
Positive and solid, and it will be all right

To practise the penalty, putting on a wooden cangue

The prisoner's ears are deprived and damaged

It is a sign of great catastrophe

22. 賁 Bi

一、易經爻辭

賁：亨，小利有攸往。

初九：賁其趾，舍車而徒。

六二：賁其須。

九三：賁如，濡如，永貞吉。

六四：賁如，皤如，白馬翰如；匪寇，婚媾。

六五：賁於丘園，束帛戔戔；吝，終吉。

上九：白賁，無咎。

二、卦解與注釋

（1）卦解

《賁》卦象徵文飾。《賁》卦的卦像是離（火）下艮（山）上，為山下燃燒著火焰之表像。山下火焰裝飾、照耀著山上的草木，一片通明，如同披彩。君子應對文飾正確理解。文飾不是掩飾，君子的文飾應當是心胸坦蕩、熱情似火的優秀本質的自然表露。

（2）爻辭注釋

賁：《賁》卦象徵文飾。

小利有攸往："小"指柔弱渺小者。有攸往：有所往（去向），或有所行動（作為）。只要你去做，就會得到益處。柔弱渺小者利於有所行動。

賁其趾：裝飾自己的足趾。

舍車而徒：捨棄乘車而徒步前進。

賁其須：裝飾美須。

賁如：如，語氣詞。

濡如：濡，潤澤。相施惠澤。

永貞吉：永久守持正固可獲吉祥。

皤如：皤（pó）潔白，素雅。

白馬翰如：翰，毛長寬大的裘衣。這裏指貴重財物。騎著白馬馱著貴重財物。

匪寇：非敵寇。

婚媾：求婚配的佳偶。

賁於丘園：以山丘園圃為飾。

束帛戔戔：一束絲帛，喻微薄無華之物。戔戔（jiān），形容物品量少。

白賁：潔白素雅的文飾。

（3）整卦解釋

賁：《賁》卦象徵文飾。亨通。柔弱渺小者利於有所行動。

初九：裝飾自己的足趾，捨棄乘車而徒步前進。

六二：裝飾尊者的美須。（喻六二上承九三）

九三：文飾得如此之美，相互惠澤，永久守持正固，可獲吉祥。

六四：文飾的潔白素雅，騎著白馬馱著貴重財物。非敵寇，
　　　是來求婚的佳偶。

六五：以山丘園圃為飾，持一束微薄的絲帛（禮聘賢士）；雖
　　　可能下者無應而產生遺憾，然而上者相應終必吉祥。

上九：采用潔白素雅樸素的文飾，沒有咎害。

三、漢詩翻譯

　　加以文飾，甚為亨通，利柔弱渺小者，有所部署
　　裝飾己之足趾，捨棄乘車，前行徒步
　　陰陽互賁，相得益彰，裝飾尊者美須
　　文飾之美，相互惠澤，如求吉祥，需永久守持正固
　　文飾潔淨素雅，騎白馬馱財物而來；非敵寇，求婚娶
　　山丘園圃為飾，持一束絲帛，禮聘賢士
　　雖無應而遺憾，然終必吉祥如意
　　潔白素雅，樸素文飾，沒有咎害禍事

四、英詩翻譯（English Poetic translation）

Put on the decoration, it will bring him good luck total
It's benefical for the small and gentle to dispose

He decorates his own toes, abnegates carriage and to walk
He decorate the senior's beard, benefits him for adoring
Be positive and solid forever, and good fortune for long

The decoration is with elegance, a man comes on a horse white

With bags of property, he is not a robber, but a suitor for a wife

To decorate the hills and garden, with a slight roll of silk in hand

He comes for recruiting the men of virtue and charity

Though there is no reply, but the future is worthwhile and bright

To decorate with white and plain colour

The simple adornation is the best ones

23. 剝 Bo

一、易經爻辭

剝：不利有攸往。

初六：剝床以足，蔑，貞凶。

六二：剝床以辨，蔑，貞凶。

六三：剝，無咎。

六四：剝床以膚，凶。

六五：貫魚以宮人寵，無不利。

上九：碩果不食，君子得輿，小人剝廬。

二、題解與注釋

（1）題解

《剝》卦象徵剝落。《剝》卦的卦像是坤（地）下艮（山）

上，地面的高山會受自然風雨侵蝕而逐步風化，漸漸地接近於地面。其表像就是剝落的象徵。

君子不可滿足于高高在上，而應當關注充實基礎，使其更為厚實牢固。

（2）爻辭注釋

不利有攸往：不利於前往。

剝床以足："以"為介詞，意為"及也"。剝落床體先由床腿部位開始蝕滅損壞。

蔑：通"滅"，蝕滅。

貞凶：守正防凶。

剝床以辨："辨"為床頭。剝落床體已經剝至床頭，床頭必被都蝕滅。

剝：剝落。

剝床以膚："膚"原意為"皮膚"，這裏指"床面"。剝落床體已經剝至床面。

貫魚以宮人寵："貫魚"意為貫穿一串魚，比喻眾多"宮人"。"寵"指宮人獲得君主的寵愛。此句指六五為眾陰之主，引領眾宮人承寵于君王。

碩果不食："碩"為"大也"。碩大的果實未被摘食。

君子得輿："得輿"為得乘大車。喻君子濟世為民。

小人剝廬："剝廬"為房屋剝落。喻小人禍國殃民。

（3）整卦解釋

剝：《剝》卦是剝落的象徵。不利於前往。

初六：剝落床體先由床腿部位開始，床足必致損壞蝕滅。守持正固防止凶險。

六二：剝落床體已經剝至床頭，床頭必被蝕滅。守持正固防
　　　止兇險。

六三：雖處剝落之時，卻無災禍。（六三雖被剝落，但因居
　　　陽位，有"含陽待複"之意，故無咎。）

六四：剝落床體已經剝至床面，有兇險。

六五：像一串魚一樣，眾陰之主引領眾宮女承寵于君王，無
　　　所不利。

上九：碩大的果實未被摘食。若君子摘食，就如同乘坐大車，
　　　濟世為民。若被小人摘食，則如房屋剝落，禍國殃民。

三、漢詩翻譯

陰氣侵陽，層層剝落，不利向前
剝落床體，由床足始，必致損壞蝕滅。守持正固，防止兇險
剝落床體，已剝至床頭，必被蝕滅。守持正固，防止災難
雖處剝落之時，因居陽位，含陽待複，卻無禍安然
剝落床體，已剝至床面，兇險即見
如魚一串，女主引領眾宮女，承寵于君王，無所不利
碩大果實未被摘食。若君子摘食，如乘坐大車，為民濟世
若小人摘食，則如房屋剝落，禍國殃民壞事

四、英詩翻譯（English Poetic translation）

The negative invades the positive, stripping layer after layer
It is not advantageous to move forward, there is no favour

Stripping the bed from its feet, it would be unsafe
Be positive and solid, to prevent the danger

Stripping the bed to its head, it would be ill-fated
Be positive and solid, to prevent the danger

When the tripping of the bed is on, if in a positive position
Be cherished with virility, it will get no harm and destruction
Stripping the bed to its skin, a very serious situation

Like a string of fishes, the court ladies are led by the queen
They are in line to wait for the favour from the king esteemed
It would be no harm and risks for the female

A great fruit is not yet picked and eaten
If the gentleman takes it
He would like taking the chariot to serve the people
If a mean man takes it
He will be like the stripped house, harm the people

24. 複 Fu

一、易經爻辭

複：亨。出入無疾，朋來無咎；反復其道，七日來復。利有攸往。

初九：不遠複，無祗悔，元吉。

六二：休複，吉。

六三：頻複，厲無咎。

六四：中行獨複。

六五：敦複，無悔。

上六：迷複，凶，有災眚。用行師，終有大敗；以其國，君
　　　凶；至於十年不克征。

二、卦解與注釋

（1）卦解

　　《複》卦象徵回復。《複》卦的卦像是震（雷）下坤（地）
上，雷在地下，陽氣從下面產生，並逐步向上行進、微弱地複返。
由此象徵回復。《複》卦由《剝》卦而來，剝極必反是自然規律。
陰與陽之勢周而復始，循環往復，是一個循序漸進的過程。君子
學習此卦，按照世間事物運動的規律去行事，就會獲得吉祥如意。

（2）爻辭注釋

複：卦名，象徵“回復”。

出入無疾：出，陽氣外長。入，陽氣內生。無疾，無害。微
　　　　　弱陽氣生長沒有危害。

朋來無咎：朋，指卦中一陽上複，群陰將其作為朋友。無咎，
　　　　　無咎害。

反復其道：來複，指陽剛上浮回復遵循一定的規律。道：規律。

七日來複：七日：按周初紀日法，七日為日序週期轉化之數。
　　　　　這裏比喻轉機迅速。

利有攸往：指發展順利，利有所往。

不遠複：指初九居群陰之下，起步不遠就恢復正道。

無祗悔：祗：（qi）大。無大悔。

元吉：至為吉祥。

休複：休，美也。美好的回復。

頻複："頻"同"顰"，為皺眉，愁眉苦臉之意。憂愁著回復。

厲無咎：雖有危險卻無咎害。

中行獨複：指六四位居陰爻的正中，獨為"專"意。居中正
　　　　道專心回復。

敦複：敦：敦厚。指六五陰居尊位，敦厚篤誠地回復。

迷複：迷路誤入歧途，不知回復。

有災眚：眚（shěng），有禍害、禍患。

用行師：用於帶兵打仗。

以其國，君凶：用於治理國家，必將國家遭亂國君遭受兇險。

至於十年不克征："征"，"振興發展"之意。直至十年之
　　　　久，也不能振興發展。

（3）整卦解釋

複：《複》卦象徵回復。亨通。陽氣外長內生沒有危害。群
　　陰迎接作為朋友的陽氣的到來沒有咎害。陽剛按規律
　　上浮回復，過不了七天就會轉至回復之時。利於有所
　　前往。

初九：起步不遠就恢復正道，沒有什麼悔恨，甚為吉祥。

六二：美好的回復。吉祥。

六三：憂愁著回復，雖有危險卻無咎害。

六四：居中正道，專心回復。

六五：敦厚篤誠地回復，沒有悔恨。

上六：迷路誤入歧途，不知回復。有災禍兇險。如用於帶兵
　　　打仗，必遭失敗。如用於治理國家，必使國家遭亂、
　　　國君遭受兇險；直至十年之久不能振興發展。

三、漢詩翻譯

回復陽氣，甚為亨通。陽氣外長內生，沒有危險
群友相迎，沒有咎害。陽剛氣上浮，七天回復，利於向前

起步不遠，恢復正道，無所悔恨，甚為吉祥安好
美好回復，萬事如意，回歸正道
愁眉苦臉。憂愁回復，無咎有險
居中行正，回復心誠志堅
敦厚篤誠，一心回復，無悔無怨
迷路誤入歧途，不知回復，必有災難
如帶兵打仗，必遭失敗兇險
如治理國家，必使國遭動亂，國君受險；十年無振興發展

四、英詩翻譯 （English Poetic translation）

Virility is back, it is favorable to return
The positive power grows, comes from the internal
With the development , nothing will goes wrong
A group of friends come to meet him, there is no fault
The virility goes up, to the recovery in seven days

Going forward for him is advantageous

He does not go too far and be back again

Nothing to be regret, all is okay

He returns back in a pleasant way

All is happy and gay

He returns with a gloomy and sad face

But he is lucky for the danger is away

He is back by the golden mean, with earnestness

There is no repentance for return but with sincereness

He goes astray and loses his way

And he does not know how to return and gain

There is great disaster in front for him to receive

If he is in command of a battle as an officer

He would surely the failure of the war to suffer

If he is to manage the country as a governor

He will surely to suffer the chaos and disaster

For ten years of time it would not recover

25. 無妄 Wuwang

一、易經爻辭

無妄：元亨，利貞。其匪正有眚，不利有攸往。

初九：無妄，往吉。

六二：不耕獲，不菑畬，則利有攸往。

六三：無妄之災，或系之牛，行人之得，邑人之災。

九四：可貞，無咎。

九五：無妄之疾，勿藥有喜。

上九：無妄，行有眚，無攸利。

二、卦解與注釋

（1）卦解

《無妄》卦象徵不妄為。《無妄》卦的卦像是震（雷）下乾（天）上，象徵著天以雷震懾警戒天下萬物，不可妄為。也由此賦予天下萬物不妄為妄動的本性，如若不能堅守正道就會有災禍降臨。學習《無妄》卦，君子當行得正，立得端，不可有非分之想，要力求使自己的言行都合乎正道。

（2）爻辭注釋

無妄：不妄為。

元亨，利貞：指不妄為時，亨通吉祥，利於守正。

其匪正有眚：匪，“非”也。眚，禍害。背離正道，必有禍殃。

不利有攸往：不利於有所前往。

往吉：前往有吉祥。

不耕獲：不耕耘土地，不期待收穫。

不菑畬：菑（zī）：作動詞用，意為“開墾”。畬（yú）：良田。不去開墾為獲良田。

則利有攸往：這樣就利於前往。

無妄之災：不妄為、無緣無故卻也遭受災禍。

或系之牛：比如有人把耕牛系拴住。

行人之得：路人牽走（耕牛）。

邑人之災：同鄉的人被懷疑為偷牛者而被逮。

可貞：能堅守正道。

無妄之疾：不妄為卻也身染小病。

勿藥有喜：不用藥卻也自愈的歡喜。

行有眚：行必會遭受禍殃。

無攸利：無所利益。

（3）整卦解釋

無妄：不妄為時，亨通吉祥，利於守正。背離正道，必有禍殃。不利於有所前往。

初九：不妄為，前往有吉祥。

六二：不耕耘土地，別期待收穫。不為獲良田去開墾。這樣就利於前往。

六三：不妄為卻也無緣無故遭受災禍。比如有人把耕牛系拴住，被路人牽走，同鄉的人被懷疑為偷牛者而被逮。

九四：能堅守正道，就沒有咎害。

九五：不妄為卻也身染小病，但有不用藥卻也自愈的歡喜。

上九：雖不妄為，但行必會遭受禍殃。無所利益。

三、漢詩翻譯

不妄為之，守持正固，亨通吉祥
背離正道，不利前行，必有禍殃

唯不妄為，前進有平安
不耕田地，不圖收穫以增財產
不為墾良田，只為能向前

不妄為，竟也遭禍，然很無故
如路人牽走耕牛，村民被疑，鐺鋃入獄
若能堅守正道，咎害終無

不妄為卻也身染小病，不用藥也自愈歡喜
雖不妄為，時窮難通，也會遭受禍殃，無所利益

四、英詩翻譯（English Poetic translation）

Propriety is the way of behavior
Be positive and solid, it'll bring success, and avoid danger
If you do things with impropriety, there are troules on the way
Your road of progress will be restrained

Doing things properly, all will be great improvement

No furrowing the field, no expectation of wealth accruement
Not to cultivate for fertile land, only for the advancement
Even doing things properly, the disaster may still a reality
A passerby stole tethered cow; a villager was accused and jailed
No matter what happens, propriety will win you the fame

You are ill without doing things improper sometimes
You will see the recovery itself without medicine delightfully
But it is true that when you are in hard time
Some errors would occur even you do things right
Then there will be no benefit arriving

26. 大畜 Daxu

一、易經爻辭

大畜：利貞；不家食吉，利涉大川。

初九：有厲，利己。

九二：輿說輹。

九三：良馬逐，利艱貞。曰閑輿衛，利有攸往。

六四：童牛之牿，元吉。

六五：豶豕之牙，吉。

上九：何天之衢，亨。

二、卦解與注釋

（1）卦解

《大畜》卦象徵廣大的畜養積聚。《大畜》卦的卦像是乾（天）下艮（山）上，為天被包含在山裏之表像，因之象徵大量的畜養積聚。《大畜》卦啟示人們要效法自然，學習充實自我，培養美好的品德與積蓄廣博的知識。

（2）爻辭注釋

大畜：大有蓄聚之象徵。

利貞：利於堅守正道。

不家食吉：不讓賢人在家中自己謀生，這樣可獲吉祥。

利涉大川：利於涉過大江大河。

有厲，利已：有危險，暫停前進。

輿說輹：輿為車，說（tuo），通“脫”，意為“脫卸”。輹（fù）為大車下橫木，用於制動。車子脫去輪輹不能前進。

良馬逐，利艱貞：良馬在奔逐，利於在艱苦中堅守正道。

曰閑輿衛，利有攸往：曰：語氣詞。閑：用作動詞，譯為“熟練”、“使之嫻熟”。熟練掌握駕車和防衛的技巧，有利於前進。

童牛之牿：童牛，小牛。牿（gù），牛角上的木枷即“木牿”。“止惡於未萌”之寓意。

豶豕之牙：豶（fén），被閹割的豬。豕（shǐ），豬也。指制約閹割了的豬的牙齒。

何天之衢：何：感歎詞；衢（qú），四通八達的路。何等通暢的天上大道。

（3）整卦解釋

大畜：大有蓄聚之象徵。利於堅守正道。不讓賢人在家中自
　　　食可獲吉祥，利於涉過大江大河。

初九：有危險，暫停前進。

九二：車子脫去輪輹不能前進。

九三：良馬在奔逐，利於不畏艱難，堅守正道。熟練掌握駕
　　　車和防衛的技巧，有利於前進。

六四：小牛角上的加上木牿，甚為吉祥。

六五：制約閹割了的豬的利齒。吉祥。

上九：何等通暢的天上大道，亨通。

三、漢詩翻譯

大有蓄聚，守持正固
賢人應家門走出
為國出力奔忙
涉越大江河，一路順暢

暫停前進，出行險遇
中止行進，大車脫落輪輹
良馬奔逐，不畏艱難，守持正固
熟練駕車防衛技術，有利前行繼續

加木牿於小牛角，止惡於未萌
制約豚之利齒，甚為吉祥
何等的天上大道啊，亨通寬廣

四、英詩翻譯 (English Poetic translation)

For great accumulation, one should be positive and firm
The wise man should leave his home, the motherland to serve
It will be favorable to cross the great river with swirls

If he comes across the danger on his way
It should be wise for him to stop for a break
The axle of the carriage falls off, he stops and no more marching
The horse is galloping, bravely go on though the road is hard
Positive and solid, perfect your skills of defence technique
So it will be very favorable for him to go and proceed

Put the wooden curb over the calf's horns
It will stop its ferocity when it sprouts and out pours
This will be a great fortune for your safety
Restrict the tusks of the hog castrated
This is a good sign of preventing danger
Oh, the road on the heaven how smooth and free
It is prosperous and vast for people to esteem

27. 頤 Yi

一、易經爻辭

頤：貞吉；觀頤，自求口實。

初九：舍爾靈龜，觀我朵頤，凶。

六二：顛頤，拂經，於丘頤，征凶。

六三：拂頤，貞凶，十年勿用，無攸利。

六四：顛頤，吉；虎視眈眈，其欲逐逐，無咎。

六五：拂經，居貞吉，不可涉大川。

上九：由頤；厲吉，利涉大川。

二、卦解與注釋

（1）卦解

《頤》卦象徵頤養。《頤》卦的卦像是震（雷）下艮（山）上，其表像為雷在山下震動。又如人進食時咀嚼食物上顎靜止、下顎活動，由此本卦用來象徵頤養。頤養必須堅守正道。君子應當言語謹慎、節制飲食，以培養高尚的品質與保持健康的身體。

（2）爻辭注釋

頤：用來象徵頤養。

觀頤：觀察頤養的情況。

自求口實：口實指食物。全句意為要以正道自己來謀取食物。

舍爾靈龜：爾，指初九。靈龜，比喻陽剛之美。捨棄你的陽
　　　　　剛之美。

觀我朵頤："我"指六四。頤，口腮。朵，咀嚼时口腮之
　　　　　相。初九上應六四。觀看我鼓腮進食。

顛頤，顛，意為顛倒。顛倒過來，向下求食以獲頤養。

拂經，拂，意為違背；經，意為常理。違背常理。

於丘頤：指六二求助於上九的頤養。上卦為"艮"，故言
　　　　　"丘"。

征凶：前往有兇險。

拂頤：違背頤養的常理。

貞凶：守正以防兇險。

十年勿用：十年不施展才華。

虎視眈眈：如老虎瞪著眼看著。

其欲逐逐：逐逐，意為：相繼不乏。其欲求接連不斷。

居貞吉：安居于尊位，固守正道，以获吉祥。

由頤：由此，天下賴以獲得頤養。

厲吉：知道危險而謹慎就可獲得吉祥。

利涉大川：利於涉越大江大河。

（3）整卦解釋

頤：《頤》卦象徵頤養。固守正道可獲吉祥；觀察頤養的
　　情況，以正道來謀取食物。

初九：捨棄你靈龜般的陽剛之美，觀看我鼓腮進食，必有兇險。

六二：顛倒過來向下求食以獲頤養，違背常理，求助於山丘
　　　上的頤養，前往必有兇險。

六三：違背頤養的常理，守正以防兇險，十年之久不施展才
　　　華，若使用也無利益。

六四：顛倒過來向下求食以獲頤養，吉祥；如老虎瞪著眼看
　　　著，其欲求接連不斷，沒有咎害。

六五：違背常理，安居於尊位，固守正道，以獲取吉祥。但
　　　不可涉越大河。

上九：天下依賴於此獲得頤養；知道危險而謹慎就可獲得吉
　　　祥，利於涉越大江大河。

三、漢詩翻譯

頤養之道，守正則吉
觀察頤養，以正道謀食

你若捨棄了靈龜般的陽剛之美
來觀看我鼓腮進食，必有兇險懊悔

你若顛倒過來，向下求食以獲頤養
你就違背了理常
若求助於山丘上的頤養，必有兇險若前往

你若違背頤養的常理，需守持正固以防禍事
你需要十年不施展才華，若急於展示則無利益

你若得正應初，顛倒以向下求食，以獲頤養，卻能獲吉求安
如虎視眈眈，其欲求接連不斷，此時沒有咎害風險

你若違背常理，宜居尊位享安然
固守正道，以獲吉祥，不可涉越大河急川

天下依此，得頤養天年
知險而慎行，可獲吉祥
利於涉越大江大河，激流險灘

四、英詩翻譯（English Poetic translation）

Be positive and solid, is the way of getting nourishment
Observing the right method of getting the nutriment
It will be the benefical encouragement

If he leaves his masculine beauty of intelligent turtle
Look at me chewing and my cheeks swelled with food earnestly
It must be for him a sign of misfortune and being virtueless

If he seeks the nourishment and looks downwards
He is against the morality and nothing will be move forward
If he turns to seek the nourishment from the massif up there
That will also be some bad luck fot him to face anywhere

If he is away from the proper way of nourishment and goes astray
He needs to keep positive and solid, avoiding the dangers
For ten years he should not any actions to take

If he is impatient, there will be for him no advantages

If he is to go downward for nourishment in the right position
Then all will be right and he will make no wrong actions
Just like the tiger's downward glare at its prey
It desires the incessant move and no harm would take place

If he does things against the proper way
He should settle down, be positive and stable
So that it will be for him propitious and safe
But it is not the time for him to cross the river great

People turn to the supreme for nutrition
He is prudent and knows the danger for the action
Yet nothing will goes wrong, it is a good sign
To cross the river great is the right time

28. 大過 Daguo

一、易經爻辭

大過：棟橈；利有攸往，亨。
初六：藉用白茅，無咎。

九二：枯楊生稊，老夫得其女妻，無不利。

九三：棟橈，凶。

九四：棟隆，吉；有它，吝。

九五：枯楊生華，老婦得其士夫，無咎無譽。

上六：過涉滅頂，凶，無咎。

二、卦解與注釋

（1）卦解

《大過》卦象徵"大為過甚"。《大過》卦的卦像是巽（風）下兌（澤）上，陽剛稱大，本卦四陽居中過盛，故用來象徵"大為過甚"。君子效法此卦的卦意，應堅持自己的操守，超然獨行，不必顧及他人的非議。

（2）爻辭注釋

大過：卦名。象徵大為過份。

棟橈：棟，房梁。橈（náo），曲折的意思。棟橈，房梁兩端
　　　受重壓而彎曲。

藉用白茅：藉（jiè）襯墊的意思。用白茅草襯墊著。

枯楊生稊：稊（tí）為樹木新出的枝芽。已枯萎的楊樹重又
　　　長出新的枝芽。

老夫得其女妻：老年男子娶了年輕的妻子。

棟隆：隆，指棟樑隆起，下撓之勢平復。

有它：有應于他方；這裏指九四應初爻。過於柔則必生憾惜。

吝：憾惜，麻煩，艱難。這裏指九四爻不能過柔、過份向下
　　　彎曲。

枯楊生華：已枯萎的楊樹重又開花。

老婦得其士夫：已衰老的婦人嫁給了強健的男子。

過涉滅頂：涉深水以至淹沒了頭頂。

（3）整卦解釋

大過：象徵大為過份。房梁兩端受重壓而彎曲；（比喻事物
　　　剛大者片面過甚，而柔小者不勝其勢）利於有所前
　　　往，亨通。

初六：用白茅草襯墊著（奉獻的物品），沒有咎害。

九二：已枯萎的楊樹重又長出新的枝芽，老年男子娶了年輕
　　　的妻子；無所不利。（九二以“過甚”之陽得處中位，
　　　下比初六柔弱之陰，剛柔並濟，雖大過，然而無不利。）

九三：房梁曲折彎橈，有風險。（陽居下卦之極，剛強過盛）

九四：棟樑隆起平復，吉祥；如果有應于下方，（過柔）則
　　　必有憾惜。

九五：枯槁的楊樹開出新花，已衰老的婦人嫁給了強健的男
　　　子，沒有什麼禍害，也沒有什麼榮耀。

上六：涉入深水以至淹沒了頭頂，有兇險，但沒有咎害。

三、漢詩翻譯

大為過之，如受重壓而彎曲的房梁
剛大者過強，柔小者不勝其狂
然利於有所前往，可達亨通順暢

用白茅草襯墊祭品，沒有咎害危機
已枯萎的楊樹，重又長出嫩芽新枝

老男娶了年輕妻子，無所不利

房梁曲折彎橈，剛強過盛，會有風險
棟樑隆起又平復，甚為吉祥；如有應于下方，過柔必有遺憾
枯槁楊樹開出新花，已衰老婦嫁了健男
沒有禍害，也無榮耀誇讚
涉入深水，以至淹沒頭頂，雖無咎害，但有兇險

四、英詩翻譯（English Poetic translation）

Bended down the roof beam, it is of great excess

The weight and burden is excessive

It is benefical to move forward, and will be a success

Put the liner of white grass for sacrifice

So there will be no error and no criticizer

The withered poplar tree gives new sprouts and shoots

The old man marries a young wife

Nothing is to be blamed and all is smooth

The roof beam bends down, a great danger is on the way

When the roof beam curves upwards, a good sign of favour

If it is too soft to turn back and suit the lower part again

That will be regret and bad luck of the fate

The withered poplar tree gives new blossoms

The old lady marries a young man hansome

It's nether a bane nor a glory thing to be taken

Wading in the deep water, the head is submerged

That is a sign of danger, but nothing to be cursed

29. 坎 Kan

一、易經爻辭

習坎：有孚，維心亨；行有尚。

初六：習坎，入於坎窞，凶。

九二：坎有險，求小得。

六三：來之坎坎，險且枕，入於坎窞，勿用。

六四：樽酒，簋貳，用缶，納約自牖，終無咎。

九五：坎不盈，祗既平，無咎。

上六：系用徽纆，寘於叢棘，三歲不得，凶。

二、卦解與注釋

（1）卦解

　　《坎》卦象徵重重險陷。《坎》卦的卦像是坎（水）下坎（水）上，此卦上下均為坎，是為重重艱險像水奔流不息。君子應當以堅強的意志，不畏艱險，終將走向成功。

（2）爻辭注釋

習坎："習"為重疊。重重險陷。

有孚：孚，信也。有信心。

維心亨：維，語氣助詞。其心亨通。

行有尚：行動涉險可以立功獲嘉尚。

入於坎窞：窞（dàn），意為深坑。

坎有險：處在陷坑裏遭遇危險。

求小得："小"指"陰柔"、"小事"。從小處謀求脫險有
　　　　所得。

來之坎坎：來去都處在險陷之中。

險且枕：枕；沈，深也。危險並且深淺難測。

樽酒：樽（zūn），盛酒的器皿，這裏作動詞。意為：用樽盛
　　　　滿酒。

簋貳：簋（guǐ），古代中國用於盛放煮熟飯食的器皿，也用
　　　　作禮器。兩簋飯食。

用缶：用，使用；缶（fǒu），儲藏食品的瓦罐。用瓦缶盛著
　　　　食品（奉獻給尊者）。

納約自牖：納約，送進、取出食品（喻表白內心想法）。自
　　　　牖（yǒu），從窗戶（送進貢品），寓從易於明白的
　　　　道理入手開導君王。窗戶，有光亮、光明正大的含義。

坎不盈：盈，水漫出來。水還沒有漫出來。

祗既平：祗（zhī），通"坻"，"小丘也"。既：已經。小
　　　　丘已經被鏟平。

系用徽纆：徽纆（mò），繩索；用繩索捆綁。

寘于丛棘：寘（zhì），通"置"；叢棘：指監牢。關在監牢裏。

三歲不得：三歲：泛指多年。多年不得釋放。

（3）整卦解釋

習坎：《坎》卦象徵重重險陷，只要有信心，其心亨通，行
　　　動涉險也可以立功獲嘉尚。

初六：重重險陷，入於深坑，兇險。

九二：處在陷坑裏遭遇危險，從小處謀求脫險有所得。

六三：來去都處在險陷之中，危險並且深淺難測，陷入險陷
　　　深處，不可施展才用。

六四：用樽盛滿酒，攜兩簋飯食，用瓦缶盛著食物品奉獻給
　　　尊者。如通過明亮的窗戶送進、取出食品，從易於明
　　　白的道理入手開導君王，終將免於咎害。

九五：水還沒有漫出來，小丘已經被鏟平，沒有咎害。

上六：用繩索捆綁，深陷牢獄，多年不得釋放，甚為兇險。

三、漢詩翻譯

面對險陷，充滿信心，衝破阻障
其心亨通，不畏涉險，立功獲嘉尚

重重險陷，掉入深坑，甚為兇險
掉入陷坑，遭遇危險，小處謀求脫險，可得平安
來複險陷重重，進退兩難
深淺難測，深陷不可自拔，才用不可施展

舉一樽薄酒，奉兩簋淡食，瓦缶盛裝　與尊者呈獻
通過明窗送進，以簡潔道理開導，咎害得以除免

險陷之水尚未滿盈漫
穴旁的小丘已被平鏟
安然無恙，沒有咎害危難

用繩索捆綁，牢獄深陷
多年不得釋放，甚為兇險

四、英詩翻譯（English Poetic translation）

Facing the danger, you should be confident, all will be smooth
If you are brave enough, you will get success and honour soon

If you fall in danger, as if falling into deep pit, it is a pain
Falling into the trap, suffering in the plight as if in the jail
If you find the minor problem to solve, you may get the safety
Coming and going, traps after traps
A moment of dilemma, you are hardly to move, not the time to act

Raise up a cup of thin wine, take two baskets of bland rice
Putting them in an earthenware, offering them to the highness
Handing them in from the window bright
Enlightening them with words simple and wise
Finally there will be no harm and plight

It is not full yet ,of the water in the trap

The small hill by the hole already shoveld flat

All is in peace and nothing will be damaged

Bounding with cords tightly, fall into jails deeply

For years no hope to be freed

This is a sign of danger indeed

30. 離　Li

一、易經爻辭

離：利貞，亨；畜牝牛吉。

初九：履錯然，敬之，無咎。

六二：黃離，元吉。

九三：日昃之離，不鼓缶而歌，則大耋之嗟，凶。

九四：突如其來如，焚如，死如，棄如。

六五：出涕沱若，戚嗟若，吉。

上九：王用出征，用嘉折首，獲匪其醜，無咎。

二、卦解與注釋

（1）卦解

《離》卦象徵附麗。離，麗也。象徵火與太陽的美麗光輝。《離》卦的卦象為離（火）下離（火）上，為光明的火焰連續升起之表像。太陽高懸附麗在天空，發出持續的光輝照耀，由此，

《離》卦象徵附麗。君子學習這一卦，發揮出生命的光與熱，必
可得到更多朋友的支持。

（2）爻辭注釋

離：《離》卦象徵附麗。

利貞：利於守持正固。

畜牝牛吉：畜養母牛可以獲得吉祥。

履錯然：履：履行。錯然：錯落有致。做事井然有序，恭敬
　　　　謹慎。

敬之：謹慎，不輕舉妄動。

黃離：黃，中央正色。保持中正的黃色附麗於物。

元吉：可獲大吉。

日昃之離：昃（zè），太陽偏西時稱為"昃"；夕陽將落，
　　　　　附麗在天邊。

不鼓缶而歌：不敲著瓦器伴唱高歌。是指九三位於下離之
　　　　　　終，陽極將衰，若不及時擊缶唱歌，必有嗟歎。

則大耋之嗟：耋（dié），八十歲為耋。嗟（jiē），憂感。難
　　　　　　免會有行將就木的悔恨的哀歎。

突如其來如：指突然間升起的火紅的朝霞，發出萬道光芒，
　　　　　　猶如燃燒的烈火。

焚如：如燃燒的烈火。

死如：頃刻之間又消散。

棄如：被棄之。

出涕沱若：沱：淚流滂沱。若，語氣助詞。流出滂沱的眼淚。

戚嗟若：戚，憂傷。憂傷哀泣。

王用出征：君主出兵征伐。

用嘉折首：嘉，嘉美之功。首：敵人首級。建功立業，獲得
　　美譽，斬殺敵方首領。

獲匪其醜：獲，俘獲；匪，敵人；醜，眾多。俘獲眾多敵人。

（3）整卦解釋

　　離：《離》卦象徵附麗。利於守持正固，亨通；畜養母牛
　　　可以獲得吉祥。

初九：做事井然有序，恭敬謹慎，沒有咎害。

六二：保持中正的黃色附麗於物，可獲大吉。

九三：夕陽將落，附麗在天邊，不敲著瓦器伴唱高歌，難免
　　　會有行將就木悔恨的哀歎，會有兇險。

九四：突然間升起的火紅的朝霞，發出萬道光芒，如燃燒的
　　　烈火，頃刻之間又消散，被棄之。

六五：流出滂沱的眼淚，憂傷哀泣，終將吉祥。

上九：君主出兵征伐，建功立業，獲得美譽，斬殺敵方首領，
　　　俘獲眾多敵人，沒有咎害。

三、漢詩翻譯

如日中天，光明附麗
利守持正固，甚為亨通順利
畜養母牛，可獲吉祥如意

井然有序，恭敬謹慎，沒有咎害禍事
持中正黃色，附麗於物，可獲大吉

夕陽西下，附麗天邊
敲響缶器，高歌相伴
怡然自樂，不要哀愁悲歎
忘掉行將就木，捨棄悔恨，以免兇險

紅日噴薄，朝霞滿天，萬道金芒，似烈火燃
然頃刻瓦解，煙消雲散

淚水滂沱，憂傷泣哭
然終將吉祥，居尊獲助
君主出兵征伐，建功立業，獲得美譽
斬殺敵首，俘獲眾敵，咎害全無

四、英詩翻譯（English Poetic translation）

Like the sun in the sky, bright and beautiful
Taking attachment, positive and solid, it will be successful
To raise the gentle cow, a good sign of vantage
Keep things in order, polite and prudent, nothing is in disadvantage

With fair yellow colour, attaching to the brightness, all is fine
Knock the earthenware at sunsetting, attach to the skyline
Contented and happy, with loud singing of delight
Forget the sorrow and the approaching demise
Leave the lament, away from the things frightening

Sun rises, millions of golden needles, spreading the sunglow

Like fire burning, then suddenly collapse, disappearing in smoke

Tears pouring, mourning and bewailing, in honourable position

All will goes right with correction.

Be successful and achieves great ,the king's army for expedition

The enimy chief is killed, the foes are jailed as punishment

All is smooth and successful as the attachment

下經

The Second Book

31. 咸　Xian

一、易經爻辭

咸：亨，利貞；取女吉。

初六：咸其拇。

六二：咸其腓，凶；居吉。

九三：咸其股，執其隨，往吝。

九四：貞吉，悔亡；憧憧往來，朋從爾思。

九五：咸其脢，無悔。

上六：咸其輔頰舌。

二、卦解與注釋

（1）卦解

《咸》卦象徵感應。《咸》卦的卦像是艮（山）下兌（澤）上，為山上有澤之表像。上方的澤滋潤下面的山，而下方的山又承載並吸收上方的水澤，因而象徵相互的感應、交感。君子效法《咸》卦的山水相連，要以胸懷若谷的精神寬容感化他人。

（2）爻辭注釋

咸：《咸》卦象徵感應、交感。

利貞：利於守持正固。

取女吉："取"即"娶"。全句為：以正道結為夫妻吉祥。

鹹其拇：交感在腳拇趾上。說明初六的開始階段。

鹹其腓：腓（féi），小腿肚。交感在小腿肚上。

居吉：安居靜處可獲得吉祥。

鹹其股：股，大腿。交感在大腿上。

執其隨：執意盲從跟隨於人。

往吝：如此前進必有咎害。

悔亡：悔恨將消亡。

憧憧往來：憧（chōng）心意不定地交往。

朋從爾思：朋友終究順從你的思念。

鹹其脢：脢（méi），背脊肉。交感在背脊肉上。

鹹其輔頰舌：輔，臉頰上。輔頰舌指口頭言語。交感相應發生在口頭上。

（3）整卦解釋

鹹：《鹹》卦象徵交感，亨通，利於守持正固；以正道結為夫妻吉祥。

初六：交感相應在腳拇趾上。比喻欲動而未動。

六二：交感相應在小腿肚上，有兇險；安居靜處可獲得吉祥。

九三：交感在大腿上，執意盲從跟隨於人，如此前進必有咎害。

九四：守持正固可獲吉祥，悔恨將消亡，心意不定地頻頻交往，朋友最終順從于你的思想。

九五：交感在背脊肉上，無悔恨。比喻不能以心感應其下。

上六：交感相應發生在口頭上。"感"極而反，其應僅在口頭而已。

三、漢詩翻譯

天地交感，萬事亨通，利正固守持
以正道結為夫妻，甚為吉祥如意

感應在腳拇趾，欲動而未動，初始階段
感應在小腿肚，必有兇險
如獲吉祥，必處靜居安

感應在大腿，跟隨於人，盲從執意
如此行事，必有惋惜

守持正固，可獲吉祥，悔恨消亡
心意不定，頻頻交往
然友終究順從，感其思念恩長

感應在背脊，沒有悔恨不安
未以心感應其下，流於膚淺
感應在口頭，感極而反，泛泛空言

四、英詩翻譯（English Poetic translation）

The heaven and earth response, all will be prosperous
Positive and solid, to marry a lady in a way proper
There will be for you a fortune propitious

Response is on the toes
This is only the starting point on the road
Response is on the calves
there will be danger if you start
If you settle down in peace
There will be fortune with bright beam

Response is on the thighs
If you follow others to move, and act blindly
You will meet damager and be sympathized

Be positive and solid, there will be the boom
The regret will disappear and be bygones
If your mind is uncertain, but you still call response
Your friens will follow , because they are moved

Response is on the back, your mood is not bad
You are not sincere , the response is too shallow
Response is on the jaws and tongue ,and no actions
Eextremes meet, there is only empty discussion

32. 恒 Heng

一、易經爻辭

　　恒：亨，無咎，利貞，利有攸往。

初六：浚恒，貞凶，無攸利。

九二：悔亡。

九三：不恒其德，或承之羞，貞吝。

九四：田無禽。

六五：恒其德，貞；婦人吉，夫子凶。

上六：振恒，凶。

二、卦解與注釋

（1）卦解

　　《恒》卦象徵恒久。《恒》卦的卦像是巽（風）下震（雷）上，為風雷交加之表像。風雷相輔相成激蕩不已，相互持久作用，因而象徵恒久。君子效法之，堅守正道長久不變。

（2）爻辭注釋

恒：《恒》卦象徵恒久。

利貞：利於守持正固。

浚恒：浚（jùn），深也。深入追求恒久之道。

貞凶：守持正固以防風險。

無攸利：無所利益。

悔亡：悔恨消亡。

不恒其德：不能恒久地保持美好的品德。

或承之羞：時或有人施加羞辱。

貞吝：守持正固以防憾惜。

田無禽：田間狩獵沒有捕獲到禽獸。

恒其德：（六五）恒久保持柔順好品德。

婦人吉：婦人可獲吉祥。

夫子凶：男子必有兇險。

振恒：震動不安於恒久之道。

（3）整卦解釋

恒：《恒》卦象徵恒久，亨通，沒有咎害，利於守持正固，利於有所前往。

初六：深入追求恒久之道，守持正固以防兇險，否則無所利益。

九二：悔恨消亡。

九三：不能恒久地保持美好的品德，時或有人施加羞辱，守持正固以防憾惜。

九四：田間狩獵沒有捕獲到禽獸。

六五：恒久保持柔順之品德，守持正固；婦人可獲吉祥，男子必有兇險。

上六：震動不安於恒久之道，有兇險。

三、漢詩翻譯

長遠亨通恒久
守持正固，利於前行無咎

探恒久之道
守正固防險，不無益徒勞

守正恒久，悔恨全無
不保良德，便自取羞辱
以防憾惜，需守持正固

陽剛失正，田間狩獵，無獲禽獸，徒勞無益傷感
恒久保柔順之德，堅守不變
婦人可獲吉祥，然男子必有兇險
震動不安，非恒久之道，必有災難

四、英詩翻譯（English Poetic translation）

Long and permanent, prosperous
And nothing is to be improper
Positive and solid, there will be advantageous

Explore the law of permanence for improvement
Keep the right way to avoid the dangerous movement
You will not work in vain and have disappointment

Constant defending your correctitude

The regret will vanish and you will keep fine attitude

If you can not protect your morals for your actions

There would be on you the shame and exinanition

Be positive and solid, no regret and all will be functioned

If you lose your virtue of duration when you go hunting for the game

You would have no gain at all if you are not in your right place

If your virtue is permanent and submissive as your nature

The female will be auspicious, but man would have danger

If you are restless and shaky constantly, it is not the suitable way

Then there will be surely for you the misfortune and the failure

33. 遯 Dun

一、易經爻辭

遯：亨，小利貞。

初六：遯尾；厲。勿用有攸往。

六二：執之用黃牛之革，莫之勝說。

九三：系遯，有疾厲，畜臣妾，吉。

九四：好遯，君子吉，小人否。

九五：嘉遯，貞吉。

上九：肥遯，無不利。

二、卦解與注釋

（1）卦解

《遯》卦象徵退避。《遯》卦的卦像是艮（山）下乾（天）上，為天下有山之表像，象徵著隱讓退避。山似乎在步步增高，而天在步步後退，但天無論怎樣後退避讓，卻始終高踞於山之上。此卦寓意在於：君子應與小人始終保持一定距離，劃清彼此的界限，永遠超越高於小人。

（2）爻辭注釋

遯：《遯》卦象徵著隱讓退避。

小利貞：小指陰爻。弱小者利於守持正固。

遯尾：隱退不及而落在了末尾。

厲：有危險。

勿用有攸往：不宜有所前進。

執之用黃牛之革：執，束縛；用黃牛皮革制的帶子捆綁起來。

莫之勝說：說，通"脫"。沒有人可以解脫。

系遯：系，指心有所系，不得退避。

有疾厲：將有疾患與危險。

畜臣妾：臣，臣僕；妾：侍妾；蓄養臣妾。喻九三靠近六二，不能成大事。

好遯：指君子心懷戀情但身已經退避。

君子吉：君子吉祥。

小人否：小人不能辦到。

嘉遯：嘉美及時的退避。

肥遯：肥通"飛"，高飛遠退。

（3）整卦解釋

遯：《遯》卦象徵著隱讓退避，亨通，弱小者利於守持正固。

初六：隱退不及而落在了末尾；有危險。不宜有所前進。

六二：用黃牛皮革制的帶子捆綁起來，沒有人可以解脫。

九三：心有所系，不得退避，將有疾患與危險，蓄養臣妾，
　　　　吉祥。

九四：心懷戀情但身已經退避，君子吉祥，小人不能辦到。

九五：嘉美及時的退避，守持正固可獲吉祥。

上九：高飛遠退，無所不利。

三、漢詩翻譯

隱讓退避，可獲亨通順利，弱小者利正固守持

隱退不及，落在末尾
危險將至，不宜前進魯莽所為

身有所系，不可退避
如黃牛皮帶捆綁，牢固不可脫棄

心懷依戀，不得退避，將有危險病疾
親於所近，心系在下，為蓄養臣僕所拴，平安為是

心懷依戀不舍，幸身已退避
君子仍可吉祥，小人不成一事
居尊嘉美功已成，及時退避，吉祥正固守持
高飛遠退，無所不利

四、英詩翻譯（English Poetic translation）

Hidden back off and retreat, you will avoid the harm
Be positive and solid,the minor and weak will advance

If you fall behind, not in time to reteat
The danger would come, and you may not be capable to leave

If you are intangled in troubles and fastened tightly
As if to be tied with strap of yellow ox hide
You can not escape and move outside

Reluctant to retreat, with things in heart troubled
Illness and danger would surely occur and come
If you care your relatives and to your followers you are tied
You will be safe with them, but not accomplish the sizable

In front of the tangleness,the wise would escape
Yet the ordinary persons cannot be away
The noble would have suitable retreat, be positive and stable
Flying high and retreat far, nothing would be blamed

34. 大壯 Dazhuang

一、易經爻辭

　　大壯：利貞。
　　初九：壯於趾，征凶；有孚。
　　九二：貞吉。
　　九三：小人用壯，君子用罔；貞厲，羝羊觸藩，羸其角。
　　九四：貞吉，悔亡；藩決不羸，壯於大輿之輹。
　　六五：喪羊于易，無悔。
　　上六：羝羊觸藩，不能退，不能遂，無攸利；艱則吉。

二、卦解與注釋

（1）卦解

　　《大壯》卦象徵大為強盛。《大壯》卦的卦像是乾（天）下震（雷）上，為震雷響徹天空之表像，象徵大為強盛。《周易正義》曰："壯者，強盛之名；以陽稱大。陽長既多，是大者盛壯，故曰'大壯'。"然而君子應當嚴格要求自己，不可恃強好勝、越過規則界限去做非分之事。

（2）爻辭注釋

　　大壯：《大壯》卦象徵大為強壯。
　　利貞：利於守持正固。

壯於趾：強健在腳趾。

征凶：前進必有兇險。

有孚：應當誠信自守。

小人用壯：小人恃強好勝；只有小人才會不可一世，耀武揚
　　　　　威，盛氣凌人。

君子用罔：罔（wǎng），在这里做"不用"解；用罔即不用
　　　　　壯。君子雖強但不用。

貞厲：守持正固以防兇險。

羝羊觸藩：羝（dī）羊，牡羊。大羊頂觸籬笆。

羸其角：羸（léi），被纏繞住。把羊角纏繞卡住在籬笆中不
　　　　　得擺脫。

悔亡：悔恨必將消亡。

藩決不羸：決，開也。籬笆被撞開了一個口子，而羊角不被
　　　　　纏陷卡住。

壯於大輿之輹：壯，強壯；於，達到；大輿，大車；輹，車
　　　　　輪。強壯如同隆隆向前的大車輪子。

喪羊于易：易，通"場"，田畔；把羊丟失在了田畔。

不能退：不能退怯。

不能遂：不能前進。

無攸利：無所利益。

艱則吉：堅貞自守，就可獲得吉祥。

（3）整卦解釋

大壯：《大壯》卦象徵大為強壯，利於守持正固。

初九：強健在腳趾，前進必有兇險；應當誠信自守。

九二：守持正固可獲吉祥。

九三：小人恃強好勝，君子雖強但不用；守持正固以防兇險，大羊如果強行頂觸籬笆，羊角必被纏繞卡在籬笆中不得擺脫。

九四：守持正固可獲吉祥，悔恨必將消亡；就像籬笆被撞開了一個口子而羊角不被纏住，強壯如同隆隆向前的大車輪子。

六五：把羊丟失在了田畔，沒有悔恨。

上六：大羊頂觸籬笆，不能退怯，不能前進，無所利益；堅貞自守就可獲得吉祥。

三、漢詩翻譯

大為強壯，利正固守持
有兇險，勿前進，因強健僅在腳趾
當誠信自守，可獲吉祥如意

小人恃強好勝，君子雖強不用
守持正固，以防災禍險凶
大羊強頂籬笆，羊角被纏住
不得擺脫，卡在籬笆中

守持正固，可獲吉祥，悔恨將消亡
籬笆被撞開，羊角未被纏，如隆隆車輪前行，雄偉強壯

居位不正，羊失于田畔，然沒有悔恨可言
大羊抵籬，不能退卻，不能向前

無所利益，進退兩難
堅貞自守，可獲吉祥平安

四、英詩翻譯（English Poetic translation）

He is strong and powerful with his action
Yet he should keep his positive position
His strength is only in his toes
If he takes rash advance , it will bring him dangerous exposure
Be faithful and careful, he would get auspicious satisfaction

The mean man shows his power and is arrogant
The gentleman is powerful but does not show and act
This is the way to prevent evil and calamity
The horn of the ram is tangle when it gores against the fence
The ram could not escape because of its reckless defence

Be positive and solid, he 'll be lucky and nothing sad
The fence is opened, the horn is not tangled
How strong and powerful it is, like rumbling wheels of the waggon

The position is not right, the lamb is lost by the field
Yet nothing to regret and to feel
The ram gores against the fence
There is no advantage , he can neither advance nor retreat
Be resolute and persistent, there will be stable peace

35. 晉 Jin

一、易經爻辭

晉：康侯用錫馬蕃庶，晝日三接。

初六：晉如摧如，貞吉；罔孚，裕無咎。

六二：晉如愁如，貞吉；受茲介福，于其王母。

六三：眾允，悔亡。

九四：晉如鼫鼠，貞厲。

六五：悔亡，失得勿恤；往吉，無不利。

上九：晉其角，維用伐邑，厲吉，無咎；貞吝。

二、卦解與注釋

（1）卦解

《晉》卦象徵進長。《晉》卦的卦像是坤（地）下離（火）上，地上出現明亮的火冉冉上升，象徵進長、晉升，發展，預示著繁榮與昌盛。也啟示著君子要適時展示自己的才華與美德，發出自己的光與熱。

（2）爻辭注釋

晉：《晉》卦象徵進長。

康侯用錫馬蕃庶：康，尊貴也；錫，通"賜"；蕃庶：眾多。
　　尊貴的公侯受天子恩賜車馬眾多。

晝日三接：三，泛指多次。一日之內多次受到接見。

晉如摧如：如，語氣助詞。（初六）剛開始進長就遇到了障礙和阻攔。

貞吉：守持正固可獲吉祥。

罔孚：暫不能得到他人的理解與信任。

裕無咎：寬裕等待時間，沒有咎害。

晉如愁如：剛開始進長就滿面憂愁。

受茲介福：介，大也；將要享受大福及恩惠。

于其王母：於其，"由其"；王母，喻六五，祖母。來自王母（的大福）。

眾允：獲得眾人的認可和贊同。

悔亡：悔恨將會消失。

晉如鼫鼠：鼫（shí）鼠，也被稱作"梧鼠"，此鼠沒有一技精通。進長時就像是無一技之長的鼫鼠。

貞厲：守持正固以防危險。

失得勿恤：不必焦慮得失問題。

往吉：前往定獲吉祥。

晉其角：角，指獸角。比喻上九進長至極致，如高達獸角尖上一樣。

維用伐邑：維，語氣詞。用，助詞，意為"宜"。適宜征伐邑國。

厲吉：雖有危險，但仍可獲得吉祥。

貞吝：守持正固以防憾惜。

（3）整卦解釋

晉：《晉》卦象徵進長。尊貴的公侯受天子恩賜車馬眾多，一日之內多次受到接見。

初六：剛開始進長就遇到了障礙和阻攔，守持正固可獲吉
　　　祥；暫不能得到他人的理解與信任，暫且寬裕等待，
　　　沒有咎害。

六二：進長之際滿面憂愁，守持正固可獲吉祥；將要享受大
　　　福及恩惠，這福祉來自王母。

六三：獲得眾人的認可和贊同，悔恨將會消失。

九四：進長之時就像是無一技之長的鼫鼠，守持正固以防危
　　　險。

六五：悔恨消亡，不必焦慮得失問題；前往定獲吉祥，無所
　　　不利。

上九：進長至極致，如高達獸角尖一樣，適宜征伐邑國建功
　　　立業，雖有危險，但仍可獲得吉祥，沒有咎害；守持
　　　正固以防憾惜。

三、漢詩翻譯

明亮之火，冉冉上升，君子進長，發達興旺
公侯受賜，車馬眾多，一日之內，多次受賞

進長之初，遇到阻攔，守持正固，可獲吉祥
暫無理解與信任，可寬裕時間等待，咎害全無
進長之際，滿面憂愁，要獲吉祥，需守持正固
將享恩惠大福，福祉來自王母

獲眾人認可贊同，悔恨將會消除

進長之時，若無一技之長，就像無用鼫鼠

為防危險，需守持正固

悔恨消亡，不必焦慮得失；前往定獲吉祥，無所不利

進長至極致，似高抵獸角尖，適時征伐邑國，建立功績

雖有危險，但仍可獲吉祥，沒有咎害，應守持正固，以防憾惜

四、英詩翻譯（English Poetic translation）

Bright fire, gradually rises and upgrades

The gentleman gets promotion and pullulation

The marquis his rewards obtains

He gets horses and is called in by the king three times a day

At the beginning of promotion,there are troubles and setbacks

Be resolute and persistent, good luck would be back

If he gets no understanding and trust from others this while

He can wait for the admition and take his time

So that no trouble would occur and all will be right

During his promotion he was sad faced

Be resolute and persistent, good luck will be gained

The great fortune from his ancestress he will receive

From the people, he will get the agreement and admition

So the regret would disappear with completion

When he moves on, if he is like a timid marmot
If he is greedy and not a single skill held at this moment
He should be positive and solid, so to keep his promotion

The regret disappears, the gain and loss no longer to be worried
To promote and to win , nothing would be unfavorable
Promote to the highest point, as to touch the animal's horn
It is time for a punitive battle, defeat the rebels for the honour
Through the hardship to win promotion, nothing will be wrong
Be resolute and solid, there will be no regret at all

36. 明夷 Mingyi

一、易經爻辭

明夷：利艱貞。

初九：明夷於飛，垂其翼；君子于行，三日不食。有攸往，
主人有言。

六二：明夷，夷于左股，用拯馬壯，吉。

九三：明夷于南狩，得其大首；不可疾，貞。

六四：入于左腹，獲明夷之心，於出門庭。

六五：箕子之明夷，利貞。

上六：不明晦；初登於天，後入於地。

二、卦解與注釋

（1）卦解

《明夷》卦象徵"光明隕傷"。夷，傷也。《明夷》卦的卦像是離（火）下坤（地）上，光明的火被置於地下之表像，象徵著"光明隕傷"，故為"明夷"。此卦的寓意還可為：君子不顯露自己的才華與智慧，而在不知不覺中影響他人。

（2）爻辭注釋

明夷：《明夷》卦象徵"光明隕傷"。

利艱貞：利於在艱難困苦中堅守正道，守持正固。

明夷於飛：（鳥）光明隕傷時向外飛翔。

垂其翼：（鳥）低垂著翅膀飛。

君子于行：君子倉皇遠走退避。

三日不食：三天都顧不上吃飯。

有攸往：有所前往。

主人有言：主事的人有責怪之言。

夷于左股：左側大腿遭受損傷。

用拯馬壯：借助良馬拯濟。

明夷于南狩：光明隕傷時在南面狩獵。

得其大首：征戰時殲滅了敵方元首。

不可疾：不可操之過急。

入于左腹：退入左方腹部位置。

獲明夷之心：深入瞭解光明隕傷時的內中情況。

於出門庭：於是堅定地跨出門庭離去。

箕子之明夷：箕子：殷朝的貴族，箕子為避免被紂王殺害，把自己的聰明才智藏起來，佯狂以自晦其明。

不明晦：不發出光亮，而是帶來昏暗。

初登於天：初升起於天空。

後入於地：後來墜入地下。

（3）整卦解釋

明夷：《明夷》卦象徵"光明隕傷"，利於牢記艱難困苦，
　　　堅守正道，守持正固。

初九：（鳥）光明隕傷時向外飛翔，低垂著翅膀；君子倉皇
　　　遠走退避，三天都顧不上吃飯。有所前往，主事的人
　　　有責怪之言。

六二：光明隕傷時，左側大腿遭受損傷，借助良馬拯濟康復，
　　　吉祥。

九三：光明隕傷時在南面狩獵，征戰時殲滅了敵方元首；不
　　　可操之過急，應當守持正固。

六四：退入左方腹部位置，深入瞭解光明隕傷時的內中情
　　　況，於是堅定地跨出門庭離去。

六五：殷朝箕子的光明隕傷，利於守持正固。

上六：不發出光亮，而是帶來昏暗；初升起於天空，後來墜
　　　入地下。

三、漢詩翻譯

光明隕傷時，要牢記困苦艱難

利於堅守正道， 守持正固為安

光明隕傷時，鳥兒向外飛翔，低垂翅膀盤旋
君子倉皇遠走退避，三天顧不上就餐
他欲有所前往，但遭遇責怪之言

光明隕傷時，他左側大腿受傷
借助良馬拯濟康復，甚為如意吉祥

光明隕傷時，他狩獵在南方
他殲滅敵方元首，馳騁在疆場
但不可操之過急，守持正固吉祥

他退入左方腹部位置端詳
深入瞭解內中情況及隕傷
堅定跨出門庭高飛遠航

殷朝箕子光明隕傷
利於守持正固方獲安詳

昏暗顯現，光亮被遮蔽
然其初升於天空，後來墮落入地

四、英詩翻譯（English Poetic translation）

When the light is darkened, he should realize the hard times
The correct way is to persist, be positive and solid inside

When the light is darkened, the bird with drooping wings, flying low
The gentleman may have no food for three days , and he hurries to go
He may go somewhere, but people may blame and scold

When the light is darkened, he is wounded on his left thigh
With the strength of a horse for recovery, this may be a good sign

When the light is darkened, he goes hunting in a southward road
He gallops in the battle field and captures the head of the foe
He should not be impatient, but be positive and calmness to hold

He enters the left belly of the land in the dark
He comprehends the inner causes in detail of the harm
Then he firmly steps out of the gate and leaves and departs

Jizi of Yin dynasty covers his wisdom in the darkened light
It is beneficial for his persistance and he is solid and bright

The obscuration shows, covering the brightness early
It rises in the sky first, but at last falls deeply into the earth

37. 家人 Jiaren

一、易經爻辭

家人：利女貞。

初九：閑有家，悔亡。

六二：無攸遂，在中饋，貞吉。

九三：家人嗃嗃，悔厲，吉；婦子嘻嘻，終吝。

六四：富家，大吉。

九五：王假有家，勿恤，吉。

上九：有孚，威如，終吉。

二、卦解與注釋

（1）卦解

《家人》卦象徵一家人。《家人》卦的卦像是離（火）下巽（風）上，為風自火出之表像，外部的風是來自內部的火的；由此象徵著家庭的作用均產生於自己內部。故君子應當謹慎自己的言行，"君子以言有物而行有恆"（《象》），以此影響自己的家人。

（2）爻辭注釋

家人：《家人》卦象徵家庭。

利女貞：利於女子守正。

閑有家：閑，防也，防患於未然。防止邪惡，保有其家。

悔亡：悔恨消亡。

無攸遂：遂，成也。無所成就。

在中饋：饋（kuì），"中饋"指家中飲食之事。"在中饋"
　　　　指主管家中飲食事宜。

貞吉：守持正固可獲吉祥。

家人嗃嗃：嗃（hè）指由於治家過分嚴厲，導致家人的抱怨聲。

悔厲：悔恨、危險。

婦子嘻嘻：婦人兒童嬉笑聲。

終吝：終會遺憾。

富家："富"，動詞。意為增富。

王假有家：假（gě 舊讀音），至也，感格；君王用美德感格
　　　　眾人，然後保有其家。

勿恤：無需憂慮。

有孚：心存誠信。

威如：威嚴治家。

終吉：終會吉祥。

（3）整卦解釋

家人：《家人》卦象徵一家人；利於女子守正。

初九：防止邪惡，保有其家，悔恨消亡。

六二：無所成就，主管家中飲食事宜，守持正固可獲吉祥。

九三：治家過分嚴厲，導致家人的抱怨聲不絕於耳。儘管有
　　　悔恨、危險，但終將吉祥；聽任婦人兒童嬉笑，終會
　　　憾惜。

六四：增富其家，大為吉祥。

九五：君王用美德感格眾人，然後保有其家，無需憂慮，吉祥。
上九：心存誠信，威嚴治家，終會吉祥。

三、漢詩翻譯

一家人中，最要女子守正，家和萬事興旺
防止邪惡，保有其家，而後悔恨消亡
在家女子，無所專業成就，然主管飲食，守持正固，可獲吉祥
治家過嚴，家人抱怨，不絕於耳；有悔且險，但終將無恙
任婦兒嬉笑，終會憾惜惆悵
增富其家，大為吉祥
君王美德，感格眾人，保有其家，無需憂慮，家正而國昌
心存誠信，威嚴治家，大為吉祥

四、英詩翻譯（English Poetic translation）

The most advantageous of a family,the correctitude of the wife
Harmonious home, everything is thriving
Prevent the evil, the family is protected
Then there is no regret

Housewife without her own specialty, only for family cooking
Be positivew and solid, all will be favorable and smooth

If family regulation too strict, members would complain loud
This will cause regret and danger,but the result will be sound

If wife and the kids giggle and smirk, there will be regret next
Try to enrich the family's wealth, it will make the family blessed

The morality of the king, touches the members of the whole
The home will be protected, the anxiety will be thrown
Correctitude of the family, brings thriving growth
Be sincere at heart, strict with regulation, happiness to the home

38. 睽　Kui

一、易經爻辭

睽：小事吉。

初九：悔亡；喪馬，勿逐自複；見惡人，無咎。

九二：遇主於巷，無咎。

六三：見輿曳，其牛掣；其人天且劓。無初有終。

九四：睽孤；遇元夫，交孚，厲無咎。

六五：悔亡，厥宗噬膚，往何咎？

上九：睽孤，見豕負塗，載鬼一車，先張之弧，後說之弧；
　　　匪寇，婚媾；往遇雨則吉。

二、卦解與注釋

（1）卦解

《睽》卦象徵乖背睽違。《睽》卦的卦像是兌（澤）下離（火）上，為水火相遇之表像，象徵對立、不和、乖背睽違。此卦的教益在於君子處世當求大同，存小異。

（2）爻辭注釋

睽：（kuí），卦名。象徵違背、不和，乖背睽違。

小事吉：小心謹慎行動，可獲吉祥。

悔亡：悔恨消亡。

喪馬：馬匹走失。

勿逐自複：不用去追逐，等它自己回來。

見惡人：和顏接見對己敵視的人。

遇主於巷：在小巷裏碰到了主人。

見輿曳：見，看見；輿，指車；曳（yè），拖曳；看見大車被拖曳著行進。

其牛掣：掣（chè）牽制；駕車的牛被牽制不前進。

其人天且劓：人，趕車之人。天，作"而"講，"而"為古代剃削罪犯鬢髮之刑；劓（yì），古代割鼻之刑。駕車的人受了削髮割鼻之刑。

無初有終：起初乖睽，最終可達目的。

睽孤：乖背睽違，孤獨無援。

遇元夫：遇到了陽剛大丈夫。

交孚：相交以誠。

厲無咎：雖有危險，但卻能免遭禍害。

悔亡：悔恨消亡。

厥宗噬膚：厥（jué），代詞，其；宗：宗族內部人；"噬膚"
　　（shifū），咬噬柔弱的皮膚，比喻柔順平易的濟睽策略。

往何咎：前往有何咎害？

見豕負塗：好像看到豬背上塗有污泥。

載鬼一車：好像看到裝滿了鬼的車。

先張之弧，後說之弧：先是拉滿木弓，後來又放下了木弓。
　　說：放下。

匪寇：並非強盜。

婚媾：而是要與己婚配者。

往遇雨則吉：此時前往，遇到陰陽和合形成潤澤的雨，將會
　　獲得吉祥。

（3）整卦解釋

　睽：卦名。象徵違背、不和，乖背睽違。小心謹慎行動，
　　可獲吉祥。

初九：悔恨消亡；馬匹走失，不用去追逐，靜候它自己回來；
　　和顏接見對己敵視的人，無咎害。

九二：在小巷裏碰到了主人，沒有咎害。

六三：看見大車被拖曳著行進，駕車的牛也被牽制不前進；
　　駕車的人受了削髮割鼻之刑。起初乖睽，最終歡和。

九四：乖背睽違，孑然孤立；遇到了陽剛大丈夫，相交以誠，
　　雖有危險，但卻能免遭禍害。

六五：悔恨消亡，好比咬噬柔弱的皮膚般地實施柔順平易的
　　濟睽策略，前往有何咎害？

上九：乖背睽違至極，孑然孤立；好像看到豬背上塗有污泥，
　　又好像看到裝滿了鬼的車，先是拉滿弓箭，後來又放

下了弓箭；來者並非強盜，而是要與已婚配者；此時
前往，遇到陰陽和合形成潤澤的雨，將會獲得吉祥。

三、漢詩翻譯

乖背睽違，謹慎行為
可得吉祥欣慰

悔恨消亡；馬匹走失
不必去追，靜候其自歸
和顏悅色與惡人相會
並無咎害禍事

出門同趣，守謙順時
小巷遇主，自然順理

似見大車拖曳行進時
駕車老牛被制
恍如受刑削髮割鼻
起步乖睽，然而最終平安歡喜

乖背睽違，孑然孤立
遇見陽剛夫子
以誠相交，雖有危險，終無禍事

悔恨消亡，似咬噬柔膚，柔順平易

施濟暌策略，前往咎害何有之？

暌違至極，孤獨狐疑
似見豚背塗汙，又似撞見鬼車飛馳
先是拉滿木弓欲射，後又放下木弓巡視
原來並非強盜，來者欲求婚配佳麗
此時前往，遇陰陽和合，潤澤之雨，甚為吉祥如意

四、英詩翻譯（English Poetic translation）

Violation and opposition
Be cautious with his action
So things will be in a happy and auspicious position

Regret disappears and out fade
The horse is lost , he needs not to chase
Waiting quietly,it will be back itself again
Be kind and pleasant , talking with a bad man
Nothing would be wrong ,and no disasters happen

Be modest and takes his time, he goes out of the gate
With the same intention with his kind
He may meet his master in a lane
That is natural, no wonder to the sight

As if seeing the carriage is dragging on

The oxen driving are under the control

The driver a criminal, his forehead tattooed, nose off skived

The beginning is hard, yet the end will be fine

Violation and opposition, be alone and an isolated man

He meets with a upright gentleman with sincere manner

There is danger, but no disaster

Regret disappears and out fade

As if his close relative is biting on a piece of skin in scrape

It is soft , smooth and easy, in such a way

To carry out the policy of dealing with the violation

There is nothing to be blamed

Opposition to the extremeness, he is full of isolation and suspicion

As if seeing a pig with mud on its back arousing revulsion

And seeing a carriage full of ghosts racing away

He first bends his bow for shooting a game

Then he unbends his bow for watching afar

The comer is not a robber, but a suitor for a wedding to woo

Now he moves forward with good mood

Between the positive and negative, there is a harmony

Like the propitious rain, happy and smooth

39. 蹇 Jian

一、易經爻辭

蹇：利西南，不利東北；利見大人，貞吉。

初六：往蹇，來譽。

六二：王臣蹇蹇，匪躬之故。

九三：往蹇，來反。

六四：往蹇，來連。

九五：大蹇，朋來。

上六：往蹇，來碩；吉；利見大人。

二、卦解與注釋

（1）卦解

《蹇》卦象徵行走艱難。《蹇》（jiǎn）卦的卦像是（山）下坎（水）上，為山上積水之表像，象徵艱難險阻，行走困難，險阻重重。《象》曰：“山上有水，蹇；君子以反身修德。”本卦寓意在於：君子應當反省自我，努力提高自己的品德與修養，以利克服困難，渡過難關。

（2）爻辭注釋

蹇：《蹇》卦為山上積水之表像，象徵行走艱難，險阻重重。

利西南，不利東北：西南象徵平地，東北象徵山麓；利於向西南平地行走，不利於向東北山麓行走。

利見大人：利於出現大人。

往蹇，來譽：往，進也；來，退也。向前進會遇艱險，後退將得到讚譽。

王臣蹇蹇：臣，臣子、僕人；蹇蹇，努力奔走解難。君王的臣子努力奔走解難。

匪躬之故：躬，自身；不是為了自身之事。

往蹇，來反：往則遇艱險，歸來退居其所。

往蹇，來連：往則遇艱險，歸來又遇艱險。

大蹇，朋來：行走極為艱險，眾多朋友來相助。

往蹇，來碩：碩，碩大之功；向前行進艱險，歸來可建大功。

（3）整卦解釋

蹇：象徵行走艱難，利於向西南平地行走，不利於向東北山麓行走；利於出現大人，守持正固可獲吉祥。

初六：向前進進會遇艱險，歸來將得到讚譽。

六二：君王的臣子努力奔走解難，不是為了自身之事。

九三：往則遇艱險，歸來退居其所。

六四：往則遇艱險，歸來又遇艱險。

九五：行走極為艱險，眾多朋友來相助。

上六：向前行進艱險，歸來可建大功；吉祥；利於出現大人。

三、漢詩翻譯

行走艱難，利走西南，平地坦途
不利向東北，山麓崎嶇

利於出現大人，吉祥守持正固

前進遇艱險，歸來得讚譽
君王之臣子，努力奔走解難，非為自家事
往則遇艱險，歸來退居其所寓
往則遇艱險，歸來又遇阻
行走極為艱難，幸眾多朋友相助
前行艱險，歸來大功可建
甚為吉祥如意，利有大人出現

四、英詩翻譯（English Poetic translation）

Hard walking and treadding
It is advantageous to go to the southwest
With the royal road ahead
It is not advantageous to go to the northeast
With the foothills below rugged and uneven
It is beneficial for the great man to appear
Be positive and solid, good fortune to adhere

Advance meets adversity, while returning gains praise
The minister of the king, struggling against the troubles bravely
He fights not for his own reason and sake

Advance meets adversity,while returning has its former position
Progress meets hardships,to return ,meeting more hard privation

Advance meets great adversity, friends come to offer actions

To go on is hard, while returning back has great achievement

It will be good fortune, to see the appearance of the great men

40. 解　Jie

一、易經爻辭

解：利西南；無所往，其來複吉；有攸往，夙吉。

初六：無咎。

九二：田獲三狐，得黃矢；貞吉。

六三：負且乘，致寇至；貞吝。

九四：解而拇，朋至斯孚。

六五：君子維有解，吉，有孚於小人。

上六：公用射隼于高墉之上，獲之，無不利。

二、卦解與注釋

（1）卦解

《解》（jiě）卦象徵舒解危難。《解》卦的卦像是坎（水）下震（雷）上，坎又代表著雨水；雷雨交加時，萬物舒展生長，此卦由此象徵舒解危難。此卦寓意在於君子應當不計前嫌，心胸寬廣，仁愛待人，赦免那些有過錯者，寬恕那些犯過罪的，使其有改過自新的機會，在寬鬆的環境裏舒展生存，獲得解脫與新的生存希望。

（2）爻辭注釋

解：象徵舒解危難。

利西南：西南象徵"眾庶"之地；利於西南眾庶之地。

無所往：指沒有為難就無需前往舒解。

其來複吉：來複，返回；指返回安居其所為吉祥。

有攸往，夙吉：夙，早也。要有所前往，及早去可獲吉祥。

田獲三狐，得黃矢：田，田獵；三，泛指多個；狐，喻隱伏
　　之患；黃，中央正色，喻正道；矢為箭，轉意為正道；
　　黃矢，喻居中剛直。打獵時捕獲了多隻狐狸，又獲得
　　了黃色的箭矢。（象徵陽剛中和的美德）

負且乘，致寇至：背負重物又乘坐在大車上，必然招來強盜。

貞吝：守持正固可獲吉祥。

解而拇，朋至斯孚：而，汝也；斯，介詞，意為"乃"，"如
　　此"；孚，誠信。舒展你的大腳拇指（那樣擺脫小人
　　的糾纏），朋友就會前來坦誠相助。

君子維有解：維，語氣助詞；君子能夠舒解危難。

有孚於小人：孚，誠信；甚至能用誠信感化小人。

公用射隼于高墉之上：公，指"王公"；隼（sǔn），惡鳥；
　　墉（yōng），高牆，城牆；王公用箭去射盤踞在高高
　　城牆上的惡鳥。

（3）整卦解釋

解：象徵舒解危難。利於西南眾庶之地；沒有危難就無需
　　前往舒解，返回安居其所為吉祥；出現危難要有所前

往，及早去可獲吉祥。

初六：（因艱險初解）沒有咎害。

九二：打獵時捕獲了多隻狐狸，又獲得了黃色的箭矢；守持正固可獲吉祥。

六三：背負重物又乘坐在大車上，必然招來強盜；守持正固以防憾惜。

九四：像舒展你的大腳拇指（那樣擺脫小人的糾纏），朋友就會前來坦誠相助。

六五：君子能夠舒解危難，吉祥，甚至能用誠信之德感化小人。

上六：王公用箭去射盤踞在高高城牆上的惡鳥，一箭射中，無所不利。

三、漢詩翻譯

舒解危難；利走西南眾庶地
沒有危難，無需前往舒解
返回安居，甚為吉祥如意
出現危難，要有所往，及早前去為吉

初解艱險，沒有咎害
打獵捕獲多隻狐狸
又獲金色箭矢
守持正固，可獲安逸

背負重物，乘坐大車，強盜被引至

守持正固，以防憾惜
擺脫小人糾纏，如舒展腳拇指
朋友前來相助，感念其誠意

舒解危難有君子
以誠信之德，感化小人，消解危急
王公射獵，瞄準高牆惡鳥
一箭射中，無所不利

四、英詩翻譯（English Poetic translation）

To relieve the troublesome and dangerous
It is beneficial to go to the southwest, a place of the populous
If there is no jeopardy, no need to go for the relief
Returning back to settle, it will be auspicious
When there is jeopardy, advance is needed
The early action will be prosperous

For the relief of the difficulty at the frist state
Nothing is to be blamed
Several foxes are caught as the hunting games
Also get the golden arrows
Be positive and solid, the good fortune is added

A man carries his package
He rides on a carriage

He is noticed and invites the robbers

Be positive and solid, so to get rid of the bothers

Shake off the ravelment of the mean men

As if to unfold your toes

Then the friends woud come to mend

With sincerity and honesty, he will onward go

The gentlemen work for the relief of the situation arduous

They have morality and nobility, dealing with the hardships

The mean men would be influenced, adversity declines

The lord shoots at the hawk, which is on the wall high

When it is a hit and all is fine

41. 損 Sun

一、易經爻辭

損：有孚，元吉，無咎，可貞，利有攸往。曷之用？二簋
可用享。

初九：已事遄往，無咎；酌損之。

九二：利貞，征凶；弗損益之。

六三：三人行，則損一人；一人行，則得其友。

六四：損其疾，使遄有喜。無咎。

六五：或益之十朋之龜，弗克違，元吉。

上九：弗損益之；無咎，貞吉，利有攸往，得臣無家。

二、卦解與注釋

（1）卦解

《損》卦象徵著"減損"。《損》卦的卦像是兌（澤）下艮（山）上，為山下有澤之表像。澤水越深則山愈見高，其義為"損下益上"，故象徵著"減損"。此卦的寓意及哲理在於：君子當抑制自己粗暴的脾氣，減少世俗的欲望，摒棄低級趣味，以此來追求高尚的品格和道德。

（2）爻辭注釋

損：卦名。象徵"減損"。

有孚：心存誠信。

元吉：至為吉祥。

可貞：可以守持正固。

利有攸往：利於有所前往。

曷之用？：曷（hé），疑問代詞，意為"何"。何所為用？

二簋可用享：簋（guǐ），是古代中國用於盛放煮熟飯食的器皿，也用作禮器，圓口，雙耳。流行於商朝至東周，是中國青銅器時代標誌性青銅器具之一。享：奉獻，獻祭給神靈。祭祀之禮，有八簋、四簋的，二簋，比喻微博之物。二簋淡食奉獻給神靈就夠了。

已事遄往：已，竟也，意為"告成"。事：當指修養之事。遄（chuán），迅速。完成了自己之事就迅速前往輔助尊者。

酌損之：指初九斟酌減損自己的剛質。

利貞：利於守持正固。

征凶：急於求進則有兇險。

弗損益之：指九二不用自我減損就可有益於上。

三人行，則損一人：三人，文中指六三之上三陰。三人同行
　　　欲求一陽，必將損此陽剛一人。

一人行，則得其友：一人獨行專心求之，就能得到此友。

損其疾：疾，指六四思戀初九之相思之疾；自我減損思戀的
　　　疾患。

使遄有喜：遄，迅速；能夠迅速接納陽剛必有喜慶。

或益之十朋之龜：十朋，古時候貨幣單位，雙貝為一朋，十
　　　朋為二十貝。有人送來價值十朋的大寶龜。

弗克違：不能辭謝。

弗損益之：不必自我減損就可使他人受益。

得臣無家：得到廣大臣民的擁戴而不限於一家。

（3）整卦解釋

　損：象徵減損。心存誠信，至為吉祥，沒有咎害，可守持
　　　正固，利於有所前往。減損之道如何體現？二簋淡食
　　　奉獻給神靈就夠了。

初九：完成了自己之事就迅速前往輔助尊者，沒有咎害；斟
　　　酌減損自己的剛質。

九二：利於守持正固，急於求進則有兇險；不用自我減損就
　　　可有益於上。

六三：三人同行欲求一陽，必將損此陽剛一人；一人獨行專

　　　心求之，就能得到此友。

六四：自我減損思戀的疾患，能夠迅速接納陽剛必有喜
　　　慶。沒有咎害。

六五：有人送來價值十朋的大寶龜，不能辭謝，至為吉祥。

上九：不必自我減損就可使他人受益；沒有咎害，守持正固
　　　可獲吉祥，利於有所前進，得到廣大臣民的擁戴而不
　　　限於一家。

三、漢詩翻譯

斟酌減損，損下益上
心存誠信，必無咎害，甚為吉祥
守持正固，利有所前往
減損之道體現
二簋淡食，奉獻神靈足矣
唯有心誠專志

己事已畢，前往迅速
輔助尊者，咎害必無
酌損己之剛質，增進柔性質樸

利守持正固，若急於求進，則有兇險
剛中自守，自然益上，不必自減

三人同行，欲求一陽，必損此陽
一人獨行，專心求之，可得此友陽剛

自我減損，不去思戀疾患
速納陽剛，必有喜慶，沒有咎險

柔順虛中，以尊位居，高貴軒昂
獲贈十朋神龜，無法辭謝，甚為吉祥

不必自我減損，便使他人受益
必無咎害，守持正固
利有所前往，隨心如意
得臣民擁戴，廣惠千家萬戶

四、英詩翻譯（English Poetic translation）

Weigh and consider the loss and the damage
For increasing the superior, to decrease the lower ragged
Sincerity at heart, nothing will goes wrong
All will be advantageous and there is no fault

Be positive and solid, moving forward
For the derogation,what is the function and award
Two baskets of plain food serve for the sacrifice of dedication
The sincerity will be quite enough as the oblation

Accomplish his own attainment
Quickly goes for the advancement

Assisting the senior above, there will be no condemnation

Decreases his own virility, increases the gentle constitution

It is advantageous to be positive and rigid

If he is in a hurry, there will be dangers and risks

Be positive and solid, it is natual the upper above to benefite

He needs not to decrease his own interest and profit

Three men together go on traveling and meet one fellow

They want to make friend with him they come across on road

But the one they meet is surely harmed by them

One man goes on travelling alone with sincerity, he gets the friend

Self decrease, getting rid of his ailment and affection

To accept quickly the positive qualification

There will be the happiness and no incrimination

Be gentle and submissive, in the proper position

With dignity and noble spirit, in a high location

He is presented with divine turtle of Ten Peng's price

He could not refuse it, and this is his fortune and a good sign

It's not necessary to decrease himself and for others to increase

Be positive and solid, nothing would goes wrong

There will be advance and good fortune to win the people

He will get the support from his ministers, to benefite the all

42. 益 Yi

一、易經爻辭

益：利有攸往，利涉大川。

初九：利用為大作，元吉，無咎。

六二：或益之十朋之龜，弗克違，永貞吉；王用享于帝，吉。

六三：益之用凶事，無咎；有孚中行，告公用圭。

六四：中行告公從，利用為依遷國。

九五：有孚惠心，勿問元吉；有孚惠我德。

上九：莫益之，或擊之；立心勿恒，凶。

二、卦解與注釋

（1）卦解

《益》卦象徵"增益"。《益》卦的卦像是震（雷）下巽（風）上，為風雷激蕩，相得益彰之表像，象徵"增益"。本卦的寓意可為：君子看見善行就傾心嚮往、向它看齊；有了過錯就迅速改正，由此不斷增益自身的優秀品質。

（2）爻辭注釋

益：象徵"增益"。

利有攸往：有利於有所前往。

利用為大作：利於大有作為。

元吉：至為吉祥。

或益之十朋之龜：有人送來價值十朋的大寶龜。

弗克違：沒有辦法辭退。

永貞吉：永久守持正固可獲吉祥。

王用享於帝：帝指天帝；君王正在祭祀天帝祈求降福。

益之用凶事：之，助詞；凶事，指救凶平險之事。受益甚多
　　　應當去助人解除危難和災禍。

有孚中行：心存誠信，持中慎行。

告公用圭：圭（guī），古時祭祀、朝聘時卿大夫等手持的玉
　　　器以表示"信"。像進見王公時一定要手執象徵守信
　　　的玉圭一樣。

中行告公從：持中慎行致意于王公，必能使其言聽計從。

利用為依遷國：遷國，上古有遷徙國都以避開禍害之舉。利
　　　於依附君王遷都益民。

有孚惠心：惠心指施惠天下之心。心懷真誠守信施惠天下之
　　　心。

勿問元吉：毫無疑問是至為吉祥的。

有孚惠我德："我"指九五"；"惠我德"意為"天下感慧
　　　我的恩德"。整句意為："天下人必將真誠守信地感
　　　慧報答我的恩德"。

莫益之，或擊之：沒有人增益他，有人攻擊他。

立心勿恒，凶："立心"即"居心"；"恒"意為"安"；
　　　是說上九居心不能安其位，惟貪得無厭求益不已，故
　　　有兇險。

（3）整卦解釋

　益：象徵"增益"，利於有所前往，利於涉越大江大河。

初九：利於大有作為，甚為吉祥，沒有咎害。

六二：有人送來價值十朋的大寶龜，沒有辦法辭退，永久守
　　　持正固可獲吉祥；君王正在祭祀天帝祈求降福，吉祥。

六三：受益甚多應當去助人解除危難和災禍，沒有咎害；心
　　　存誠信，持中慎行，

像進見王公時一定要手執象徵守信的玉圭一樣。

六四：持中慎行致意于王公，必能使其言聽計從，利於依附
　　　君王遷都益民。

九五：心懷真誠守信施惠天下之心，毫無疑問是至為吉祥
　　　的；天下人必將真誠守信地感慧報答我的恩德。

上九：沒有人增益他，有人攻擊他；其心不能安其位，惟貪
　　　得無厭求益不已，故有兇險。

三、漢詩翻譯

風雷激蕩，相得益彰
增益慧下，與時皆行向上
利涉大江河，有所前往
沒有咎害，利大有作為，甚為吉祥

得贈十朋大寶龜，無法謝絕推辭
永久守持正固，可獲吉祥如意
君王祭祀天帝
祈求降福，吉祥福祉

受益甚多時，應去助人解難
消除災禍，必無咎害兇險
心存誠信，持中慎行
如進見王公，手執玉圭，虔誠恭敬

持中慎行，致意王公
公必言聽計從，利依附君王，遷都益民之事
心懷真誠，守信施惠天下，甚為吉祥如意
天下必感其慧心，真誠守信，報答善行恩寵

未獲增益，反陷攻擊爭戰
若不安其位，貪得無厭
則求益不得，定有兇險

四、英詩翻譯（English Poetic translation）

Surging is the wind and the thunder
For moving and completing one another
They increase and benefite the lower, forward with the times
It is advantageous to go on , to cross the rive great and wide
It is the time great achievement to make
It is profitable and nothing is to be blamed

He gains ten Pengs worth of a turtle divine
And he is unable to return and decline

Be positive and solid forever, it will be all right
The king is presenting to gods his sacrifice
He is impetrating the blessings and fortune's arriving
It is a very advantageous and fortunate a sign

He should benefit the ordinary and the poor, if a lot he gains
To help others to rid the disaster, that will be profitable to make
Be loyal and persist for the practice on the golden mean
Like the jade tablet in hands respectfully, to see princes and lord
Be fare and do proper things, follow the lord with awe
The lord will listen to his advise with willingness and is pleased
This will be advantageous for him the lord to support

As well as to move the capital and benefite the nation
With sincerity and loyalty , there will be success great
People will render back to the lord, grateful hearts and feeling
If no one will increase benefite to him, but will him to decrease
That is because he is not stable in his position,and is greedy
It is such a dangerous and evil sign, warning for caucious deed

43. 夬　Guai

一、易經爻辭

夬：揚于王庭，孚號有厲；告自邑，不利即戎；利有攸往。

初九：壯於前趾，往不勝為咎。

九二：惕號，莫夜有戎，勿恤。

九三：壯於頄，有凶；君子夬夬獨行，遇雨若濡，有慍，無咎。

九四：臀無膚，其行次且；牽羊悔亡，聞言不信。

九五：莧陸夬夬，中行無咎。

上六：無號，終有凶。

二、卦解與注釋

（1）卦解

《夬》卦象徵決斷。《夬》卦的卦像是乾（天）下兌（澤）上，為五陽共決上六一陰，故象徵決斷。根據《象》詞，乾（天）下兌（澤）上，為湖水蒸發上天，即將化為暴雨傾盆而下。此表像為決斷。君子當向下層民眾廣施恩德，而不可高高在上，遭人嫉恨。

（2）爻辭注釋

夬：意為“決斷”。

揚于王庭：揚，宣揚、宣佈；在君王的宮廷之上當面宣佈小
　　　　　人的罪過予以制裁。

孚號有厲：號，號令；心懷誠信地號令眾人戒備危險。

告自邑：頒佈政令告示於邑。

不利即戎：即戎，指興兵出師；不利於興兵出師用武力解決。

利有攸往：利於有所前往。

壯於前趾：強盛在腳趾的前端。

往不勝為咎：冒進前往不能取勝反而導致咎害。

惕號：號，呼號；警戒呼號。

莫夜有戎，勿恤：莫（音 mù），即暮。深夜對付來犯者也
　　有準備，有備無患不必擔憂。

壯於頄，有凶：頄，（qiú），顴骨；強壯在臉顴骨上，怒
　　形於色，必有兇險。

君子夬夬獨行：夬夬（guài guài），剛毅果斷；君子應當剛
　　毅果斷獨自前行（與小人周旋，待時決除）。

遇雨若濡，有慍，無咎：若，語氣詞；濡（rú），沾濕，潤
　　澤；慍（yùn），怒，怨恨；遇到下雨身體沾濕，
　　甚至受人嫌疑被人慍怒，但最終能制服小人不遭
　　咎害。

臀無膚：臀部失去了皮膚。

其行次且：次且（zī jū），古雙聲連綿詞，意為趑趄、猶豫
　　不進，行走困難。

牽羊悔亡，聞言不信：牽，牽制聯繫；羊，強健剛勁之物，
　　這裏指九五；如果能夠牽系著羊（陽剛強健的尊者），
　　悔恨必將消亡；無奈聽了此言的人並不相信。

莧陸夬夬，中行無咎：莧（xiàn）陸，草名，即今為馬齒莧
　　的草；毅然決然地決斷，懲處小人就像剷除莧陸草一
　　樣，只要居中行正則無咎害。

無號，終有凶：放聲嚎啕大哭也無用，兇險難逃。

（3）整卦解釋

毅然決斷：在君王的宮廷之上當面宣佈小人的罪過予以制
　　裁。心懷誠信地號令眾人戒備危險；頒佈政令告示於
　　邑，不利於興兵出師用武力解決；利於有所前往。

初九：強盛在腳趾的前端，冒進前往不能取勝，反而導致咎

害。

九二：警戒呼號，深夜對付來犯者也有準備，有備無患不必
　　　擔憂。

九三：強壯在臉顴骨上，怒形於色，必有兇險；君子應當剛
　　　毅果斷獨自前行（與小人周旋，待時決除），遇到下
　　　雨身體沾濕，甚至受人嫌疑被人慍怒，但最終能
　　　制服小人不遭咎害。

九四：臀部失去了皮膚，跟蹌難進，行走困難；如果能夠牽
　　　系著羊（陽剛強健的尊者），悔恨必將消亡；無奈聽
　　　了此言的人並不相信。

九五：毅然決然地決斷行事，懲處小人就像剷除莧陸草一
　　　樣，只要居中行正則無咎害。

上六：小人（上六陰爻）淩高作惡，必受處罰。放聲嚎啕大
　　　哭也無用，兇險難逃。

三、漢詩翻譯

毅然決斷，宮廷之上，宣佈小人罪過，予以制裁明示
心懷誠信，號令眾人，戒備危險；頒佈政令，告示於邑
利有所前進，但不利興兵出師，無需付諸武力

強盛在腳趾，冒進前往，不能取勝，反致咎害責難
警戒呼號，深夜應敵，有備無患，擔憂不必
強壯在臉顴骨，怒形於色有險；君子剛毅果斷，獨自向前
與小人周旋，待時決除，遇雨身沾濕，遭人慍怒，受人嫌疑
制服小人，沒有咎害禍患

臀部失皮膚，跟蹌向前，行走困難
若牽系於羊，依賴陽剛強健之尊，悔恨消亡；無奈聽者有疑
決斷行事，懲處小人，如除莧草，居中行正，無咎害禍患
小人凌高作惡，必受處罰，嚎啕大哭無用，難逃兇險

四、英詩翻譯（English Poetic translation）

He exhibites firmly in royal court the evil man's crime
Appealing for the just punishment and sanction
Cherishing integrity, he warns the people the danger's arriving
He puts out for the people of the city announcement and notifacation
It is favorable to forward, but not the time for military action

When his strength is only on the toes
He hurries to make a rash advance and going
He will not succeed but only brings dangers frightening
Appealing for vigilance, against the enemy's offence at night
If he is prepared, he would be safe and nothing bad is showed

When his strength is only on the cheekbone
With determined looks he takes action bold
There must be dangers and errors of blindness
A gentleman should be resolute and decisive
Walking his own way singleminded

Dealing with the mean men, waiting for making actions

He is wet walking in the rain, but there is still condemnation

Finally he will override the mean man,no blames and suspicion

When the skin has been stripped off from his buttocks

He staggers along slowly and is tottering

If only he could follow the strong ram,there will be no argument

But a pity the listener would not believe, there is disagreement

With strong determination he punishes the man mean

Like to uproot the amaranth grass, be upright with his deed

So nothing is to be blamed and complained

The mean man on the top goes to his end of labouring in vain

he cries and wails but no use, he is to be punished and no escape

44. 姤 Gou

一、易經爻辭

　　姤：女壯，勿用取女。

　　初六：系于金柅，貞吉；有攸往，見凶，羸豕孚蹢躅。

　　九二：包有魚，無咎；不利賓。

　　九三：臀無膚，其行次且；厲，無大咎。

九四：包無魚，起凶。

九五：以杞包瓜，含章，有隕自天。

上九：姤其角；吝，無咎。

二、卦解與注釋

（1）卦解

《姤》卦象徵"相遇"。《姤》卦的卦像是巽（風）下乾（天）上，為天下刮著風，風吹遍天地間各個角落，與萬物相遇之表像。如風吹佛大地一樣，君王應頒佈法令通告天下四方。

（2）爻辭注釋

姤：象徵"相遇"。

女壯，勿用取女：取，通"娶"；如果女子過分強盛，則不宜娶來作妻。言此卦六爻中"一女遇五男"之象，故稱"女壯"，不宜娶此女。

系于金柅：金，"剛"之寓意；柅（nǐ），即剎車器；緊系在剛硬堅固的剎車器上。

有攸往，見凶：如急於前行，必有兇險。

羸豕孚蹢躅：羸豕（shǐ），羸弱之豕，指"牝豬"；孚，通"浮"；蹢躅（zhí zhú），通"躑躅"，不安分地徘徊之狀；像羸弱的牝豬一樣，輕浮躁動不能安靜。

包有魚：包，通"庖"，廚房；廚房裏發現了一條魚。

不利賓：不利於用來宴請賓客。

臀無膚：臀部失去了皮膚。

其行次且：次且（zī jū），通"趑趄"猶豫不進，行走困難。

無大咎：沒有嚴重咎害。

包無魚：廚房裏失去了一條魚。

起凶：興起爭執必有兇險。

以杞包瓜：杞，一種高大的樹；用高大的杞樹枝葉蔽護樹下的甜瓜；象徵九五居尊位，而小求賢才。

含章，有隕自天：含，藏；章，章美；隕，降也；內心含藏章美，必有稱心的相遇自天而降。

姤其角，吝，無咎：角，角落；遇見空蕩的角落，心有憾惜，但沒有咎害。

（3）整卦解釋

姤：象徵"相遇"。如果女子過分強盛，則不宜娶來作妻。

初六：緊系在剛堅的剎車器上，守持正固，可獲吉祥；如急於前行，必有兇險，像羸弱的牝豬一樣，輕浮躁動不能安靜。

九二：廚房裏發現了一條魚，沒有咎害；但不利於用來宴請賓客。

九三：臀部失去了皮膚，跟蹌不進，行走困難；有危險，但沒有嚴重咎害。

九四：廚房裏失去了一條魚，興起爭執必有兇險。

九五：用高大的杞樹枝葉蔽護樹下的甜瓜，內心含藏章美，必有稱心的相遇自天而降。

上九：遇見空蕩的角落，心有憾惜，但沒有咎害。

三、漢詩翻譯

風吹遍天，萬物相遇，女子過強，不宜作妻

緊系剛堅剎車器，守持正固，可獲吉祥如意
急於前行，必有兇險，如羸弱牝豬，輕浮躁動，不得安逸
廚房現魚一條，沒有咎害；但不利請客設宴
臀部失膚，跟蹌不進，行走困難；雖無大礙，但有危險
廚房失魚一條，引發爭執，必有兇險
高大杞樹，枝葉茂盛，蔽護樹下瓜甜
如內心含藏章美，必有稱心相遇，從天而降
遇空蕩角落，心有憾惜，但無咎害禍殃

四、英詩翻譯（English Poetic translation）

The wind blows through the sky, everything encounters and meets
If a girl is too arrogant , she is not suitable to be a wife indeed
Tie and fasten to a strong brake, be positive and stable
To him it will be advantageous and safe
If he hurries to move ,there will be danger
He should not be frivolous and agitative, like a swine lean
As if nothing could be quiet and there is no peace

A fish is found in the kitchen, nothing is to be blamed
But it is not suitable to treat the guests and serve the mates
The skin is lost from his buttocks,he is staggering and unstable
nothing is serious but it will be dangerous

A fish is lost from the kitchen, dissension amd dangers rise
Like the leaves of the huge medlar tree

Shielding the melon underneath

If he keeps the upright and bright nature inside

There must be a beautiul encounter falling from the sky

If he encounters nobody in a the empty corner of the wild

He will have regret but nothing bad would arrive

45. 萃 Cui

一、易經爻辭

萃：亨；王假有廟，利見大人，亨利貞，用大牲吉，利有
攸往。

初六：有孚不終，乃亂乃萃；若號，一握為笑；勿恤，往無
咎。

六二：引吉，無咎；孚乃利用禴。

六三：萃如嗟如，無攸利；往無咎，小吝。

九四：大吉，無咎。

九五：萃有位，無咎，匪孚；元永貞；悔亡。

上六：齎咨涕洟，無咎。

二、卦解與注釋

（1）卦解

《萃》卦象徵聚合。《萃》卦的卦像是：坤（地）下兌（澤）

上，為地上有湖澤。地上的細水流都涓涓不斷地聚匯入湖澤中之，故象徵聚合。在聚合時，往往會泥沙俱下、魚龍混雜，所以君子當謹慎識別，以防變故。

（2）爻辭注釋

萃：象徵聚合。

王假有廟：假，意為"感格"，君王用美德感格神靈，以保
　　　　　有廟祭。

利見大人：利於出現大人。

亨利貞：亨通且利於守持正固。

用大牲吉：用大牲做祭品獻祭能夠帶來吉祥。

利有攸往：利於有所前往。

有孚不終，乃亂乃萃：乃，語氣詞；誠信不能始終如一，必
　　　　　將導致行為紊亂，與人妄聚。

若號，一握為笑：如果專注一心向上呼號，就能有陽剛朋友
　　　　　握手歡笑。

勿恤：不必憂慮。

往無咎：前往必無咎害。

引吉：引，牽引；受人牽引相聚可獲吉祥。

孚乃利用禴：禴（yuè）為春祭（古代四季祭祀之一，為較微
　　　　　薄之祭）；只要內心存有誠信，即使微薄的禴祭也利
　　　　　於獻享神靈。

萃如嗟如：如，語氣詞，無意；嗟，嘆詞，表示憂感；相聚
　　　　　無望只有歎息。

無攸利：無所利益。

往無咎：前往將無咎害。

萃有位：聚集時居於尊貴高位。

匪孚：沒有廣泛取信於眾。

元永貞：指尊位者應當久遠堅定地守持正固。

悔亡：悔恨必將消亡。

齎咨涕洟：齎（qí）；齎咨,疊韻連綿詞，謂悲歎聲；洟（yí），鼻涕；涕洟，痛哭流涕；哀歎聲聲，痛哭流涕；

（3）整卦解釋

萃：象徵聚合。亨通；君王用美德感格神靈，以保有廟祭；利於出現大人，亨通且利於守持正固，用大牲做祭品獻祭能夠帶來吉祥，利於有所前往。

初六：誠信不能始終如一，必將導致行為紊亂，與人妄聚；如果專注一心向上呼號，就能有陽剛朋友握手歡笑；不必憂慮，前往必無咎害。

六二：受高人牽引相聚可獲吉祥，沒有咎害；只要記憶體誠信，即使微薄的禴祭也利於獻享神靈。

六三：相聚無人只有歎息；無所利益；前往將無咎害，但是小有憾惜。

九四：（九四下乘三陰，無位而得眾心，）大為吉祥，沒有咎害。

九五：聚集時居於尊貴高位，沒有咎害，但還沒有廣泛取信於眾；尊位者應當久遠堅定地守持正固；悔恨必將消亡。

上六：（上六處爻之終，窮極無應，求聚不得，故）哀歎聲聲，痛哭流涕，可免咎害。

三、漢詩翻譯

溪水聚合，泥沙俱下，不拒細流涓涓
君王美德感神靈，以保廟祭延綿
利出現大人，甚為亨通，守持正固
大牲獻祭，帶來吉祥，利有所向前

誠信不一，與人妄聚，必致紊亂
專注一心，向上呼號，則有陽剛朋友，握手言歡
不必憂慮，前往無咎害災難
受高人指引，相聚吉祥，沒有咎害災難
心存誠信，即使微薄禴祭，也可獻享神靈，天地可鑒

相聚無人，只有歎息
無所利益；前往無咎，小有憾惜
無位而得民心眾望
沒有咎害，大為吉祥
占居高位，沒有咎害災難
但若未取信於眾；當堅定久遠
守持正固；悔恨消亡

窮極無應，求聚不得，聲聲哀歎
痛哭流涕，然咎害終可免

四、英詩翻譯（English Poetic translation）

Big and small, the rivers and brooks all aggregate
With mud and sand all mingled and carried away
For the protection of the temple, the king goes to pray
His morality will move the gods, for protecting the nation
For meeting the great man,it is the time and advantageous
If he uses big cattle as the offerings, it is for him a great favour
To move forward,there is nothing to be blamed

He is sincere but not persistent, so there must be a chaos
And the gethering would be in disorder and no good gradation
If he is sincere and calls out , the true friends would aggregate
They would laugh and shakehands,nothing will be blamed

If he is led by a noble man,the gethering would be delightful
There will be no harm at all, and if he is sincere and upright
Even the small offerings of the vernal sacrifice will be all right

If there is no one for the gethering, there is only sighs
Nothing is profitable, but also no blames and criticising
Though it would be a little bit regret and compunction
He stands on an unprepossessing place but wins people's trust
It will be a great fortune and nothing goes wrong and unjust

He stands high with dignity and nothing to be blamed

But he is not sincere enough and no trust from the nation

He would be positive , regret would vanish without a trace

He rises to the extreme high position, but no one replies

He desires to the gethering but on one on him relies

He is sighing and weeping with sorrow and pains

But there will be nothing to be blamed and complained

46. 升 Sheng

一、易經爻辭

升：元亨，用見大人，勿恤，南征吉。

初六：允升，大吉。

九二：孚乃利用禴，無咎。

九三：升虛邑。

六四：王用亨於岐山，吉，無咎。

六五：貞吉，升階。

上六：冥升，利於不息之貞。

二、卦解與注釋

（1）卦解

《升》卦象徵上升。《升》卦的卦像是巽（風）下坤（地）上，風向上升，故此卦象徵上升。而巽又象徵高大的樹木。樹木

由幼小樹苗長成參天大樹，就是上升的過程。由此，君子應當順
應自然規律來培養自己的品德與增長自己的知識，像樹木的生長
一樣，日積月累，每天都學習進步成長，逐步成就自我為具有高
大完美人格、具有專業知識的人才。

（2）爻辭注釋

升：象徵上升。

元亨：甚為亨通。

用見大人：用，指“宜”；宜於出現大人。

勿恤：不須憂慮。

南征吉：南，象徵光明；向光明的南方進發會有吉祥。

允升：允，當也，宜於；宜於上升。

孚乃利用禴：只要心存誠信，即使微薄的禴祭也利於獻享神靈。

升虛邑：虛，空也；上升到空曠的城邑，暢通無阻。

王用亨於岐山：王，當指殷王；亨，通“享”，祭祀；岐山，
　　　　陝西岐山縣東北，古有周朝君王在此築城作邑；君王
　　　　來到岐山祭祀神靈。

貞吉：守持正固可獲吉祥。

升階：猶如沿階上升。

冥升：指上六居坤陰之極，有昏昧至甚仍然上升之象。

利於不息之貞：利於不停息地守持正固。

（3）整卦解釋

　升：象徵上升。甚為亨通，宜於出現大人，不須憂慮，向
　　　光明的南方進發會有吉祥。

初六：宜於上升，大為吉祥。

九二：只要心存誠信，即使微薄的禴祭也利於獻享神靈，沒有咎害。

九三：暢通無阻地上升猶如長驅直入空曠的城邑。

六四：君王來到岐山祭祀神靈，吉祥，沒有咎害。

六五：守持正固可獲吉祥，如沿著臺階步步上升。

上六：昏昧至甚卻仍然上升，利於不停息地守持正固。

三、漢詩翻譯

步步上升，甚為亨通，宜現大人，無須憂慮
向南方進發，必有光明幸福

宜於上升，大為吉祥如意
心存誠信，即使微薄禴祭，也可獻享神靈，咎害全無
暢通無阻，空城長驅直入

君王到岐山祭神，甚為吉祥，咎害全無
守持正固，可獲吉祥，如沿階梯上升步步
昏昧至甚，但仍然上升，須永不停息，守持正固

四、英詩翻譯（English Poetic translation）

Step by step pushing upward, prosperous and triumphant
It is beneficial for the great man to arrive
So nothing is to be worried about
Expedition towards the south

It will bring good fortune and brightness

Pushing upwards is advantageous, a thing fortunate and bright
If he is sincere, even a small offerings of the vernal sacrifice
Will be all right and nothing is to be blamed and accused
The pushing forward is so smooth, as if he enters a city evacuated

The king goes to the Qi Mountain, for his offerings to gods
This is fortunate and nothing would be blamed and talked
Positive and solid for success, to the top rising along
Step by step , up ascending ,pushing forward in the dark even
Be positive and solid, a ceaseless up moving forever to keep

47. 困 kun

一、易經爻辭

困：亨；貞，大人吉，無咎；有言不信。

初六：臀困於株木，入于幽谷，三歲不覿。

九二：困于酒食，朱紱方來，利用享祀；征凶，無咎。

六三：困于石，據於蒺藜；入于其宮，不見其妻，凶。

九四：來徐徐，困于金車，吝，有終。

九五：劓刖，困於赤紱；乃徐有說，利用祭祀。

上六：困于葛藟，於臲卼；曰動悔有悔，征吉。

二、卦解與注釋

（1）卦解

《困》卦象徵困頓。《困》卦的卦像是坎（水）下兌（澤）上，水在澤下，為澤中無水之表像，故象徵困頓。君子應當在困境中不氣餒不妥協，為實現自己的目標頑強抗爭。

（2）爻辭注釋

困：《困卦》象徵困頓。

大人吉：大人可獲吉祥。

有言不信：處於困頓之時，有所言但難取信於人。

臀困於株木：株，樹幹；株木，沒有枝葉的樹；臀部困在沒有枝葉的樹下。

入于幽谷：退到幽深的山谷裏。

三歲不覿：覿（dí），見也；多年不見露面。

困於酒食：酒食困乏缺少。

朱紱方來：紱（fú）為古代祭祀的飾帶；"朱紱"喻為"榮華富貴"；榮華富貴即將到來。

利用享祀：利於主持宗廟祭祀的大禮。

征凶，無咎：困頓時進取雖多兇險，但沒有咎害。

困于石：困在巨石下。

據於蒺藜：蒺藜（ji li），一年生草本植物，果實有刺；憑據在蒺藜上。

入于其宮，不見其妻：宮，居室；"見其妻"，意為"配人為妻"；即使退回自己居室，也不能配人為妻。

來徐徐，困于金車：姍姍來遲，被一輛金車困阻。

劓刖：（yì yuè），古時割鼻斷足的刑罰。

困於赤紱：赤紱，這裏指九五的尊位；九五被困擾於自己的
　　　　尊位。

乃徐有說：徐，漸漸地；說，通“脫”；但可以漸漸擺脫困頓。

利用祭祀：利於舉行祭祀。

困于葛藟，於臲卼：葛藟（lěi），藤類植物；臲卼（niè wù），
　　　　搖晃不安、危險即將墜落之地；全句為：困于葛藟藤
　　　　蔓之間，又困於搖搖欲墜的動盪不安之中。

曰動悔有悔，征吉：曰，發語詞，當“思量”講；想一想吧，
　　　　既然後悔了就要趕快悔悟，這樣向前進發，必有吉祥。

（3）整卦解釋

　困：象徵困頓。努力抗爭必能亨通；應當守持正固，大人
　　　可獲吉祥，沒有咎害；處於困頓時，有所言但難以取
　　　信於人。

初六：臀部困在沒有枝葉的樹下，只好退到幽深的山谷裏，
　　　多年不見露面。

九二：酒食困乏缺少，榮華富貴即將到來，利於主持宗廟祭
　　　祀的大禮；困頓時進取雖多兇險，但沒有咎害。

六三：困在巨石下，憑據在蒺藜上；即使退回自己的居室，
　　　也見不到配人為妻，有兇險。

九四：姍姍來遲，被一輛金車困阻，有所憾惜，但最終能如
　　　願以償。

九五：施用割鼻斷足的刑罰治理民眾，以致被困於尊位；但
　　　可以漸漸擺脫困頓，利於舉行祭祀。

上六：困于葛藟藤蔓之間，又困於搖搖欲墜的動盪不安之
　　　中；想一想吧，既然後悔了就要趕快悔悟，這樣向前
　　　進發，必有吉祥。

三、漢詩翻譯

陷入困頓，奮力抗爭，必能亨通平安
守持正固，大人可獲吉祥，沒有咎害禍亂
處困頓時，有所訴說，然難取信於眾家

臀部困在無枝葉樹下端
無奈退入幽深峽谷山澗
不得露面多年

酒食匱乏缺失，然榮華富貴將現
利主持宗廟祭祀，困頓時進取向前
並無咎害，雖多兇險艱難

困在巨石下，纏繞在蒺藜間
即使退回己室，也不見配人妻，定會有兇險
姍姍來遲，被金車困阻，有所憾惜，但終能如願

割鼻斷足刑罰治眾，困于尊位高臺端
漸漸擺脫困頓，利舉行祭祀大典

困于葛藟藤蔓，搖搖欲墜不安

低頭沉思，幡然悔悟，向前進發，吉祥平安

四、英詩翻譯（English Poetic translation）

Fall and being trapped, struggling hard extremely
There will be prosperous and is succeed
Be positive and solid,there is fortune for the man great
Nothing is to be blamed
When he is in trouble, he can some things to say
But no one will listen and receive

He is like a man with his buttocks stranded under a bare tree
He cannot help but trapped in the valley deep
For many years he can not be out and see

Of wine and food he is in want and lack
Yet the wealth and honor would be on hand
It will be advantageous to offer sacrifice
To make progress while in trouble and hassle
Though nothing is to be blamed but there is hazard

He is like a man blocked by the rocks
He is trapped among the thistles and thorns
Even he untreads into his own chamber
He can not see his wife there and there is danger
If he comes slowly,be blocked by a golden carriage

There is regret, but finally he will be satisfied

He practises the punishment for control
He breaks their feet and cuts their noses
Because of his cruelty, he is stranded on the high place
From the oppression, gradually he will escape
To offer sacrifice, it would be a favour

He is oppressed by the vines and creepers
On a high tottering spot he is uneasy
Lowering his head to think, errors and repents he would see
It will be fortunate for him to go forward with brave deed
There is prosperous future and he will succeed

48. 井 Jing

一、易經爻辭

井：改邑不改井，無喪無得，往來井井。汔至亦未繘井，
　　羸其瓶，凶。
初六：井泥不食，舊井無禽。
九二：井穀射鮒，甕敝漏。
九三：井渫不食，為我心惻；可用汲，王明並受其福。

六四：井甃，無咎。

九五：井洌，寒泉食。

上六：井收，勿幕；有孚，元吉。

二、卦解與注釋

（1）卦解

《井》卦象徵水井。《井》卦的卦像是巽（風）下坎（水）上。巽（風）下斷，《巽》卦代表一陰爻潛入二陽爻之下，表示一陰深入二陽剛之下，有深入向下、向內發展的趨勢。故《巽》卦正象為風，而風行廣闊，無孔不入；故《巽》卦象徵著一種飄動而有滲透性的事物。而上與《坎》結合為《井》卦，賦予水井具有取之不盡用之不竭之含義。

（2）爻辭注釋

井：象徵水井，具有取之不盡用之不竭之含義。

改邑不改井：改，遷移；邑，城市，都城，舊指縣，古代諸
　　　　侯分給大夫的封地；改遷城邑不會改變水井。古人認
　　　　為"井以不變為德者也"。

無喪無得：指井水不會枯竭也不會溢滿，井德"有常"。

往來井井：來來往往的人反復不斷地以井為用，井有其"養
　　　　物不窮"之德。

汔至亦未繘井：汔（qì），接近；繘（jú），義為"出"；
　　　　汲水時將水瓶提至井口尚未出井。

羸其瓶：羸，覆也；水瓶傾覆了。

井泥不食：井底污泥不可食用。

舊井無禽：舊，通"久"；年久失修的老井連禽鳥都不來光顧。

井榖射鮒："井谷"，井中出水之穴竅也；鮒（fù），小魚；
　　　井底容水的穴竅被作為射取小魚之用。

甕敝漏：甕，古代汲水器；汲水的甕敝敗破漏了。

井渫不食：渫（xiè），掏去井裏的污泥；水井污泥被掏淨卻
　　　不飲用。

為我心惻：使我心中隱隱淒惻。

可用汲：可快汲取這清水。

王明並受其福：君王賢明君臣共享福澤。

井甃（zhòu）：井壁也；這裡指用磚石加固維修井壁。

井冽（liè）：井水清澈。

寒泉食：涼爽的泉水可供人飲用。

井收，勿幕：收，成也；幕，遮蓋。水井的功德已成，不要
　　　蓋上井口。

有孚，元吉：心懷誠信，至為吉祥。

（3）整卦解釋

　井：象徵水井。改遷城邑不會改變水井，井水不會枯竭也
　　　不會溢滿，來來往往的人反復不斷地以井為用。汲水
　　　時將水瓶提至井口尚未出井，水瓶傾覆了，必有兇險。

初六：井底污泥不可食用，年久失修的老井連禽鳥都不來光顧。

九二：井底容水的穴竅被作為射取小魚之用，汲水的**甕敝敗**
　　　破漏了。

九三：水井污泥被掏淨卻不飲用，使我心中隱隱淒惻；可快
　　　汲取這清水，君王賢明君臣共享福澤。

六四：用磚石加固維修井壁，沒有咎害。

九五：井水清澈，涼爽的泉水可供人飲用。

上六：水井的功德已成，不要蓋上井口；心懷誠信，至為吉祥。

三、漢詩翻譯

改城不改井，井水不枯不溢，來往人以井為用
汲水提瓶至井口，尚未出井瓶傾覆，功虧一簣，必有險凶

井底污泥，不可食用，年久失修，禽鳥不屑一顧
井底穴竅，被作射魚之用，汲水甕敝，敗破滴漏

水井泥汙，掏淨卻不用
使我心中隱淒惻，請快汲取清泉甘露
君王賢明，君臣共用，福澤泉湧

磚石加固，維修井壁，咎害全無
井水清澈，涼爽宜人，可供飲取

水井功德已成，無須井蓋遮住
心懷誠信，廣施井養之德，吉祥幸福

四、英詩翻譯（English Poetic translation）

The city changes but the well will not change
The well water neither withers nor inundates
People can all enjoy the well, coming and going
He draws the water from the well ,with a jug tied on a rope

He keels over the jug when it is about to be out from the well

Just one step short of completion, a great regret

The well with mud no one would like to drink

For years it lacks repair, birds will not visit

Someone shoots fishes at the well hole for amusement

And the jug for drawing water is leaking and all confused

The mud of the well is cleaned, but still no one cares

My heart is full of sadness and despair

Please come to draw the clear water like amrita

If the king is virtuous and wise, he would call all to share

There will be blessings like spring water surging deep

The well is repaired, stones are used to reinforce its wall

And nothing is to be blamed any more

The well water is limpid and cool

It is profitable to drink and enjoy for all

When the well's meritis achieved

The well cover should always be relieved

With loyalty at heart, the virtues of the well to spread

There will be supreme blessings and happiness to possess

49. 革 Ge

一、易經爻辭

革：巳日乃孚，元亨，利貞，悔亡。

初九：鞏用黃牛之革。

六二：巳日乃革之，征吉，無咎。

九三：征凶，貞厲；革言三就，有孚。

九四：悔亡，有孚改命，吉。

九五：大人虎變，未佔有孚。

上六：君子豹變，小人革面；征凶，居貞吉。

二、卦解與注釋

（1）卦解

《革》卦象徵變革。《革》卦的卦像是離（火）下兌（澤）上，為澤中有火之表像。水火相克相生，由此產生變革。君子應當勵志圖新，勇於變革，與時俱進。

（2）爻辭注釋

革：象徵變革。　　巳日乃孚：巳日，當變之機。古代以"十干"記日，"巳"正當"十干"之中，故有"恰逢時機"、"恰到好處"之象徵意義。在巳日進行變革並取信於民。

悔亡：悔恨將會消逝。

鞏用黃牛之革：鞏，固也；黃，中之色；牛之革，堅韌守常
　　　不變之物。用黃牛的皮革牢固束縛住，比喻在變革之
　　　始，應固守常規不可妄為。

巳日乃革之：在巳日待變之際，果斷進行變革。

征吉：前往必有吉祥。

征凶：急於求進必會有兇險。

貞厲：守持正固以防備危險。

革言三就：言，語氣助詞；三，泛指多番；就，俯就；指變
　　　革初見成效需多番俯就人心，安定大局。

有孚：心存誠信。

悔亡：悔恨已消逝。

有孚改命：改命，即革除舊命；心存誠信以改革舊命。

大人虎變：大人像猛虎一般進行變革。

未佔有孚：占，有疑而問；未占，無須置疑；毫無疑問必能
　　　昭顯誠信的美德。

君子豹變：君子像斑豹那樣助成變革。

小人革面：面，朝向；“革面”意為改變傾向；指大局已定
　　　時，小人紛紛順應改變傾向。

居貞吉：靜居持正守固，可獲吉祥。

（3）整卦解釋

　革：象徵變革。在巳日進行變革並取信於民，至為亨通，
　　　利於守持正固，悔恨必將消亡。

初九：用黃牛的皮革牢固束縛住。比喻在變革之始，應固守
　　　常規不可妄為。

六二：在巳日待變之際，果斷進行變革，前往必有吉祥，沒
　　　有咎害。

九三：急於求進必會有兇險，守持正固，以防危險；變革初
　　　見成效需多番俯就人心安定大局，心存誠信。

九四：悔恨已消逝，心存誠信以改革舊命，甚為吉祥。

九五：大人像猛虎一般進行變革，毫無疑問必能昭顯誠信的
　　　美德。

上六：君子像斑豹那樣助成變革，大局已定時小人紛紛順應
　　　改變傾向；此時繼續激進不止必有兇險，靜居持正守
　　　固，可獲吉祥。

三、漢詩翻譯

在巳日變革，取信於民，至為亨通吉利
利守持正固，悔恨必消失

變革之始，不可妄為
須固守常規
如用黃牛皮革，牢固束縛

巳日待變之際，果斷進行變革，前往必有吉祥，咎害全無
急於求進，必有兇險，以防危險，需守持正固
變革初見成效，需多番俯就人心，心存誠信，安定大局

悔恨消逝，心存誠信，改革舊命，甚為吉祥
大人變革如猛虎，毫無疑慮，誠信美德，昭顯高揚

君子助成變革像斑豹，大局已定，小人紛紛順應，改變傾向
此時繼續激進，定有兇險，宜於靜居。持正守固，可獲吉祥

四、英詩翻譯（English Poetic translation）

Reform at the right time, for building the credibility of the country
Positive and solid, the regret would be left as noting
It will be very prosperous and lucky

At the beginning of the reform and change
Self-centered and willful will not be favoured
You should be caucious and stick to the convention
Like to be wrapped in the hide of a yellow cow for discretion

The time for reform comes,we should be decisive and work hard
Reform and advance will bring profite, there will be no harm
If in a hurry for reform, there will be danger indeed
Be just and positive, when the reform initially succeed
You need more condescending actions towards people
Be trustful and stabilize the position
The regret will vanish, all will be smooth for the revolution .

The great man changes like a tiger
He is resolute and decided
His virtue of honesty is eminent and well recognised
The gentleman changes like a leopard

He assists the reform and change to go forward

When the situatuion is settled, following the men mean

And the direction will be influenced and reformed

Radical move will meet danger,it is right to settle down in peace

Be positive and solid, there is fortune to see

50. 鼎 Ding

一、易經爻辭

鼎：元吉，亨。

初六：鼎顛趾，利出否；得妾以其子，無咎。

九二：鼎有實；我仇有疾，不我能即，吉。

九三：鼎耳革，其行塞，雉膏不食；方雨虧悔，終吉。

九四：鼎折足，覆公餗，其形渥，凶。

六五：鼎黃耳金鉉，利貞。

上九：鼎玉鉉，大吉，無不利。

二、卦解與注釋

（1）卦解

《鼎》卦象徵鼎器。《鼎》卦的卦象為巽（風）下離（火）上，是烹飪之鼎器的象徵。君子應當像鼎一樣端正敦實穩當，鼎的容量又象徵養賢聚能，故君子應謙虛謹慎，禮賢下士，知人善用，秉承鼎的美德象徵意義。

（2）爻辭注釋

鼎：鼎器的象徵。

鼎顛趾：鼎足顛翻。

利出否：否，廢物；利於倒掉廢物。

得妾以其子：妾，喻初六；子，喻九四；娶妾生子扶作正室。

鼎有實：鼎中盛滿食物。

我仇有疾，不我能即：我，九二；仇，指匹配；即，就也；
　　　"不我能即"，意為"不能就我"；我的配偶身有疾
　　　患，暫不能來加重我的負荷。

鼎耳革，其行塞：鼎器的耳部變異，插杠舉移的途徑堵塞。

雉膏不食：雉（zhì）野雞；雉膏，指"野雞羹"；野雞羹不
　　　得獲食。

方雨虧悔：方，將要、待到；雨：象徵陰陽調和；虧，消也；
　　　待到陰陽調和的雨出現才能消釋悔恨。

鼎折足：難承重負，鼎的足折斷了。

覆公餗,其形渥：覆，傾覆；公，代詞，指九四爻；餗（sù），
　　　粥；形，鼎身；渥（wò），沾濡；王公的美食全被傾
　　　覆，鼎身沾濡齷齪。

鼎黃耳金鉉：黃，中之色，喻六五柔中；金，剛堅之物；鉉
　　　（xuàn），舉鼎的器具，即"鼎杠"。鼎配著黃色的
　　　鼎耳，插著上堅固的鼎杠。

鼎玉鉉：鼎配著玉制的鼎杠。

（3）整卦解釋

鼎：鼎器的象徵。至為吉祥，亨通。

初六：鼎足顛翻，利於倒掉廢物；娶妾生子扶作正室，沒有咎害。

九二：鼎中盛滿食物；我的配偶身有疾患，暫不能來加重我的負荷，吉祥。

九三：鼎器的耳部變異，插杠舉移的途徑堵塞，野雞羹不得獲食；待到陰陽調和的雨出現才能消釋悔恨，終將吉祥。

九四：鼎器難承重負，足部折斷了，王公的美食全被傾覆，鼎身沾濡齷齪，兇險。

六五：鼎配著黃色的鼎耳，插上堅固的鼎杠，利於守持正固。

上九：鼎配著玉制的鼎杠，大為吉祥，無所不利。

三、漢詩翻譯

端正敦實，大鼎美哉；至為吉祥，甚為亨通
鼎足顛翻，廢物倒出；娶妾生子，扶作正室，沒有抱怨

鼎內盛滿食物；配偶身有疾患
病者缺席，沒有遺憾，因負荷不再增添

鼎器耳部變異，插杠舉移堵塞，不得獲食雞羹美餐
須待陰陽調和之雨，方得悔恨消釋，可獲吉祥平安
鼎難承重負，足部折斷
王公佳餚傾覆，鼎身沾濡齷齪，甚為兇險

鼎配黃色鼎耳，插上堅固鼎杠，利守持正固安然
鼎配玉制鼎杠，大為吉祥，無往不前

四、英詩翻譯（English Poetic translation）

Upright and solid, the cauldron great
It is very auspicious, and favorable

The cauldron overthrows and its feets turn up
It is favorable to spill the dregs out and throw the trash
It is just like that of a fortunate thing of marriage
A concubine is accepted as a legal wife because of her son
All is right and there is no worry
The cauldron is full of food,the spouse is ill and absent
It is good thing for her absence, for no further load to add

The handle of the cauldron is broken and damaged
It is hard and difficult to move the cauldron away
Delicious flesh of pheasants inside,but can not be tasted
Till it rains ,there is harmony,the regret will gone and vanish

The cauldron bears too heavy, the feet are broken
The rulers' delicious food overturne and are thrown
The cauldron is smeared, an sign ominous showed

The cauldron is with yellow ears and poles ruggedized

It is favorable to be positive ,and remains stable

The cauldron is with jade poles and is advantageous

Nothing will be unforetunate and all is right

51. 震 Zhen

一、易經爻辭

震：亨。震來虩虩，笑言啞啞；震驚百里，不喪匕鬯。

初九：震來虩虩，後笑言啞啞；吉。

六二：震來，厲；億喪貝，躋於九陵，勿逐，七日得。

六三：震蘇蘇，震行無眚。

九四：震遂泥。

六五：震往來，厲；億無喪，有事。

上六：震索索，視矍矍，征凶；震不于其躬，於其鄰，無咎；
　　　婚媾有言。

二、卦解與注釋

（1）卦解

《震》卦象徵雷聲震動。《震》卦的卦像是震（雷）下震（雷）
上，為雷聲相互重疊，雷聲大為震動的象徵。君子從此卦獲取處
變不驚的教訓，以及面對驚恐震驚之事的應對之道。

（2）爻辭注釋

震：《震卦》象徵雷聲震動。

震來虩虩：虩虩（xìxì），形容恐懼的樣子；驚雷震動時，
　　萬物惶恐畏懼。

笑言啞啞：啞（è），笑聲；指恐懼之後，能夠謹慎保福，從
　　而可獲笑聲。

震驚百里，不喪匕鬯：百里，指地域之廣；匕，勺、匙之類
　　的食器；鬯（chàng）祭祀所用酒名；"匕鬯"代指"祭
　　祀"；君王的教令像雷一樣震驚百里，宗廟祭祀由此
　　長延不絕。

震來，厲：驚雷震動，有危險。

億喪貝，躋於九陵：億，大，副詞；貝，古代錢幣；躋（jī），
　　登也；九,陽極之數，比喻"高"；九陵，指峻高之陵；
　　丟失大量錢財，應當登到峻高的九陵之上去躲避。

勿逐，七日得：不去追尋，待到七天自會失而復得。

震蘇蘇，震行無眚：蘇蘇，不安也；眚（shěng）災難，疾苦；
　　雷震時驚恐不安，但因警懼而謹慎行事，則不會有災
　　禍。

震遂泥：遂，墜也；雷震動時因驚慌失措而墜陷泥汙中。

震往來，厲：雷動之時上下往來均有危險。

億無喪，有事：億，大也；"大無喪"即"萬無一失"；事，
　　指祭祀之事；故整句意為：以畏懼之心慎守中道就能
　　萬無一失，可以常保祭祀盛事。

震索索，視矍矍：索索，為"嗦嗦"，指因雷動驚恐而畏縮
　　難行；矍矍（jué），雙目左右顧盼驚顧不安之狀。

征凶：貿然進取必遭兇險。

震不于其躬，於其鄰，無咎：躬，自身；當雷威未震及自身，
　　　才及于近鄰時，就早作好戒備，則不致受害。
婚媾有言：有言，意為產生言語紛爭；若謀求婚配則會有言
　　　語紛爭。

（3）整卦解釋

震：《震》卦象徵雷聲震動，可致亨通。驚雷震動時，萬物
　　　惶恐畏懼，若能夠謹慎保福，就可獲笑聲；君王的教
　　　令像雷一樣震驚百里，宗廟祭祀由此長延不絕。
初九：驚雷震動時，萬物惶恐畏懼，恐懼之後，能夠謹慎保
　　　福，從而可獲笑聲；吉祥。
六二：驚雷震動，大有危險；丟失大量錢財，應當登到峻高
　　　的九陵之上去躲避，不去追尋，待到七天自會失而復得。
六三：雷震時驚恐不安，但因警懼而謹慎行事，則不會有災禍。
九四：雷震動時因驚慌失措而墜陷泥汙中。
六五：雷動之時上下往來均有危險；以畏懼之心慎守中道就
　　　能萬無一失，可以常保祭祀盛事。
上六：雷動驚恐而畏縮難行，雙目左右顧盼驚顧不安，貿然
　　　進取必遭兇險；當雷威未震及自身，才及于近鄰時，
　　　就要早作好戒備，則不致受害；若謀求婚配則會有言
　　　語紛爭。

三、漢詩翻譯

雷聲震動，可致亨通平安
驚雷震動，萬物惶恐畏懼，謹慎保福，笑聲連連

君王教令，如雷震驚百里，宗廟祭祀，不絕長延

驚雷震動，萬物惶恐畏懼，謹慎保福，甚為吉祥，笑聲連連
驚雷震動，大有危險；捨棄錢財，登上九陵高峰，避災禍危難
莫去追尋錢財，七天過後，失而復得自返
雷震驚恐，謹慎行事，可保平安
雷震震動，驚慌失措，墜陷污濁泥潭

雷動之時，上下往來，均有危險
以畏懼之心，慎守中道，咎害以免
保萬無一失，祭祀盛事延綿
雷動驚恐，畏縮難行，雙目左右顧盼
環顧不安，貿然進取，必遭兇險
雷威未震及身，才及近鄰，就作好戒備，咎害可免
當極懼之時，急於求婚配，必有紛爭語言

四、英詩翻譯（English Poetic translation）

Thunderclaps, good sign of success and delight
All is terrified bacause of the roaring of the thunders
Be cautious for the blessings, appear the laughters
The decretal of the king, like the thunder roaring for miles
It will last forever, for the offering of the temple sacrifices

The thunder is roaring, all is terrified
Be cautious for the blessings, there will be good sign

Then you will have laughters delighted

The thunder is roaring, there is catastrophe great

Climbing up to the mountain, his treasures to abnegate

For avoiding the jeopardy and danger

Do not pursue the lost treasures, it will be regained in seven days

The thunder is roaring, the whole world is terrified

Be cautious for the actions, the peace is arrived

The thunder is roaring, all is in panic

He is so frightened he falls into a mire and morass

The thunder is roaring, for up and down going, all is in danger

If you are with respect and fear in heart

Be cautious and the golden mean remains

You will be safe and the sacrifices of gods will last

The thunder is roaring, all is in quail

He is so frightened he glances around and hides away

With timid movement in a trembling way

There will be danger, if he hasty action takes

The thunder is roaring, all is in quail

The thunder has not near him,but reach the neighbours

If he gets ready as the precautions, there will be no danger

The thunder is roaring, all is in quail

If he is in a hurry to pursue marriage celebration

There must be talks and blames

52. 艮 Gen

一、易經爻辭

　　艮：艮其背，不獲其身；行其庭，不見其人，無咎。

初六：艮其趾，無咎，利永貞。

六二：艮其腓，不拯其隨，其心不快。

九三：艮其限，列其夤，厲熏心。

六四：艮其身，無咎。

六五：艮其輔，言有序，悔亡。

上九：敦艮，吉。

二、卦解與注釋

（1）卦解

　　《艮》卦象徵抑止。《艮》卦的卦像是艮（山）下艮（山）上，為兩座山重疊之表像，而山有"靜止"之意，故象徵抑止。君子學習艮道，自我抑止內心可能出現的邪惡，所思所慮不越位。像大山一樣靜穆深沉，達到至善境地，堅定不移，巍然不動。

（2）爻辭注釋

艮：象徵抑止。

艮其背：是說抑止人的邪惡欲望，應當在其人尚未察覺到是
　　　　“邪惡”時，就在不知不覺中制止住。猶如抑止於其
　　　　“背後”，使被止者還不知道那“邪惡”為何物時就
　　　　被制止了。

不獲其身：是說“其身不得面向所止之處”；被止者自身不
　　　　至於面對“邪惡”。

行其庭，不見其人：被止者行走在庭院裏，也兩兩相背，互
　　　　不見對方所止之邪惡。

艮其趾：抑止在腳趾邁出之前。

利永貞：利於永久守持正固。

艮其腓：抑止小腿的運動。

不拯其隨：拯，通“承”，意為“舉步上承”；沒能舉步上
　　　　承本應跟隨的人。

其心不快：心中不愉快。

艮其限，列其夤，厲熏心：限，指人體上下交界處的腰部；列，
　　　　通“裂”；夤（yín）“夾脊肉也。”抑止腰部的行動，
　　　　斷裂脊背的肉，危難將像熊熊烈火一樣熏灼其心。

艮其身：身，指上身；抑止身體上部不使其動。

艮其輔：輔，上牙床，這裏指“口”；抑止其口不使亂說。

言有序：說話有條理。

悔亡：悔恨消亡。

敦艮：以敦厚品德抑止邪欲。

（3）整卦解釋

艮：象徵抑止。抑止人的邪惡欲望，應當在其人尚未察覺
　　到是"邪惡"時就采取行動，猶如抑止於其"背
　　後"，被止者自身不至於面對"邪惡"；猶如被止者
　　行走在庭院裏，也兩兩相背，互不見對方所止之邪惡
　　行其庭，這樣就無咎害。

初六：抑止在腳趾邁出之前，必無咎害，利於永久守持正固。

六二：抑止小腿的運動，沒能舉步上承本應跟隨的人，當行
　　　不得行，心中不愉快。

九三：抑止腰部的行動，以致撕裂了脊背的肉，危難像熊熊
　　　烈火一樣熏灼其心。

六四：抑止身體上部不讓其妄動，沒有咎害。

六五：抑止其口不使亂說，說話有條理，悔恨消亡。

上九：以敦厚品德抑止邪欲，吉祥。

三、漢詩翻譯

在其未察覺時，抑止其邪念
抑止於其背後，不使邪惡迎面
又如兩兩相背，行走在庭院
互不見所止邪惡，咎害必定消散

抑止在腳趾邁出，終止咎害，利永久守持正固
抑止雙腿運動，不使跟隨舉步
當行不得以行，心中不快悶鬱
抑止腰部運動，以致撕裂肌骨

危難如烈火熊熊，其心被熏灼烤炙
抑止其人身體，不使其欲妄動，咎害危機便無
抑止其人口舌，不使其亂說非議
悔恨如若消亡，言之要有理據
如大山品德敦厚，善於抑止邪欲，則久遠吉祥如意

四、英詩翻譯（English Poetic translation）

When you want to restrain the evil intention of a man
Do it when he is not aware you should begin you actions
Restraining his evil intention from behind his back
You can avoid the head-on collision and embarrassed situation
As if walking in your countyard ,back to back with some devils
If you don't face the wickedness that you want to check
It will be convenient for you to have the evil elimination

Restrain his action when his toes just move
It is beneficial to stop the harm, positive and smooth

Restrain his action when his legs just move
It is beneficial to stop in time his steps of movement
When he wants to take actions but is stopped he will be moody

Restrain his action when his waist turns
As if to tear his muscles and his ribs hurt
The jeopardy is like a pile of fire, his heart is burnt

Restrain his body, to stop his rash action
So there will be no errors for any destruction

Restrain his tongue, to stop his random conversation
The speech should be reasonable, there will not be compunction
Like the great mountain, calm and still with their function
There is blessings, if you restrain the evil intentions

53. 漸　Jian

一、易經爻辭

漸：女歸吉，利貞。

初六：鴻漸於干；小子厲，有言，無咎。

六二：鴻漸於盤，飲食衎衎，吉。

九三：鴻漸于陸，夫征不復，婦孕不育，凶；利禦寇。

六四：鴻漸於木，或得其桷，無咎。

九五：鴻漸於陵，婦三歲不孕；終莫之勝，吉。

上九：鴻漸于陸，其羽可用為儀，吉。

二、卦解與注釋

（1）卦解

《漸》卦象徵漸進。《漸》卦的卦像是艮（山）下巽（風）上，山上有風，徐徐吹來。《周易正義》曰："凡物有變移，徐而不速，謂之'漸'也。"是說事物的發展變化是循序漸進的，只有循序漸進，才能合乎正道，以求穩步前進。《漸》卦以女子出嫁為喻，說明必須遵循一定的步驟，婚姻才能吉祥，這些步驟就是循序漸進的規則。故君子應當腳踏實地，不浮躁，不冒進，按照事物發展的規律辦事，以免咎害。

（2）爻辭注釋

漸：象徵漸進。

女歸吉：歸，女子出嫁；如女子出嫁，按婚嫁的禮節循序漸進，可獲吉祥。

利貞：有利於守持正道。

鴻漸於干：鴻，大雁；干，水涯。鴻雁飛行漸進到水涯邊，離群不安。

小子厲："小子"指初六位卑未安；厲，指有危險；就像幼稚孩童小子遭遇危險。

有言：有語言中傷。

鴻漸於盤：盤，磐石；喻安穩之地；鴻雁飛來漸進到安穩的磐石之上。

飲食衎衎：衎（kàn），和樂狀；安享飲食和樂。

鴻漸于陸：陸，較平坦的山頂。鴻雁飛來漸進於小山之上。

夫征不復：丈夫遠去出征一去不復返。

婦孕不育：妻子失貞而孕生育無顏。

利禦寇：謂九三若能慎用剛強，不畏邪淫，則利於以剛強禦
　　　　強寇。

鴻漸於木：鴻雁飛來漸進于高樹之上。

或得其桷：桷（jué），平直如椽的樹枝；或能找到平直的
　　　　枝杈得以棲息。

鴻漸於陵：鴻雁飛來漸進於丘陵。

婦三歲不孕：三歲,泛指多年；（丈夫遠出）妻子三年沒有懷孕。

終莫之勝：指九五以陽剛中正，下應六二，雖然三、四阻隔，
　　　　但終將與六二會和，此非外物所能阻止取勝。

其羽可用為儀：（鴻雁的）羽毛可作潔美的儀飾。

（3）整卦解釋

　渐：象徵漸進。如女子出嫁，按婚嫁的禮節循序漸進，可
　　　　獲吉祥，有利於守持正道。

初六：鴻雁飛行漸進到水涯邊，離群不安；就像幼稚孩童小
　　　　子遭遇危險，遭受語言中傷，但若能漸進不躁便無咎
　　　　害。

六二：鴻雁飛來漸進到安穩的磐石之上，安享飲食和樂歡
　　　　暢，吉祥。

九三：鴻雁飛來漸進於小山之上，就像丈夫遠去出征一去不
　　　　復返，妻子失貞而孕生育無顏，有兇險；但若能慎用
　　　　剛強，不畏邪淫，則利於以剛強禦強寇。

六四：鴻雁飛來漸進于高樹之上，或能找到平直的枝杈得以
　　　　棲息，就沒有咎害。

九五：鴻雁飛來漸進于丘陵，丈夫遠出，妻子三年沒有懷孕；
　　　　但丈夫終將與妻子會和，此非外物所能阻止取勝的，

　　　吉祥。

上九：鴻雁飛來漸進于高山，羽毛可作潔美的儀飾，甚為吉
　　　祥。

三、漢詩翻譯

山風徐徐，循序漸進，風和樹茂
女子出嫁，按婚嫁禮節，循序漸進，可獲吉祥，利守持正道

鴻雁飛來，漸進到水邊
離群不安；如幼稚孩童，遭遇危險，還受訓斥埋怨
若漸進不躁，便無災難

鴻雁飛來，漸進到磐石之上
安享飲食，和樂歡暢，甚為吉祥

鴻雁飛來，漸進於小山之顛
夫君遠征，一去不返，妻子失貞而孕，生育無顏，必有兇險
若慎用剛強，不畏邪淫，則利於禦寇鋤奸

鴻雁飛來，漸進于高樹之冠
尋平直枝杈，得以棲息，沒有咎害，自在平安

鴻雁飛來，漸進于丘陵之原
丈夫遠出，妻子不孕三年
然外物不能取勝，夫妻終將會合團圓

鴻雁飛來，漸進于高山

潔白羽毛，可作儀飾，甚為吉祥美善

四、英詩翻譯（English Poetic translation）

The mountain wind gentlelly blowing with peace

With gradual improvement, in an orderly way proceeding

There are in the mountains harmonious wind and luxuriant trees

Like a girl's marriage, steadily follow the etiquette sequence

Be prosperous and solid, the proper deeds to keep

The wild goose flies, gradualy approaches the side of the lake

He is uneasy, for he is from his troop away

Like a child in danger and is blamed

If he moves cautiously and is patient

There will be no calamity and danger

The wild goose flies, gradualy approaches the rock huge

He is happy and joyous, enjoys the drink and food

All is auspicious and smooth

The wild goose flies, gradualy the top of the hill to approach

Like a man who is away on an expedition and away from home

But his wife is pregnant , and becomes an adulterer

There must be danger and great disasters

If she is cautious and unyielding, she will driving off the robbers

The wild goose flies, gradualy approaches the crest of the tall tree
He finds the flat branches for rest in peace
There is no harm and he is safe and easy

The wild goose flies, gradualy approaches the slope
A wife not pregnant for years,when her man is away from home
Yet the external will not win, and the couple will unite
There will be fortune and harmony and a good sign

The wild goose flies, gradualy approaches the mountain high
With the white feathers as the ornaments with delight
All will be prosperous and beautiful with kindness

54. 歸妹 Guimei

一、易經爻辭

歸妹：征凶，無攸利。
初九：歸妹以娣，跛能履，征吉。
九二：眇能視，利幽人之貞。
六三：歸妹以須，反歸以娣。

九四：歸妹愆期，遲歸有時。

六五：帝乙歸妹，其君之袂，不如其娣之袂良；月幾望，吉。

上六：女承筐，無實，士刲羊，無血。無攸利。

二、卦解與注釋

（1）卦解

《歸妹》卦象徵嫁出少女。"歸"，指女子出嫁。"妹"，指少女。《歸妹》卦的卦像是兌（澤）下震（雷）上，兌又代表少女，震又代表長男；女上承男，象徵嫁出少女。君子從《歸妹》卦汲取的教益為：人應當遵循中正之道，領略其中的天地大義，順應自然規律，以合乎正道的禮儀規範來循序漸進、繼承發展，以避免兇險，吉祥發展。

（2）爻辭注釋

歸妹：象徵嫁出少女。

征凶：如果行為不正，前往必有兇險。

無攸利：不會有利益。

歸妹以娣：娣（dì），古代以妹陪姊同嫁一夫，妹為"娣"，也成為"側室"。嫁出的少女作為側室。

跛能履：猶如跛足而奮力前行。

征吉：前行可獲吉祥。

眇能視：眇（miǎo），眼盲；眼盲而勉強視物。

利幽人之貞：幽人，幽靜安恬者；利於幽靜安恬者守持正固。

歸妹以須，反歸以娣：須，等待，停留；指六三處下卦之極，失正乘陽，有欲求"正室"之象，故在須待；少女嫁出後期待成正室，應當返歸待時，嫁做側室。

歸妹愆期，遲歸有時：愆（qiān），超過；少女錯過出嫁的
　　時機，延遲待嫁，靜候時機。

帝乙歸妹：帝乙嫁出少女。

其君之袂，不如其娣之袂良：袂（mèi），衣袖；代指“衣
　　飾”；指六五嫁為“正室”，但其衣飾還不如“側
　　室”的美好。

月幾望：幾望，月將圓滿，喻六五尊貴能謙，德勝不盈。品
　　德適到好處，如月亮接近圓滿而不過盈。

女承筐，無實：女子持筐，無物可裝。

士刲羊，無血：刲（kuī），屠宰；男子宰羊，不見出血。

無攸利：無所利益。

（3）整卦解釋

歸妹：象徵嫁出少女。如果行為不正，前往必有兇險，不會
　　有利益。

初九：嫁出的少女作為側室，猶如跛足而奮力前行，前行可
　　獲吉祥。

九二：眼盲而勉強視物，利於幽靜安恬者守持正固。

六三：少女嫁出後期待成正室，應當返歸待時，嫁做側室。

九四：少女錯過出嫁的時機，延遲待嫁，靜候時機。

六五：帝乙嫁出少女，“正室”的衣飾還不如“側室”的美
　　好；如月亮接近圓滿而不過盈，吉祥。

上六：女子持筐，無物可裝，男子宰羊，不見出血。
（喻夫妻祭祀之禮難成）無所利益。

三、漢詩翻譯

嫁出少女。行為不正，必有兇險，無所利益

嫁作側室，如跛足而奮力，然可安詳前去

眼盲而勉強視，利幽靜安恬，守持正固

少女嫁出，期待成正室，當返歸待時，嫁做側室

錯過出嫁時機，延遲待嫁，靜候時機

帝乙嫁出少女，正室衣飾，不如側室美麗

似月將圓不圓，不過盈之，甚為吉祥如意

女子持筐，無物可裝，男子宰羊，不見血滴

比如夫妻祭祀，禮儀難成，無所利益

四、英詩翻譯（English Poetic translation）

To marry a maiden, if the conduct is not proper

There will be danger, nothing will be prosperous

To marry a maiden as a concubine

Like a lame man who is struggling with his legs

But he should walk on , then there will be road bright

As a one-eyed man who is able to see

It is favourable for her to persevere in peace

Positive and solid, and be patient for things to set

To marry a maiden as a concubine

She is expecting to be a formal wife

Yet she should return, and accept the position of the side

To marry a maiden but protract the time

She should be patient and waits for her moment right

The king Diyi marries off his youner sister with delight

Her dress is not so beautiful as that of a concubine

Like the moon is almost full, but not full

This is the way to be prosperous and smooth

The maiden bearing a basket, but nothing is inside

The man slays the sheep, but no blood is shed outside

As if the couple goes to the sacrifice, but etiquette lacks

There will be no advantageous and nothing will be happy

55. 豐 Feng

一、易經爻辭

豐：亨，王假之；勿憂，宜日中。

初九：遇其配主，雖旬無咎，往有尚。

六二：豐其蔀，日中見斗，往得疑疾；有孚發若，吉。

九三：豐其沛，日中見沬；折其右肱，無咎。

九四：豐其蔀，日中見斗；遇其夷主，吉。

六五：來章，有慶譽，吉。

上六：豐其屋，蔀其家，窺其戶，閴其無人，三歲不覿，凶。

二、卦解與注釋

（1）卦解

《豐》卦象徵豐盈碩大。《豐》卦的卦像是離（火）下（震）雷上，離又為閃電，震為雷，"雷者，天之威動；電者，天之光耀。雷電俱至，威明備足，以為'豐'也"（《周易正義》）。由此，《豐》卦象徵豐盈碩大。君子應當像太陽正居於天，以其盛大豐滿的光芒普照天下，又像雷電那樣，勇敢果斷，正大光明；但在盛大豐滿的形勢下，也要豐不忘喪，盈不忘虧，居安思危，持盈保泰。

（2）爻辭注釋

豐：象徵豐盈碩大。

亨，王假之：假，至也；物豐可以亨通；有德之君王可以達到豐盈碩大的境界。

勿憂，宜日中：日中，太陽正中，喻保持豐德；不必憂慮，宜於像太陽位居中天，保持充盈的光輝。

遇其配主：配主，相匹配之主；遇到相匹配之主。

雖旬無咎：旬，均也；儘管兩者陽德均等，但沒有咎害。

往有尚：前往必受尊尚。

豐其蔀：蔀（bù），障蔽也；豐大掩蓋光明的障蔽。

日中見斗：猶如太陽正當中天卻出現斗星。

往得疑疾：前往必有被猜疑的疾患。

有孚發若，吉：若，語氣詞；若能自我發揮誠信，則可獲吉祥。

豐其沛：沛，通"旆"（pèi），旗,幡；豐大掩蓋光明的幡幔。

日中見沫：沫（mèi），通"昧"；"微昧之明，指"小星"；
　　　猶如太陽正當中天卻出現小星星。

折其右肱，無咎：肱，（gōng）胳膊由肘到肩的部分；形容
　　　像折斷右臂一樣隱忍慎守，則無咎害。

遇其夷主，吉：夷，平也，與"均"近義；若能遇合陽德相
　　　平衡之主，甚為吉祥。

來章，有慶譽：指六五以陰居《豐》卦尊位，陰柔而實含陽
　　　剛，故能招攬天下章美之才，以豐大光明之德，必獲
　　　福慶和佳譽。

豐其屋，蔀其家：豐大房屋，障蔽居室。

窺其戶：對著門戶窺視。

闃其無人：闃（qù），寂靜無聲；寂靜沒有人之蹤跡。

三歲不覿：覿（dí），見也；三年不見露面。

（3）整卦解釋

豐：象徵豐盈碩大。物豐可以亨通，有德之君王可以達到
　　豐盈碩大的境界；不必憂慮，宜於像太陽位居中天，
　　保持充盈的光輝。

初九：遇到相匹配之主，儘管兩者陽德均等，也沒有咎害，
　　前往必受尊尚。

六二：豐大掩蓋光明的障蔽，猶如太陽正當中天卻出現鬥
　　星，前往必有被猜疑的疾患；若能自我發揮誠信，則
　　可獲吉祥。

九三：豐大掩蓋光明的幡幔，猶如太陽正當中天卻出現小

星；若能像折斷右臂一樣隱忍慎守，則無咎害。

九四：豐大掩蓋光明的障蔽，猶如太陽正當中天卻出現鬥
星；若能遇合陽德相平衡之主，甚為吉祥。

六五：招攬天下章美之才，以豐大光明之德，必獲福慶和佳
譽，吉祥。

上六：豐大房屋，障蔽居室，對著門戶窺視，寂靜沒有人之
蹤跡，三年不見露面，如此深藏不露必有兇險。

三、漢詩翻譯

豐盈碩大，物豐亨通，達此唯有德君王
不必憂慮，如陽居中天，充盈明光

遇匹配之主，陽德均等，沒有咎害，前往必受尊尚
豐大掩光之障蔽，如艷陽當空，卻現鬥星，前往必被猜疑
若發揮誠信，可獲吉祥

豐大掩光之幡幔，如陽正當中，卻現小星閃亮
若像折臂一樣，隱忍慎守，則無咎害禍殃
豐大掩光明之障蔽，如陽正中，卻現鬥星
若遇陽德平衡之主，甚為吉祥

攬天下章美之才，以豐大光明之德，福慶佳譽，吉祥平安
豐大房屋，障蔽居室，對門戶窺視，寂靜無人之蹤跡出現
三年不見露面，深藏不露，必有兇險

四、英詩翻譯（English Poetic translation）

Be abundant and great, only the virtuous king could obtain
Nothing is to be blamed
Like the sun at noon, bright and animated

When a gentleman his king meets
They are balanced with their virility to keep
There will be no harm, and nothing will be wrong
He will meet with recognition, if he moves forward
The huge block covering the light
Like the polestars can be seen at noontime
If he moves forward, he would be mistrusted
If he is loyal, it will be auspicious and lucky

The thick curtain covering the light
Like the small stars can be seen at noontime
If he is like a man who breaks his right arm
Forbearing and cautious, there would be no harm

The huge block covering the light
Lke the polestars can be seen at noontime
If he meets his king who is of his like kind
There will be good luck and brightness

From everywhere to call the men of brilliance

And to make the bright morality to abundance

There must be blessings and very glorious

That is very fortunate and auspicious

To make the house in a state of abundant profusion

To screen the rooms, into the house by the windows to peek

Not even a single soul appears, it is in a peaceful situation

For three years nobody is seen

If he is secretive and reserved deeply

There would be danger indeed

56. 旅　Lü

一、易經爻辭

　　旅：小亨，旅貞吉。

　　初六：旅瑣瑣，斯其所取災。

　　六二：旅即次，懷其資，得童僕，貞。

　　九三：旅焚其次，喪其童僕；貞厲。

　　九四：旅於處，得其資斧，我心不快。

　　六五：射雉，一矢亡；終以譽命。

　　上九：鳥焚其巢，旅人先笑，後號咷；喪牛于易，凶。

二、卦解與注釋

（1）卦解

《旅》卦象徵行旅。《旅》卦的卦像是艮（山）下離（火）上，為火勢蔓延之表像，象徵旅行者匆匆趕路。而出外遠行，一路上會遇到各種各樣的艱難險阻，故人在旅途，應謙虛謹慎，以利保持旅途的暢通無阻。

（2）爻辭注釋

旅：象徵行旅。

小亨：小心謙柔可以亨通。

旅貞吉：旅行若能守持正固可獲吉祥。

旅瑣瑣，斯其所取災：瑣瑣，猥瑣卑鄙之貌；斯，此也；行旅之初行為猥瑣卑鄙，這是自我招取災患。

旅即次：即，就也，猶言“就居”；次，舍也；行旅時居住在客舍；

懷其資：懷藏資財。

得童僕：擁有童僕。

貞：應當守持正固。

旅焚其次，喪其童僕，貞厲：旅途中客舍被火燒毀，喪失了童僕，應當守持正道以防危險。

旅於處：處，暫棲身處；未能安居。行旅時暫為棲身，未能安居。

得其資斧，我心不快：資斧，利斧也；獲得利斧以砍伐荊棘，但心情仍不快。

射雉，一矢亡；終以譽命：射野雞，喪失一枝箭；但終將獲得榮譽和爵命。

鳥焚其巢：高枝上的鳥巢被焚燒掉。

旅人先笑，後號咷：行旅之人先得高位而欣喜歡笑，後遭禍殃而號咷痛哭。

喪牛于易，凶：易，通"場"，此指荒遠的田畔；就像在荒遠的田畔丟失了牛，有兇險。

（3）整卦解釋

旅：象徵行旅。小心謙柔可以亨通：旅行若能守持正固可獲吉祥。

初六：行旅之初行為猥瑣卑鄙，這是自我招惹災患。

六二：行旅時居住在客舍，懷藏資財，擁有童僕，應當守持正固。

九三：旅途中剛亢不中，躁動不安，客舍被火燒毀，喪失了童僕，應當守持正道以防危險。

九四：行旅時暫為棲身，未能安居，獲得利斧以砍伐荊棘，但我的心情仍然不快。

六五：射野雞，喪失一枝箭；但終將獲得榮譽和爵命。

上九：高枝上的鳥巢被焚燒掉，行旅之人先得高位欣喜歡笑，後遭禍殃號咷痛哭；就像在荒遠的田畔丟失了牛，有兇險

三、漢詩翻譯

人在旅途，期待亨通，需小心柔謙
守持正固，可獲吉祥平安

行旅之初，若猥瑣卑鄙，自取災患
途中居在客舍，懷藏資財，童僕跟班
當守持正固，以求安然

途中剛亢，躁動不安
客舍遭火災，童僕喪失，當守持正道，以防危險

途中暫為棲身，未能安居，獲利斧以砍荊棘，然我仍傷感
終獲榮譽爵命，因射獲野雞，雖然損失一箭

高枝上鳥巢被焚，旅人先得高位，欣喜歡笑開顏
後遭禍殃，號咷痛哭，淚水漣漣
好似荒野田畔，丟失耕牛，大有兇險災難

四、英詩翻譯（English Poetic translation）

For the travelling on the road,expecting all is prospered
One needs to be careful and cautious as the travller
Positive and solid, he will be an achiever

If the traveller starts his travel with mean trifles dirty
He will bring to himself disasters and danger
If the traveller pauses at a hotel, with him money and servants
He should be positive and solid, so there is peace and safety

If the traveller is arrogant and haughty

His lodging house might be burnt, the servant gone

He should be positive and firm

So there will be no damage and hurt

Travelling on the road, he finds a shelter for relaxation

For chopping the thorns and prickles, he has an axe

But he still says that at his heart he is not happy

He shoots at a pheasant,and loses one arrow

Finally he obtains his honor and gets his position

Burnt is the bird's nest on the branches high

The traveller on the position above first laughs and then cries

As if he loses his cattle in the wild land

There must be dangers and disasters at hand

57. 巽　Xun

一、易經爻辭

巽：小亨，利有攸往，利見大人。

初六：進退，利武人之貞。

九二：巽在床下，用史、巫紛若吉，無咎。

九三：頻巽，吝。

六四：悔亡，田獲三品。

九五：貞吉，悔亡，無不利；無初有終；先庚三日，後庚三
　　　日，吉。

上九：巽在床下，喪其資斧；貞凶。

二、卦解與注釋

（1）卦解

《巽》卦象徵順從。《巽》卦的卦像是巽（風）下巽（風）
上，為風"順"而"入",由此象徵順從。此卦的教益在於：君子
應當不斷調整自我，以順應社會環境的的變化，與時俱進，增強
競爭能力。然而君子的"順從"並非無條件盲目卑順，而是以"剛
健"之德為勉，柔而能剛。柔順的基本原則為"持正不阿"和"有
所作為"。

（2）爻辭注釋

巽：《巽》卦象徵順從。

小亨：小心謙柔可以亨通。

利有攸往：利於有所前往。

利見大人：利於出現大人。

進退：意為進退猶豫疑惑。

利武人之貞：利於勇武的人守持正固。

巽在床下：順從卑居於床下。

用史、巫紛若吉，無咎：用，施用于、效法；史、巫，古代
　　　　事神者"祝史"、"巫覡（xí）"的合稱；紛若，盛
　　　　多；"若"為語氣詞；如能像祝史、巫覡那樣以謙恭
　　　　奉事神祇可獲吉祥，沒有禍患。

頻巽：頻，顰也，皺眉，憂鬱不樂之貌；勉強地順從。

吝：將有憾惜。

悔亡：悔恨消亡。

田獲三品：三品，即"三類"。田獵時收穫三類物品（即可供祭祀、接待賓客、國君庖廚之用）。

貞吉：守持正固可獲吉祥。

無初有終：初始時不太順利，但最後一定會通達。

先庚三日，後庚三日，吉：頒行新法令可在象徵變更的"庚"日前三天發佈，在"庚"日後三天開始施行，這樣以利上下順從深入人心，必得吉祥。

巽在床下，喪其資斧：順從至極屈居於床下，猶如喪失了剛硬堅強的利斧。

貞凶：守持正固以防兇險。

（3）整卦解釋

巽：象徵順從。小心謙柔可以亨通，利於有所前往，利於出現大人。

初六：卑順過甚，進退猶豫疑惑，利於勇武的人守持正固。

九二：順從卑居於床下，如能像祝史、巫覡那樣以謙恭奉事神祇，可獲吉祥，沒有禍患。

九三：憂鬱不樂、勉強地順從，將有憾惜。

六四：悔恨消亡，田獵時收穫三類物品（即可供祭祀、接待賓客、國君庖廚之用）。

九五：守持正固可獲吉祥，悔恨消亡，無所不利；申諭命令初始時不太順利，但最後一定會通達；頒行新法令可在象徵變更的"庚"日前三天發佈，在"庚"日後三天開始施行，這樣以利上下順從深入人心，必得吉祥。

上九：順從至極屈居於床下，猶如喪失了剛硬品格的利斧；
守持正固以防兇險。

三、漢詩翻譯

謙柔順從，然持正不阿，利有所作為貢獻
可至亨通，利有所前往，利大人出現

卑順過甚，進退猶豫
利勇武之人，守持正固
如順從于床下卑居
像祝史巫覡奉事神祇
可獲吉祥，沒有禍難困苦

憂鬱不樂、勉強順從，將有憾惜
悔恨消亡，田獵獲三品物
可供祭祀、可待賓客、可用於庖廚
守持正固，可獲吉祥，悔恨消亡，無所不利

申諭命令，初始不順，但終將通達順暢
頒行新令，"庚"前三天發佈，"庚"後三天施行
利上下順從，深入人心，必得吉祥

順從至極，如床下屈居
如喪剛硬品質利斧

慎防兇險，守持正固

四、英詩翻譯（English Poetic translation）

Be modest and keep submissiveness
But still maintain moral integrity and uprightness
It is beneficial for having some achievements
Positive and solid, for making constant improvements
It's the time for the emergence of a man of greatness

If you are too submissive and humble with your deed
You will hesitate for advancing or retreating
You should have the quality of a brave warrior
Be positive and solid like a soldier.

If you are too submissive and humble with your deed
As if to lie down under the bed and lower your body
You should be like the priests and magicians serving the gods
With all their sincerity and show their esteem
Then there is no harm and nothing will go wrong indeed

If you are unhappy and depressive
And you are forced to be submissive
There will be sorry and a feeling of sadness
Three kinds of game are caught in the hunting, the regret vanishes
For offering sacrifice, treating the guests,and the kitchen service

Be positive and solid, there will be nothing hurting
The regret would vanish, and all is benefical and no one curses

Practise regulation, no smooth beginning, but good final stage
Carrying out a new law,it should be issued three days before
And check the effect three days after, so to let the people obey
When the law is popular, it will be propitious for all

If you are with your deed,too submissive and humble
As if to lower your body and lie down to the bed underneath
You would be like to lose your forceful and axe sharp
Be positive and solid , there will be no danger and harm

58. 兌 Dui

一、易經爻辭

兌：亨，利貞。

初九：和兌，吉。

九二：孚兌，吉，悔亡。

六三：來兌，凶。

九四：商兌未寧，介疾有喜。

九五：孚於剝，有厲。

上六：引兌。

二、卦解與注釋

（1）卦解

《兌》卦象徵欣悅。《兌》卦的卦像是上下卦均為兌（澤），上下澤水流通彼此滋潤受益，象徵欣悅。君子應當效法此卦精神，樂於與志同道合者一起研究學習，取長補短，互相啟發，共同進步。

（2）爻辭注釋

兌：象徵欣悅。

和兌：平和欣悅待人。

孚兌：誠信欣悅待人。

來兌：前來謀求欣悅。

商兌未寧，介疾有喜：商，商度思量；介，隔絕；疾，喻指六三諂邪之患；商度思量所欣悅之事，但心中不曾寧靜，若能絕除諂妄者的邪疾則有喜慶。

孚于剝，有厲：剝，消剝；以誠信對消剝陽剛、巧言令色的陰柔小人，必有危險。

引兌：引，引誘；引誘他人一同欣悅。

（3）整卦解釋

兌：象徵欣悅。亨通，利於守持正固。

初九：平和欣悅待人，吉祥。

九二：誠信欣悅待人，吉祥，悔恨消亡。

六三：前來謀求欣悅，有兇險。

九四：商度思量所欣悅之事，但心中不曾寧靜，若能絕除諂妄者的邪疾則有喜慶。

九五：以誠信對消剝陽剛、巧言令色的陰柔小人，必有危險。

上六：引誘他人一同欣悅。

三、漢詩翻譯

澤水流淌，欣悅潤暢
甚為亨通，利守持正固吉祥

平和欣悅待人，甚為吉祥
誠信欣悅待人，悔恨消亡
前來謀求欣悅，必有凶相
思量欣悅之事，然心中不曾寧靜
絕除諂妄邪疾，則有喜慶
對陰柔小人，何必愚忠以誠
坐觀其消剝陽剛，巧言令色，必有災難
若引誘他人一同欣悅，必致兇險

四、英詩翻譯（English Poetic translation）

The pond water is flowing and streaming
Joyfully and smoothly to continue and to keep
It is good luck and prosperous
Positive and solid, be auspicious and advantageous

Be peaceful and joyful towards people

It will bring you good fortune for your deed

Be faithful and joyful towards people

It will bring you no regret indeed

To pursue the joy to yourself, if you are eager

It will bring you misfortune and evil

If you think about the matter of pleasant deed

Yet your heart will be never at peace

Only when you get rid of the flattery and words pleasing

There will be happiness and joy indeed

You need not to be foolishly loyal ,if it is to the mean man

If you do not stop the glib talks and tricky act

There must be disaster and calamity

If there is seductive joyous at hand

The resul will soon be danger and hazard

59. 渙 Huan

一、易經爻辭

渙：亨，王假有廟，利涉大川，利貞。

初六：用拯馬壯吉。

九二：渙奔其機，悔亡。

六三：渙其躬，無悔。

六四：渙其群，元吉；渙有丘，匪夷所思。

九五：渙汗其大號，渙王居，無咎。

上九：渙其血去逖出，無咎。

二、卦解與注釋

（1）卦解

《渙》卦象徵渙散。《渙》卦的卦像是坎（水）下巽（風）上，為風行水上之表像，象徵渙散、離散。當渙散成為一種社會傾向時，人心就會像一盤散沙，沒有聚合力。君子應當以無私忘我的精神，幫助人們克服離心離德的傾向，努力把握時機，扭轉局勢，使形勢向和諧一致發展。

（2）爻辭注釋

渙：象徵渙散、離散。

王假有廟：王，君王；假，感召，或到、至之意；有，做語助詞，無義；君王以美德感召神靈而保有廟祭，以團結聚集人民。

用拯馬壯吉：拯，拯濟；借助健壯的好馬勉力拯濟可獲吉祥。

渙奔其機：渙，渙散之時；奔，急往也；機，通“幾”，即“幾案”，喻初六可做承載物也；渙散之時奔就幾案似的可供俯憑的地所。

渙其躬：其，語助詞；躬，自身，親自；渙散自身（服從陽剛尊者）

渙其群：渙散朋黨。

渙有丘：渙散小群而聚成山丘似的大群。

匪夷所思：這不是平常之人能夠想到的。

渙汗其大號，渙王居，無咎：汗，出汗；大號,盛大的號令；
　　　王居，王者的居積；像發散身上的汗水一樣發佈大號
　　　令，同時又能疏散君王的居積以聚合民心，就沒有禍
　　　患。

渙其血去逖出：血，通"恤"，憂慮；逖（tì），通"惕"，
　　　即"惕懼"；渙散至極，離開憂恤，擺脫惕懼。

（3）整卦解釋

渙：象徵渙散；亨通，君王以美德感召神靈而保有廟祭，有
　　　利於涉越大河大川，利於守持正固。

初六：借助健壯的好馬勉力拯濟可獲吉祥。

九二：渙散之時奔就幾案似的可供俯憑的地所，悔恨消亡。

六三：渙散自身（服從陽剛尊者），無所悔恨。

六四：渙散朋黨，至為吉祥；渙散小群而聚成山丘似的大群，
　　　這不是平常之人能夠想到的。

九五：像發散身上的汗水一樣發佈大號令，同時又能疏散君
　　　王的財產聚集以聚合民心，就沒有禍患。

上九：渙散至極，而四方聚合，離開憂恤擺脫惕懼，沒有咎害。

三、漢詩翻譯

風行于水，離散渙散
君王美德，感召神靈在天
保有廟祭，團聚人民，亨通順暢
利守持正固，利涉大河川

借好馬健壯，勉力拯濟，可獲吉祥

渙散之時，奔就幾案，俯憑地所，悔恨消亡

渙散自身，服從陽剛尊者，無所悔恨，渙散朋黨，至為吉祥

非凡思想，高瞻遠矚。渙散小群，聚合大群如山

如發散汗水，發佈號令，君王將財產聚集疏散

以聚合民心，沒有禍患

渙散至極，四方聚合，離開憂恤，擺脫惕懼，沒有咎害遺憾

四、英詩翻譯（English Poetic translation）

Wind blowing over the water surface

Scattering and dispersal

The king goes to the temple, offering the sacrifice

For building the temple, to pray for the people's uniting

It will be prosperous and succeed

Be positive and solid, crossing the great rivers and streams

With the help of a strong horse

He is struggling to make the change for the all

It is a good sign and nothing goes wrong

When all is in dispersal and dissolving

He hurries to that which could him support

There will be no repentance any more

He dissolves himself, for obeying to the virility and the senior
Nothing is to be regret and all is in peace
He dissolves his own bond of his small group
It will be very advantageous and smooth
It is his smart foresight for the small group's distraction
To build as big as as a mountain, the great collection

Like the dispersal of the sweat, he sends out the calling
Scattering the king's accumulation for people' support
It will be very advantageous and all is in good order

The dispersal reaches its extreme and there is complete unification
All sides accumulate , there are nothing for fearing consideration
Then there will be no regret for the aggregation

60. 節 Jie

一、易經爻辭

節：亨，苦節不可，貞。
初九：不出戶庭，無咎。
九二：不出門庭，凶。

六三：不節若，則嗟若，無咎。

六四：安節，亨。

九五：甘節，吉，往有尚。

上六：苦節；貞凶，悔亡。

二、卦解與注釋

（1）卦解

《節》卦象徵節制。《節》卦的卦像是兌（澤）下坎（水）上，為澤上有水之表像。水滿則溢，而澤的堤防可阻擋節制水的盈溢，故《節》卦象徵節制。君子應當學習《節》卦的道理，節制自己的欲望與言行，制定典章制度和必要的禮儀，來規範自己的言行，以利順利的發展與進步。

（2）爻辭注釋

節：象徵節制。

苦節不可，貞：但過分的節制不可取，應當守持正固。

不出戶庭，無咎：戶庭，戶外庭院；節制慎守時不邁出戶庭，就沒有危害。

不出門庭，凶：門庭，門內庭院；過度節制不出門庭，會有兇險。

不節若，則嗟若，無咎：若，語氣助詞；嗟，傷歎。不能節制，於是嗟歎傷悔，則沒有咎害。

安節，亨：安然行節制，亨通。

甘節：甘，美也；適度節制令人感到甘美而適中。

往有尚：前行定會受到尊尚。

苦節：節制過分，令人苦澀不堪。

（3）整卦解釋

　　節：象徵節制。亨通，但過分的節制不可取，應當守持正固。

初九：節制慎守時不邁出戶庭，就沒有危害。

九二：過度節制不出門庭，會有兇險。

六三：不能節制，於是嗟歎傷悔，則沒有咎害。

六四：安然奉行節制，亨通。

九五：適度節制令人感到甘美而適中，吉祥，前行定會受到尊尚。

上六：節制過分，令人苦澀不堪；應守持正固預防兇險，悔恨可消亡。

三、漢詩翻譯

澤上有水，盈滿則溢
澤堤阻擋來節制，至為亨通順利
然勿過分節制，當守持正固慎之

節制慎守，不出戶庭，沒有危害爭端
過度節制，不出門庭，會有兇險
驕奢不節，嗟歎傷悔，沒有災難
安然行節，至為亨通吉祥
適度節制，甘美適中，甚為吉祥，前行必受尊尚
節制過分，令人苦澀不堪；應守持正固，預防兇險，悔恨消亡

四、英詩翻譯 （English Poetic translation）

Upon the lake there is river
When it is over-filled, overflows the water
The bank of the lake will holds it up for the temperance
When there is the limitation, all will be with insurance
To have a dam to hinder,it would be prosperous and smooth
But not to be over-limited, be positive and solid for the move

Be carful and have the temperance, not the courtyard to leave
So that nothing will goes wrong and misleading
But if you are excess in temperance
Even not going out of your room, there will not be insurance
If you are extravagant without limitation
You would lament for your wrong doing and have compunction
But there will not be disaster for your prudent deed

If you are peaceful with your abstinence, you will have assurance
Mellifluent and proper ,be moderate with your temperance
It will bring you good luck and satisfaction
If you go forward, you will receive honour and admiration
Excess temperance, will bring you unpleasant bitterness
If you are positive and solid, there will be plesant happiness

61. 中孚 Zhongfu

一、易經爻辭

中孚：豚魚吉，利涉大川，利貞。

初九：虞吉，有它不燕。

九二：鳴鶴在陰，其子和之；我有好爵，吾與爾靡之。

六三：得敵，或鼓或罷，或泣或歌。

六四：月幾望，馬匹亡，無咎。

九五：有孚攣如，無咎。

上九：翰音登於天，貞凶。

二、卦解與注釋

（1）卦解

《中孚》卦象徵"中心誠信"。《中孚》的卦像是兌（澤）下巽（風）上，為風行澤上，無所不周。比喻沒有誠信的美德施及不到的地方，也就是說極為誠信。君子應當效法"中孚"的道理，廣使信德，以誠待人，這樣無論做什麼事，都可獲得吉祥。

（2）爻辭注釋

中孚：象徵"中心誠信"。

豚魚吉：豚，小豬；"豚魚"為小豬小魚，比喻隱微之物。
意指誠信到能感化小魚小豬這樣的隱微之物，故必吉祥。

利涉大川：利於涉越大河巨川。

虞吉：虞，安也；安守（誠信）可獲吉祥。

有它不燕：有它，有應于他方，指應四爻；燕，通"宴"，
　　　"安"之意；別有它求則不得安寧。

鳴鶴在陰，其子和之：鶴，喻九二；陰，山陰，喻九二處兩
　　　陰之下；其子，喻九五。鶴在山的背陰處鳴叫，它的
　　　同類聲聲地應和著。

我有好爵，吾與爾靡之：我、吾，均指九二；爵，飲器，這
　　　裏指"酒"；爾，指九五；靡，共也。我有醇香的美
　　　酒，願與你一同共飲。

得敵，或鼓或罷，或泣或歌：敵，指六四；罷，（pí），通
　　　"疲"也。面臨勁敵，或擊鼓進攻，或兵疲敗退，或
　　　因懼怕敵人而哭泣，或由敵不加害而歌唱。

月幾望：幾望，月亮將圓而未盈。指六四處"中孚"，柔順
　　　居正，上承九五，盛而不盈。

馬匹亡：匹，配也，指初爻與四爻原陰陽互配，但四爻專誠
　　　於五，則不可分心應初，故如馬亡其匹，與初割斷。
　　　好馬失掉了匹配。

有孚攣如：攣（luán），牽系；如，語氣助詞。以誠信之德
　　　牽系天下人心。

翰音登於天：翰，高飛；翰音，飛鳥鳴音；鳥高飛鳴叫響徹
　　　天空。暗喻這種聲音華美外揚，虛而不實。指上九處
　　　信之終，信終則衰。

（3）整卦解釋

中孚：象徵"中心誠信"。誠信到能感化小魚小豬這樣的隱
微之物，必有吉祥，利於涉越大河巨川，利於守持正
固。

初九：安守（誠信）可獲吉祥，別有它求則不得安寧。

九二：鶴在山的背陰處鳴叫，它的同類聲聲地應和著；我有
醇香的美酒，願與你一同共飲。

六三：面臨勁敵，或擊鼓進攻，或兵疲敗退，或因懼怕敵人
而哭泣，或由敵不加害而歌唱。

六四：月亮將圓而未盈，好馬失掉了匹配，沒有咎害。

九五：以誠信之德牽系天下人心，沒有咎害。

上九：鳥高飛鳴叫響徹天空，虛聲遠聞而信實不繼。必須守
持正固，以防凶險。

三、漢詩翻譯

中心誠信，感動小魚小豬隱微類，必有吉祥如意
利涉越大河巨川，利守持正固，堅強屹立
安守誠信，可獲吉祥，別有它求奢望，則不得安寧

鶴在山之背鳴叫，同類聲聲和應
我有醇香美酒，願與君舉杯共飲

面臨勁敵，或擊鼓進攻，或敗退於兵疲
或因懼敵而泣，或因敵不加害而歌之

月將圓而未盈，馬失匹配，沒有咎害危機
以誠信之德，牽系天下人心，吉祥如意
鳥高飛鳴叫，響徹天際
虛聲遠聞，信實不繼
須守持正固，以防兇險不利

四、英詩翻譯（English Poetic translation）

With inner sincerity to the tiny and the small
Even as tiny as fingerlings and piggies, they can feel your kindness
If you do things like this ,there must be good fortune
It is advantageous to cross the river of grandness
Be positive and solid, as strong as iron with the firmness
Secure your sincerity, all is with success and harmony
If you have some other wild desire, there will be danger and harm

A crane sings in the shade of the mountain side
His companions answer and echo in delight
I wish to share with you the pure and mellow wine

When confronting the enemies powerful
Either to beat the drum for fighting and offensive
Or to retreat because the solidiers'tiredness passive
You may sob and cry for your inner fear dreadful
Or you may sing songs and chant
For the enemy will not on you to attack

The moon will be full but not full

The horse its matching mate loses

Yet there will be no danger for you

With your inner sincerity to the people

You will have no danger and all is in peace

Penetrating to the sky, soars and sings the bird

The sound is loud and false, no sinserity is contained and heard

One must be positive and solid in the future

So as to avoid the approaching danger and misfortune

62. 小過　Xiaoguo

一、易經爻辭

小過：亨，利貞；可小事，不可大事，飛鳥遺之音，不宜上，
　　　宜下，大吉。

初六：飛鳥以凶。

六二：過其祖，遇其妣；不及其君，遇其臣，無咎。

九三：弗過防之，從或戕之，凶。

九四：無咎，弗過遇之；往厲必戒，勿用，永貞。

六五：密雲不雨，自我西郊；公弋取彼在穴。

上六：弗遇過之；飛鳥離之，凶，是謂災眚。

二、卦解與注釋

（1）卦解

《小過》卦象徵"小有過越"。《小過》卦的卦象為外四陰超過了中二陽，陰為"小"，故為"小過"；其二是說《小過》的卦像是艮（山）下震（雷）上，為山上響雷之表像，雷聲超過了尋常的聲響，比喻"小有過越"。君子應當效法"小過"之象，謙柔居下，以正為本，堅守正道，在小事情上可以略有過分，小有過越，矯枉過正，可至亨通。但涉足大事時，就應當慎重行事。

（2）爻辭注釋

小過：比喻"小有過越"。

可小事，不可大事：可去做些小事，但不可去涉足大事。

飛鳥遺之音，不宜上，宜下，大吉：飛鳥留下悲鳴時，不宜向上強飛，而應向下安棲，大為吉祥。比喻謙柔居下，不可居上。

飛鳥以凶：以，連詞，為"而"；飛鳥向上強飛將有兇險。

過其祖，遇其妣：祖，祖父，喻九四；妣，祖母，喻六五；超過祖父，遇到祖母。

不及其君，遇其臣：君。君主；指六五君位；（六二）不可擅自越過君位，君主由此得遇其臣。

弗過防之，從或戕之，凶：弗，不；防，防備；之，語氣詞；從，副詞，從而；戕（qiāng），害也；不願過於防備，從而將要被人所害。

弗過遇之：（九四）不過分剛強就能遇到陰柔。

往厲必戒：往，指九四前往應初；但前往應合陰柔必有兇險，務必心存警戒。

密雲不雨，自我西郊：指六五以陰居尊位，下無陽應，猶如烏雲密佈，無陽而不能化雨，烏雲是從城的西郊方向過來的。

公弋取彼在穴：弋（yì），用細繩系在箭上射；在穴，藏在穴中的野獸。王公用繩系在箭上射取隱藏在穴中的野獸。

弗遇過之：（上六）不能遇合陽剛反而超過了陽剛。

飛鳥離之，凶，是謂災眚：離，遭受，指飛鳥遭射；災眚，災難、禍患。飛鳥窮飛過極遭受射殺之禍，遭遇兇險，這就叫做災殃禍患。

（3）整卦解釋

小過：比喻"小有過越"，亨通，利於守持正固；可去做些小事，但不可去涉足大事，飛鳥留下悲鳴時，不宜向上強飛，而應向下安棲，大為吉祥。

初六：飛鳥逆勢向上強飛將有兇險。

六二：超過祖父，得遇祖母；然而不及其君主，君主由此得遇合臣僕，沒有咎害。

九三：不願過於防備，從而將要被人所害，兇險。

九四：沒有咎害，不過分剛強就能得遇陰柔；但前往應合陰柔必有兇險，務必心存警戒，不可施展才用，而要永久守持正固。

六五：烏雲密佈，無陽而不能化雨，烏雲是從城的西郊過來的；王公用繩系在箭上射取隱藏在穴中的野獸。

上六：不能遇合陽剛反而超過了陽剛；飛鳥窮飛過極遭受射殺之禍，遭遇兇險，這就叫做災殃禍患。

三、漢詩翻譯

小有過越，矯枉過正，可致亨通，利守持正固
可做小事，大事不可輕率涉足
飛鳥悲鳴，不宜向上勉強飛翔
應向下安棲，大為吉祥

飛鳥逆勢向上，強飛有兇險
超過祖父，得遇祖母；然不可及其君主
君主遇合臣僕
沒有咎害危難
不願過於防範
卻要被歹人所害，甚為兇險

沒有咎害，不過分剛強，就可陰柔得遇
但若前往，應合陰柔，必有兇險
須心存警戒，才用不急施展
永久守持正固
烏雲密佈，無陽不能化雨，烏雲來自西郊
王公繩系箭上，隱藏穴中之獸射取
沒能遇合陽剛，卻超過陽剛勇驍

飛鳥窮飛過極，遭受射殺之禍患
倘若居柔能下，則無如此危難

四、英詩翻譯 (English Poetic translation)

Too far east is west, small exceeding is favorable
It will be advantageous, be positive and stable
The small things may be done, but be cautious for the things great
The flying bird is lamenting, it is not proper for flying upward
To secure itself for a perch, It should fly downward
Then there will be a sign of your favour

The flying bird forces its way up soaring
That must be dangerous and awesome
For meeting his grandma, he has to pass his grand father
But he can not approach the position of his emperor
When the emperor meets with his minister
There will be no error and nothing wrong

If he is reluctant for exceeding precautions
He may be injured by some evil ones, as a persecution
This will be very unfortunate and a bad premonition

There is no error and all is right for achievement
He should not be excessively unyielding
Then he might with his proper mate to meet
If he goes forward to respond the tender
There would be in front the peril and danger
One must be vigilant, not to display his brightness

Be positive and solid for all the while and time

Dense clouds gethering, no the sunshine to convert rains
From the outskirt of the west, coming the cloud black
For the shooting, the prince ties the rope to the arrow
He gets his game hidden inside the cave
He can not meet his proper mate
But surpasses his mate of masculine brave

The bird flies too high in the extensive space
It is destined to be shot and slayed
Thus is the disaster and the dangerous case
Only when he is gentle and resides in the low place safe
There will be no harm and danger for him to receive

63. 既濟　Jiji

一、易經爻辭

既濟：亨小，利貞；初吉終亂。
初九：曳其輪，濡其尾，無咎。
六二：婦喪其茀，勿逐，七日得。
九三：高宗伐鬼方，三年克之；小人勿用。

六四：繻有衣袽，終日戒。

九五：東鄰殺牛，不如西鄰之禴祭，實受其福。

上六：濡其首，厲。

二、卦解與注釋

（1）卦解

《既濟》卦象徵"事已成"。《既濟》卦的卦像是離（火）下坎（水）上，為水在火上之表像，比喻用火煮食物，食物已熟，象徵"事已成"。既，已也，盡也；濟，渡也。（《釋文》）"既濟"詞義為"渡水已竟"，即"事已成"。君子應當目光遠大，在事情成功之後考慮可能出現的弊端和阻力，防患以未然。因為成功與失敗並非絕對，它們是可以互相轉換的。

（2）爻辭注釋

既濟：象徵"事已成"。

亨小：柔小者也都獲得了亨通。

初吉終亂：開始時是吉祥的，但如不慎，最終將致危險混亂。

曳其輪，濡其尾，無咎：曳（yè），拖，拽；其，語助詞；濡，沾濕；尾；指小狐狸的尾巴；向後拖曳車輪（不使它快行），小狐狸渡河沾濕了尾巴（不得速進）。喻事成之初不急於求應，要謹守。

婦喪其茀，勿逐，七日得：茀（fú），古代貴婦所乘車輛上的蔽飾。婦人喪失了車輛的蔽飾難以出行，不用追尋，過不了七天就會失而復得。

高宗伐鬼方，三年克之：高宗，殷王武丁之號；鬼方，國名，古代西北地方的一部落。殷高宗征伐鬼方國，持續三

　　　　年之久終於獲得勝利。

小人勿用：不可任用急躁激進的小人。

繻有衣袽，終日戒：繻（rú），彩色的絲帛，借指華美的衣
　　　　服；有，將要，或也；袽（rú），敗絮，借指破爛衣
　　　　服；華美的衣服或會變成敝衣爛絮，應當整天保持戒
　　　　備以防災禍。

東鄰殺牛，不如西鄰之禴祭，實受其福：東鄰、西鄰，假設
　　　　之詞，猶言彼、此；禴（yuè）祭；薄祭；東邊鄰國殺
　　　　牛舉行盛大祭禮，不如西邊鄰國舉行簡樸的 "禴
　　　　祭"，這樣才能切實地得到神靈降賜的福澤。

濡其首，厲：小狐狸渡河時沾濕了頭部，有危險。

（3）整卦解釋

既濟：象徵 "事已成"。柔小者也都獲得了亨通，利於守持
　　　　正固；開始時是吉祥的，但如不慎，最終將致危險混亂。

初九：向後拖曳車輪（不使它快行，不急於求成）；小狐狸
　　　　渡河沾濕了尾巴（不得速進），沒有咎害。

六二：婦人喪失了車輛的蔽飾難以出行，不用追尋，過不了
　　　　七天就會失而復得。

九三：殷高宗征伐鬼方國，持續三年之久終於獲得勝利；不
　　　　可任用焦躁激進的小人。

六四：華美的衣服或會變成敝衣爛絮，應當整天保持戒備以
　　　　防災禍。

九五：東邊鄰國殺牛舉行盛大祭禮，不如西邊鄰國舉行簡樸
　　　　的 "禴祭"，這樣才能切實地得到神靈降賜的福澤。

上六：濟極終亂，小狐狸渡河時沾濕了頭部，有危險。

三、漢詩翻譯

事已成功，柔小者也獲亨通，利守持正固
始于吉祥，但若不慎，終將困境陷入
向後拖曳車輪，不求行進急速
小狐狸渡河，沾濕尾部
不得快進，但求咎害全無

婦人喪失車輛蔽飾
難以出行，不用尋覓
失而復得，不過七日

殷高宗征伐鬼方，持續三年
終獲勝利凱旋
不可任用小人急躁莽然
華美衣服或成衣敝絮爛
杜絕災禍，應保持戒備防範

東邊鄰國殺牛，舉行盛大祭禮
不如西邊鄰國簡樸禴祭
樸素切實，得神靈福澤降賜
小狐狸渡河，頭部沾濕
濟極終亂，大有危險禍事

四、英詩翻譯（English Poetic translation）

It is successful, even for the small and weak
It will be profitable , if you will the position positive to keep
Good beginning may result in a ending harmful
If you are not cautious and on guard

For slowing down he brakes his wheels
A fox wets its tail when acrossing the stream
Slowing down the pace for stopping the dangrous deed

The lady loses her carriage screen
And she could not go out for travelling
But if she goes to look for it, it is not in need
In seven days it will return and be back

The king of Yin sets out for attacking
For three years finally the success is won
The mission like this is not for the mean man
Because he is not patient and can not be trusted

The most beautiful clothes may turn to rags
So you have to prepare in case there is hazard
The neighbour in the east slaughters a cattle
For his sacrifice of grandness
But it has less blessings than the neighbour in the west

Who only offers a plain spring sacrifice with sincerity

The fox crosses the river and his head immersed
There will be great danger and he may be hurt
The success will goes in the opposite side
When it becomes extreme to the top on high

64. 未濟　Weiji

一、易經爻辭

未濟：亨；小狐汔濟，濡其尾，無攸利。

初六：濡其尾，吝。

九二：曳其輪，貞吉。

六三：未濟，征凶，利涉大川。

九四：貞吉，悔亡；震用伐鬼方，三年有賞於大國。

六五：貞吉，無悔；君子之光，有孚吉。

上九：有孚於飲酒，無咎；濡其首，有孚失是。

二、卦解與注釋

（1）卦解

《未濟》卦象徵"事未成"。《未濟》卦的卦像是坎（水）下離（火）上，為火在水上之表像。火在水上，難以煮食物，象徵"事未成"。君子從此卦可領悟到：世間萬物生生不息，只有運動變化是永恆的。《既濟》與《未濟》是相對的，它們是可以互相轉化的。君子應當明辨事物的真偽，努力促使事物向成功方向轉化。

（2）爻辭注釋

未濟：象徵"事未成"。

小狐汔濟，濡其尾，無攸利：汔（qì），接近；小狐狸渡河快到對岸了，卻浸濕了尾巴，則無所利益。

濡其尾，吝：小狐渡河被水浸濕了尾巴，有所憾惜。

曳其輪，貞吉：向後拖曳車輪（不使它快行），守持正固，可獲吉祥。

未濟，征凶，利涉大川：事未成，急躁前進有兇險，但利於涉越大河巨流脫離險阻。

震用伐鬼方，三年有賞於大國：震，作副詞，意為"以雷霆之勢"；伐鬼方，征討西北的叫"鬼方"的國家；有賞於大國，即被封為大國之侯；以雷霆之勢征討鬼方國，經三年奮戰得勝而被封為大國諸侯。

君子之光，有孚吉：孚，信也；指六五居上卦盛位，猶如煥發君子之光，具有誠實守信美德，必得吉祥。

有孚於飲酒，無咎：信任他人，安閒飲酒，沒有災禍。

濡其首，有孚失是：是，正也；失是，有失正道；如果縱酒過度，就像小狐狸渡河時沾濕了頭部一樣，就為過份委信於人而損害正道。

（3）整卦解釋

未濟：象徵"事未成"。努力促使事成可得亨通；小狐狸渡
　　　河快到對岸了，卻浸濕了尾巴，則無所利益。

初六：小狐渡河被水浸濕了尾巴，有所憾惜。

九二：向後拖曳車輪（不使其快行冒進），守持正固，可獲
　　　吉祥。

六三：事未成，急躁前進有兇險，但利於涉越大河巨流脫離
　　　險阻。

九四：守持正固可獲吉祥，悔恨消亡；以雷霆之勢征討鬼方
　　　國，經三年奮戰得勝而被封為大國諸侯。

六五：守持正固可獲吉祥，無所悔恨；猶如煥發君子之光，
　　　具有誠實守信美德，必得吉祥。

上九：信任他人，安閒飲酒，沒有災禍；如果縱酒逸樂過度，
　　　就像小狐狸渡河時沾濕了頭部一樣，就為過份委信於人
　　　而損害正道。

三、漢詩翻譯

事業未成，仍需努力，可得亨通順利
小狐渡河，快達對岸，尾巴卻浸濕，無所利益
小狐渡河，浸濕尾巴，有所憾惜
向後拖曳車輪，不使快行冒進，守持正固，吉祥如意

事業未成，急躁前進有險
利涉越大河巨流，戰勝困難
守持正固，可獲吉祥，悔恨消亡

以雷霆之勢征討鬼方
三年奮戰得勝，獲大國諸侯封賞
守持正固，無所悔恨，可獲吉祥
誠實守信，美德輝煌，煥發君子之光

輕信他人，安閒飲酒，災禍將至
縱酒逸樂過度，如小狐渡河，頭部沾濕
過份委信於人，損害正道，有失節制

四、英詩翻譯（English Poetic translation）

The cause is not fulfilled, constant endeavor is needed
Be positive and solid, it will be succeed

A young fox is nearly crossed the river
When his tail is wet with water
Nothing is profitable indeed

A young fox is nearly crossed the river bed
When his tail is wet
There is something of regret

He brakes his wheels for slowing down the pace
There will not be rapidness and haste
There will be good fortune, be positive and stable

The cause is not fulfilled and solidated

The hasty advance will bring danger

It will be advantageous to cross the river great

There will be good fortune , if he is positive and stable

The regret will disappear and all is right

Like thunderbolt ,he attacks the region of foemen bravely

For three years of hard battle he wins the rewards and prize

Be poisitive and solid, nothing is for bewailing

Be loyal and trustful, his virtues shines

The virtue of the gentleman coruscates brightly

He drinks with leisure,trusting in others

Approaching soon is the disaster

The head of the fox immersed, when he crosses the river

Too much trust on others, you will be away from the right way

If you abandon the abstinence, there will be the danger great

結　語

　　呈現在讀者面前的這本《譯易學研究》，是筆者 2012 年底申報的山東省社科規劃項目研究課題，本應在 2015 年結題，但由於研究生教學工作的繁忙，又延期了一年至今才完成。經過這四年的研究與探究，度過了幾個揮汗如雨的酷暑與寒冬，以及無數個不眠之夜的苦思冥想，現在終於完稿了，心中甚感欣慰。

　　《譯易學研究》是一個厚重的、應當持續做下去的選題，它的研究決不可能輕易地就能成功的。這是因為《易經》是中國在世界上影響最大、流傳久遠的經典著作之一。它的博大精深和古奧艱澀內涵令人讚歎與神往不已，但研究它的難度也是非同一般的。近些年來，《易經》在人文學科及自然科學各個領域的跨學科研究與應用越來越普遍與深入，筆者的這本《譯易學研究》就是將《易經》與翻譯學結合在一起的跨學科研究的一種新的嘗試，其目的在於為探究開拓中國自己的翻譯理論大廈而添磚加瓦。

　　本書第一編的幾個章節的譯易結合的研究只是一個初步的探究，"接著說"的道路還很漫長。第二編的《易經》詩文英譯，則是運用易學原理指導下的翻譯實踐，譯文力圖處理好"三易"（簡易、變易、變易）與翻譯的"三難"（信、達、雅）之間的辯證關係，力圖呈獻給讀者的譯文是能夠幫助讀者更準確地理解《易經》原作精神的英譯作品。

　　翻譯是人類歷史上最古老和最複雜的文化現象。要對《易經》

這部遠古的經典著作進行精准的英譯十分不易。儘管筆者殫精竭慮，"詞典不離手，冷汗不離身"地伏案思考翻譯，《易經》白話文漢詩和英詩的翻譯都盡可能地忠實原文與卦序，還盡可能地注意譯詩的節奏和押韻，盡可能地使其讀起來具有韻律感，但距離完美無誤的翻譯還有不少差距。今後不斷的補充完善是一定會繼續的。希望讀到我的這本拙著的同仁與朋友們不吝提出寶貴的意見，以利今後的修訂與再版。

　　最後，感謝從開題以來就對這本書的寫作關心的所有師長和朋友們，感謝出版社的編輯為本書的出版付出的辛勤勞動。

吳　鈞

2016 年 5 月 31 日

參考文獻

【唐】賈公彥疏：《周禮注疏》，北京：中華書局，1980 年版。

【唐】孔穎達：《尚書正義，十三經注疏》，北京：中華書局，1980 年版。

【東漢】許慎著、李伯欽注釋：《說文解字》，北京：九州出版社 2012 年版。

黃壽祺 張善文譯著：《周易》下、下冊，上海：上海古籍出版社，2007 年版。

季羨林：《談翻譯》，北京：當代中國出版社。2007 年版。

南懷瑾：《易經系傳別講》、《易經雜說》，上海：復旦大學出版社，2011 年版。

周立升：《周立升文集》，濟南：山東大學出版社，2011 年版。

劉大鈞：《周易概論》，濟南：齊魯書社，1988 年版。

李尚信：《卦序與解卦理路》，成都：四川出版集團巴蜀書社，2008 年版。

曾仕強：《易經的奧秘》，西安：陝西師範大學出版社，2009 年版。

秦磊編著：《大眾白話易經》，西安：三秦出版社，1990 年版。

張立斌 撰：《易經邏輯論解》，烏魯木齊：新疆大學出版社，2001 年版。

魯迅：《魯迅全集》第 1-18 卷，北京：人民文學出版社 2005 年版。

吳開晉著：《吳開晉詩文選》，1-4 卷，北京：大眾文藝出版社，2008 年版。

吳開晉、耿建華主編：《三千年詩話》，南昌：江西高校出版社，1998 年版。

辜正坤著：《中西詩比較鑒賞與翻譯理論》，北京：清華大學出版社，2010 年版。

孟昭毅、李載道主編：《中國翻譯文學史》，北京：北京大學出版社，2005 年版。

謝天振、查明建主編：《中國現代翻譯文學史》，上海：上海外語教育出版社，2004 年版

劉宓慶著：《中西翻譯思想比較研究》，北京：中國對外翻譯出版公司，2005 年版。

魯迅：《小約翰》，《魯迅譯文集》第 4 卷，人民文學出版社 1958 年版。

艾捷爾・麗蓮・伏尼契著，李俍民譯：《牛虻》，北京：中國青年出版社，1953 年 7 月版。

許壽裳：《亡友魯迅印象記·許壽裳回憶魯迅全編》，上海：上海文化出版社 2006 年版，

吳鈞著：《魯迅翻譯文學研究》，濟南：齊魯書社，2009 年版。

吳鈞著：《魯迅詩歌翻譯傳播研究》，臺北：文史哲出版社，2012 年版。

吳鈞譯：《全英譯魯迅詩歌集》，臺北：文史哲出版社，2012 年版。

羅志野譯：《易經新譯》，青島：青島出版社，1995 年版。

汪榕培 任秀樺：《英譯易經》,上海：上海外語教育出版社，2007

年版。

吳鈞：《論易經的英譯與世界傳播》，《周易研究》，2011 年第
　1 期。

吳鈞：《魯迅詩歌英譯與世界傳播》，《山東社會科學》，2011
　年第 11 期。

吳鈞：《魯迅“中間物”思想的傳統文化底蘊》，《周易研究》，
　2008 年第 1 期。

吳鈞：《論魯迅的憂患意識》，《西北師大學報》，2007 年第 6 期。

吳鈞：《從儒家思想看魯迅精神與中國文化傳承》，《甘肅社會
　科學》2007 年 4 期。

吳鈞：《從〈周易〉看魯迅精神與民族魂》，《周易研究》，2007
　年第 2 期。

Eeden, Van, Frederik：*Little Johannes.*（translated by Clara Bell）
　London: W. Heinemann, 1895.

Wilhelm/Baynes, *The I Ching or Book of Changes*,　Princeton, New
　Jersey Princeton University Press,1984.

The I Ching, The Book Of Changes, Translated by James Legge ,
　Second Edition, New York, Dover Publications,Inc 1982.

Kim Farnell, *Simply I Ching*, New York / Sterling Publishing Co.,Inc.
　2008.

Ugene A. Nida, *Toward A Science Of Translation,* Shanghai Foreign
　Language Education Press, 2004

Venuti, Lawrence. *The Translator's Invisibility: A History of
　Translation.* Shanghai: Shanghai Foreign Language Education
　Press, 2004.

Larry A.Samovar,Richard E.Porter *Communication between Cultures*, Beijing University Press,

Williams, Jenny and Chesterman, Andrew. *The Map: A Beginner's Guide to Doing Research in Translation Studies*. Shanghai: Shanghai Foreign Language Education Press, 2004.

Julia T.Wood, *Communication In Our Lives,* Beijing University Press, 2004

Hasil Hatim, *Communication Across Cultures, Translation Theory and Contrastive Text Linguistics,* Shanghai Foreign Language Education Press, 2001

Bassnett, Susan and Lefevere, Andre. *Constructing Cultures: Essays on Literary Translation*. Shanghai: Shanghai Foreign Language Education Press, 2001.

後　記

　　據考數千年來，研易的書籍已經有 6000 多種了，英文翻譯在世界範圍內也已經有了大約十多種。這些譯本各有特色，但也都有不足的地方，以及不同的理解與解釋。筆者的這部《譯易學研究》是從《易經》的角度思考中國傳統的翻譯理論，也可以說是從翻譯學的角度來研究《易經》。本人在做《易經》英文翻譯時，參考比較了不同的《易經》漢語注釋本，例如黃壽祺、張善文的漢語《周易》譯注本、南懷瑾的《易經系傳別講》、《易經雜說》等。筆者比較並根據易學專家不同的解釋，盡可能使譯文合理取捨，有理有據。《易經》英譯的詩化語言盡可能做到忠實原文、簡樸，並注意語言的節奏感和韻律，使之讀起來盡可能朗朗上口。

　　本論著研究為山東省社會科學規劃項目。筆者力圖突破長期以來翻譯理論研究慣用的西方思維，嘗試用《易經》的理論與方法來研究翻譯學理論。本著作旨在中國傳統翻譯理論研究方面做一創新嘗試。書中第一部分為《易經》思維框架下的翻譯學理論研究，第二部分為整個《易經》64 卦的詩化現代漢語與英語翻譯。

　　本書的第一部分的《譯易學研究》理論探究，只是自己在這一領域的一個初步的膚淺研究，今後"接著說"下去的路還很漫長。本書第二部份的《易經》翻譯也還有很多值得進一步推敲改進的地方。盡管筆者注意了語言的押韻與節奏，力圖在英語譯文中也體現《易經》古詩的節奏美，使讀者在閱讀中不僅可感受中國《易經》的博大精深的意境，還可享受到中英詩化語言的美感等方面做了很大的努力，但譯文的缺點和不足一定還很多，還有很大的推敲餘地。這都需要筆者今後進一步的糾正與完善，以求修訂本做得更好一些。

本人的這本拙著《譯易學研究》只是筆者在本領域研究的第一步，缺點錯誤在所難免。殷切希望讀到本書的朋友們批評指正，以利我今後繼續的深入研究。

在此，我向所有關心幫助我的這本拙著出版發行的老師、同仁、以及親朋好友致以崇高的敬意和衷心的感謝！

特別感謝李亞舒先生、周立昇先生、楊端志先生為本書作序。他們學問的博大精深、他們一絲不苟的嚴謹治學精神、對人的寬厚、和善、謙虛態度、以及對學生的關心愛護，永遠是我學習的榜樣和做學問的楷模。

特別感謝文史哲出版社的彭正雄先生和雅芸女士，他們為這本書的編輯出版付出了辛勤的勞動和大量的汗水，沒有他們的鼎力相助，這本書就不能如期呈現在各位朋友和讀者面前。他們為中國文化事業的出版傳播而殫精竭慮的工作精神，永遠值得我學習，他們的支援與幫助，永遠是我研究與寫作的不懈動力。

最後，我要將這本書獻給我的父親吳開豫先生。父親生前喜歡研讀《易經》，還聽父親說過吳氏遠祖為周文王的伯父吳泰伯。由此，我研讀《易經》與翻譯，應該也是對先祖事業的傳承，這是能夠使父親感到欣慰的事情。

吳鈞

2016 年 7 月 18 日

於山東大學第五宿舍

附 錄 Appendix

作者簡介 Brief introduction of the author：

吳鈞，文學博士，中國山東大學外國語學院教授，研究生導師。主講外國語學院英語專業本科、研究生的多種課程，教學生動有趣，因材施教，深受學生好評。她的研究興趣主要集中在英語語言文學與英漢翻譯上。研究興趣為魯迅翻譯文學研究、易經詩文翻譯研究、英語語言文學、翻譯文學與跨文化交際的教學與研究。她本人也進行詩歌、小說、散文等形式的文學創作。

吳鈞為國際魯迅研究會會員、國際學術期刊 Lu Xun Studies 英文編委；中國翻譯協會專家會員；中國魯迅研究會會員；山東省外國文學學會常任理事；山東省作家協會會員。2004 年至 2013 年任山東大學外國語學院學部學術委員會委員；2010 年 8 月至 2011 年 2 月在澳大利亞悉尼大學語言文化學院做訪問學者。2013 年 6 月赴韓國參加國際魯迅研究會第四屆學術論壇：首爾論壇並作大會發言《魯迅詩歌翻譯與世界傳播》受到與會學者的關注和好評。2013 年 9 月中國作家網綜合報導此次國際會議時指出：吳鈞教授的魯迅翻譯文學研究"獨樹一幟"。2014 年 3 月吳鈞赴越南河內國家大學下屬外國語大學參加第四屆東亞漢語教學研究生論壇並作論壇發言《論魯迅文學中的民俗描寫語言及翻譯傳播》。2014 年 11 月吳鈞應邀出席國際魯迅研究會第五屆學術論壇，蘇州論壇：“魯迅與東亞文學”國際學術研討會研究並做大會發言《論魯迅與安徒生 —— 從魯迅的兒童文學翻譯談起》。2015 年 7 月吳鈞應邀出席了在德國杜塞爾多夫市孔子學院舉行的“魯迅：東西方科學文化的對話 —— 國際魯迅研究會第六屆學術論壇：杜塞爾多夫論壇”。吳鈞在大會上作了“別求新聲於異邦 —— 論魯迅的科學翻譯”的學術報告，還參與共同主持了兩個分論壇並兼為大會作漢英雙語翻譯。

　　吳鈞在各類學術期刊發表學術論文三十餘篇，她的學術專著作《魯迅翻譯文學研究》（2009 齊魯書社）、《魯迅詩歌翻譯傳播研究》（2012 文史哲出版社），以及翻譯著作《全英譯魯迅詩歌集》（2012 文史哲出版社）、英語翻譯吳開豫的詩歌集《自珍集》等均獲學界好評。吳鈞翻譯的吳開晉詩歌《土地的記憶》榮獲 1996 年秋在日本東京召開的慶祝世界反法西斯戰爭勝利 60 周年的世界詩人大會詩歌和平獎。

　　聯繫方式：電子郵箱：sduwujun@126.com, wujun@sdu.edu.cn

　　Dr. Wu Jun is a professor and supervisor of graduate students at the School of Foreign Languages and Literature, Shandong University, China, She gives lectures of literature and translation to graduate students. Her research interest mainly focuses on Literary Translation, Study on the Translation of the Proses and Poems of Yijing (*Book Of Changes*), Comparative Literature and literary Translation and other concerned fields. She herself is also an author and translator of Chinese & English poems and novels. Wu Jun is also a member of the

International Society of Lu Xun Studies, English editor of the international academic journal *Lu Xun Studies;* expert member of Translators Association China; member of Society of Lu Xun Studies China; permanent director of the Institute of Foreign Literature of Shandong Province, China; member of Writers Association of Shandong, China; Her main publications include her monographs *A Study of Lu Xun's Literary Translation, A Study of Translation and Communication of Lu Xun's Poems.* Her English translation works include *Lu Xun Complete Poems* , English translation of Wu Kaiyu's poetry anthology *Collections of the Poems which I Cherish* and more than 30 academic Theses. Her translation of Wu Kaijin's poem *The Memory of the Land* won Poetry Peace Prize on the 60th Anniversary of Celebration of the Victory of International Anti-fascist War on the International Conference of Poets. (Tokyo Japan, 1996).

作者吳鈞在山東大學外國語學院博士論文答辯會上講評 2013-11-29
Wu Jun gives comments on Doctoral defense in the School of Foreign
Languages and literature, Shandong University, 29, 11, 2013

作者吳鈞在德國杜塞爾多夫國際魯迅研討會上發言 2015.7.2
Wu Jun gives speech on Lu Xun Study in Dusseldorf, Germany.2.7.2015

作者主要論著目錄

學術專著　monographs

吳鈞，專著：《魯迅詩歌翻譯傳播研究》，臺灣文史哲出版社，
2012 年 8 月出版

WU Jun, monograph: 《*A Study Of Translation And Communication Of Lu Xun's Poems*》, Literature, History And Philosophy Press, Taiwan, 2012.8.

吳鈞，專著：《魯迅翻譯文學研究》，齊魯書社，2009

WU Jun, monograph: *Study of Lu Xun's Translated Literature*, Qilu Press, Jinan, 2009.1.

吳鈞，專著：《學思錄 —— 英語教研文集》，內蒙古人民出版社，
1999

WU Jun, monograph: *Learning and Thinking -A Collection of Wu Jun' Papers on English Teaching and Research*, Inner Mongolia People's Press, Hohhot, 1999

學術論文發表　Academic Theses Published

● Wu Jun，A Study on the Basic Theory of Lu Xun's Literary Translation: ------"Everything is an Intermediate Object" <u>Frontiers of Literary Studies in China,</u> Academic Journal in English, September, 2016.

吳鈞，論魯迅翻譯文學的理論基礎---"一切都是中間物"《中國文學前沿》英文版學術期刊，2016 年 9 月刊

● 吳鈞，論易之"三易"與《易經》翻譯之"三難"，《周易研究》，第 4 期，2016, CSSCI

Wu Jun, *On the Three Yis of the Yijing and the Three Difficulties in the Translation of the Yi Jing*, Studies Of Zhouyi, 4, 2016. CSSCI

● 吳鈞，漫談安徒生與魯迅，《上海魯迅研究》2014.冬季版

Wu Jun，Talk on Andersen and Lu Xun, Shanhai Lu Xun Studies, 4, 2014

● Wu Jun , *Some Random Thoughts on Andersen and Lu Xun, ANDERSENIANA (Denmark) 8.1.2014*

吳鈞，漫談安徒生與魯迅，（英文論文）*ANDERSENIANA（安徒生研究）*（丹麥）2014.12.8.

● 吳鈞，論理雅各的《易經》英譯，《湖南大學學報》，第 1 期，2013, CSSCI

Wu Jun, *On the Translation of the Yi Jing by James Legge,* Journal of Hunan University (Social Sciences), 1, 2013. CSSCI

● 吳鈞，從傳教士到漢學家--論中學西傳的開拓者衛禮賢，《西北師大學報》，第 2 期，2013，CSSCI

Wu Jun, *From missionary to Sinologist --On Richard Wilhelm, the exploiter and disseminator of Sinology to the West,* Journal of Northwest Normal University (Social Sciences), 1, 2013. CSSCI

● 吳鈞，從理雅各的英譯《易經》試談《易經》的翻譯，《周易研究》，第 1 期，2013, CSSCI

Wu Jun, *Talk on the Translation of the Yi Jing from the Translation of James Legge,* Studies Of Zhouyi, 1, 2013. CSSCI

● 吳鈞，論魯迅的科學翻譯，《中國科技翻譯》，第 1 期，2013, CSSCI

Wu Jun, *On Lu Xun's Translation of Science,* Chinese Science &

Technology Translators, 2013, 1 CSSCI

● 吳鈞，論魯迅詩歌英譯與世界傳播，《山東社會科學》，第 11 期。2011, CSSCI

Wu Jun, *On The Translation And Communication Of LU Xun's Poems,* Shandong Social Sciences, 11, 2011 CSSCI

● 吳鈞，論易經英譯與世界傳播，《周易研究》，第 1 期, 2011, CSSCI

Wu Jun, *On The Translation And Communication Of Yi Jing,* Studies Of Zhouyi, 1, 2011. CSSCI

● 吳鈞，"魯迅'中間物'思想的傳統文化底蘊"，《周易研究》，第 1 期, 2008. CSSCI

Wu Jun, *The Traditional Cultural Deposits in LU Xun's Idea of "Intermediate Object",* Studies Of Zhouyi, 1, 2008. CSSCI

● 吳鈞，"魯迅'中間物'思想的傳統文化血脈"，《齊魯學刊》，第 2 期, 2008. CSSCI

Wu Jun, *On the Heritage of Chinese Tradition of LU Xun's Idea of "Intermediate Object",* Qilu Journal, 2, 2008. CSSCI

● 吳鈞，"論魯迅的憂患意識"，《西北師大學報》，第 6 期，2007. CSSCI

Wu Jun, *On Lu Xun's Consciousness of Suffering,* Journal of Northwest Normal University (Social Sciences), 44(6), 2007. CSSCI

● 吳鈞，"從儒家思想看魯迅精神與中國文化傳承"《甘肅社會科學》第 4 期，2007. CSSCI

Wu Jun, *On LU Xun's Spirits and the Succession of Chinese Culture from the Perspective of the Confucianism,* Gansu Social Sciences, 4, 2007. CSSCI

● 吳鈞，"從《周易》 看魯迅精神與民族魂"，《周易研究》，第 2 期，2007. CSSCI

Wu Jun, *On LU Xun's Spirits and Chinese National Soul from the Perspective of Zhouyi*, Studies Of Zhouyi, 2, 2007. CSSCI

● 吳鈞，"略論《苔絲》創作手法的悲劇意味"，《齊魯學刊》，第 9 期，2002 . CSSCI

Wu Jun, *On the Tragical Significance of Thomas Hardy's Literary Creation of Tess of the D' Urbervilles*, Qilu Journal, 5, 2002. CSSCI

● 吳鈞，"從《周易》的原點看人文精神與新世紀跨文化交際"，《周易研究》，第 6 期，2002. CSSCI

Wu Jun, *A Study of Humanism and Intercultural Communication of the New Century from the Origin of Zhouyi*, Studies Of Zhouyi, 3, 2002. CSSCI

● 吳鈞，"略論《苔絲》的當代啟示性"，《東嶽論叢》，第 9 期，2002

Wu Jun, *Talk On the Contemporary Significance of the Tragedy of Tess*, Dongyue Tribune, 23(5), 2002

● 吳鈞，"童話王國民俗見聞"，《民俗研究》，2002.3.

Wu Jun, *Folk-customs of Denmark, the Kingdom of Fairy Tales*, Folklore Studies, 3, 2002

● 吳鈞，"論《紫色》的思想藝術性"，《齊魯學刊》，第 3 期，2005

Wu Jun, *On the Ideas and Art of the Color Purple*, Qilu Journal, 3, 2005

● 吳鈞，"艾米莉‧狄更生詩歌創作特徵與藝術手法"，《臨沂師範學院學報》，第 10 期，2002

Wu Jun, *Emily Dickinson's Creative Characteristics and Artistic Skills in Her Poems*, Journal Of Linyi Teachers' University, 10, 2002

● 吳鈞，"非專業研究生英語教學中的方法探討"，《山東外語教學》，第 6 期，2002

Wu Jun, *Discussion on the English Teaching Methods for Graduate Students of Non-English Majors*, Shandong Foreign Languages Journal, 6, 2002

● 吳鈞，"略論菲茨傑拉德的創作思想、藝術手法及現實意義"，《河西學院學報》，第 6 期，2002

Wu Jun, *A Brief Discussion of F. S. Fitzgerald's Creative Thinking, Ways of Artistic Expression and their Significance*, Journal of Hexi University, 6, 2002

● 吳鈞，"憂鬱的藍玫瑰"，《萊陽農學院學報》，第 5 期，2002

Wu Jun, *Melancholy Blue Rose*, Journal of Laiyang Agricultural College (Social Science Edition), 5, 2002

● 吳鈞，"從《雷雨》創作的悲劇女性形象看經典文學的傳播"，《山東文學》，第 9 期，2006

Wu Jun, *From the Creation of the Characters of the Tragic Women in the Play Thunderstorm to See the Communication of Classical Literature*, Shandong Literature, 9, 2006

● 吳鈞，"從中西電影中的女性形象塑造談起"，《華夏文壇》，第 12 期，2005

Wu Jun, *A Discussion of the Creation of the Characters of Women in Chinese and Western Movies*, China Literary World, 12, 2005

● 吳鈞，"從影視人物形象塑造看中西文化歷史發展"，《山東文學》，第 6 期，2005

Wu Jun, *From the Creation of Characters on TV and Screen to See the Culture from the East and the West*, <u>Shandong Literature</u>, 6, 2005

● 吳鈞，"從電影中的女性形象塑造看全球化語境下的跨文化交際"，《時代文學》，第 6 期，2005

Wu Jun, *Talk on Cross-culture Communication from the angle of the Creation of the Characters of Women in Movies*, <u>Literature of the Times</u>, 6, 2005

● 吳鈞，"愛倫・坡詩歌創作風格"，《中外詩歌研究》，第 2 期，2003

Wu Jun, *The Style of Edgar Allan Poe's Poetry*, <u>Chinese and Foreign Poetics</u>, 2, 2003

● 吳鈞，"英語顏色詞的翻譯與跨文化交際"，《現代文秘》，第 2 期，2002

Wu Jun, *The Translation of the Words of Colors and the Cross-culture Communication*, <u>Modern Secretarial</u>, 2, 2002

● 吳鈞，"英語實物顏色詞的構成及修辭作用"，《寧波大學學報》，第 4 期，1995

Wu Jun, *Some New Ideas on the Formation and the Rhetorical Functions of the Color Words from Substances in English*, <u>Journal of Ningbo University</u>, 4,1995

● 吳鈞，"外貿英語談判課中的模擬法運用新探"，《寧波大學學報》，第 2 期，1996

Wu Jun, *Some New Ideas on the Class of Simulation of Foreign Trade Negotiation*, <u>Journal of Ningbo University</u>, 2, 1996

● 吳鈞，"模擬教學法在外貿英語談判課中的運用"，《山東外語教學》，第 3 期，1996

Wu Jun, *Simulation Teaching Applied in the Class of Foreign Trade Negotiation*, <u>Journal of Shandong Foreign Languages Teaching</u>, 3, 1996

● 吳鈞，"多彩的道路，曲折的道路 —— 從愛麗絲・沃克的《紫色》看美國婦女的自救道路"，《學習與思考》，第 4 期，1996
Wu Jun, *A Colorful and Devious Road-an Observation of American women's Self-saving by Way of the Novel the Color Purple*, <u>Learning and Thinking</u>, 4, 1996

● 吳鈞，"顏色的象徵 —— 從一部小說看美國婦女的自救道路"，《現代化》，第 6 期，1996
Wu Jun, *The Symbolic Meaning of Colors-from one Novel to See American Women's Road of Self-saving*, <u>Modernization</u>, 6,1996

● 吳鈞，"從《了不起的蓋茨比》看金錢夢的破滅"，《學習與思考》，第 9 期，1995
Wu Jun, *From the Novel Great Gatsby to See the Break of the Dream of Gold*, <u>Learning and Thinking</u>, 9, 1995

Journals like *Studies of Zhouyi*, *Qilu Academic Study*, *Journal of Northwest Normal University* (Social Sciences) and *Gansu Social Sciences* are indexed in Chinese Social Science Citation Index (CSSCI).

參編書 co- edited books

● 吳鈞，參編：《譯學詞典與譯學理論文集》，山東大學出版社，2003
Wu Jun, Co-editor：Wu Jun, *Anthology of Translatological Dictionaries*

and Translation Theories, Shandong University Press, Jinan, 2003

● 吳鈞，參編：《大學英語精讀 5 級同步輔導與強化》，大連理工學院出版社，1999

Wu Jun, Co-editor: Co-editor：Wu Jun, *Teacher's Book of Intensive Reading of College English ,Book 5,* Publishing House of Dalian Institute of Science and Technology, Dalian, 1999

翻譯　Translation

● 吳鈞，譯著：《魯迅詩歌全英譯》，臺灣文史哲出版社，2012年 11 月出版

WU Jun , translation Work: *Lu Xun Complete Poems,* Literature, History And Philosophy Press,Taiwan, November, 2012.

● 吳鈞，譯著：《自珍集》吳開豫著詩集，中國文史出版社，2006

WU Jun , Translation of the peotry anthology *: Collection of the Poems which I cherish* by Wu Kaiyu, China Literature and History Publishing House, Beijing, 2006

●吳鈞，英譯：《吳開晉詩歌選集》團結出版社，2013 年 10 月出版

WU Jun , Translation Work： *Selected Poems of Wu Kaijin, Tuanjie Press, October, 2013*

● 吳鈞，譯著：《吳開晉詩歌英譯選集》，團結出版社，2015年5 月出版

WU Jun，Translation of the Poetry Collection, *Collection of Poems of Wu Kaijin,* Tuanjie Press, May. 2015

● 吳鈞，譯著：《山居歲月》，林明理，臺灣文史哲出版社，2015,4.

Wu Jun，Translation of the Poetry Collection by Lin Mingli: *Days in the Mountains*, literature, history and philosophy Press, Taiwan,

4, 2015

● 英譯：吳鈞，《回憶的沙漏》，林明理，臺灣秀威出版社，2012
年 2 月

WU Jun: Translation of the Poetry Collection: *Sandglass of Memory*, Showwe Information Co., Ltd. 2012.2.

● 吳鈞，譯著：《清雨塘》，林明理，臺灣詩歌集英譯，臺灣文
史哲出版社，2012,11.

Wu Jun，Translation of the Poetry Collection by Lin Mingli: *Clear Rain pond*, Translation of Collection of the Poems, literature, history and philosophy Press, Taiwan , 11，2012.

● 吳鈞，編譯：《老屋的倒塌 —— 愛德格‧愛倫坡驚險故事》，
山東文藝出版社，2000

Wu Jun: Translation of Edgar Allan Poe's Adventurous Stories, *The Fall of the House of Usher*- Shandong Literature and Arts Press, Jinan, 2000.

● 吳鈞，漢譯英：臺灣林明理詩歌《雨夜》、《夏荷》，《World Poetry Anthology 2010》（2010 第三十屆世界詩人大會世界詩
選），臺灣，頁 328-331。

Wu Jun, English translation of Chinese poems by Lin Mingli: *Rainy Night, Summer Lotus*, World Poetry Anthology 2010, Page 328-331.

● 吳鈞，漢譯英：吳開晉詩歌 "寫在海瑞墓前"、"致瀑布" 和
"灕江"，《老年作家》，第 4 期，2009

WU Jun, English translation of Chinese poems by Wu Kaijin: *In Front of the Tumulus Of Hairui*, *To Waterfall* and *Li River*, Elderly Writers, 4, 2009.

● 吳鈞，翻譯吳開晉詩歌“椰林歌聲”，香港大型漢英雙語詩學
季刊《當代詩壇》，第 51-52 期，2009

WU Jun, English translation of Chinese poems by Wu Kaijin:
Songs in the Coconut Wood, Contemporary Poetry, 51-52, 2009.

● 吳鈞，翻譯吳開晉詩歌“久違的雷電”，《當代詩壇》，第 51-52
期，2009

WU Jun, English translation of Chinese poems by Wu Kaijin: *The
Long Absent Thunder and Lighting*, Contemporary Poetry, 51-52,
2009.

● 吳鈞，翻譯《中國沾化吳氏族譜》序言，中國檔案出版社，2008

WU Jun, English translation of　*Preface of Pedigree of Wu Family
Zhuanhua*, China Archives Press, Beijing, 2008.

● 吳鈞，合作翻譯“易理詮釋與哲學創造”，《周易研究》（增
刊），2003.（作者：高瑞泉，英譯：張文智，吳鈞）

WU Jun, Co-English translation of *Philosophical Creation and
Interpretation by Yi Principles*, Study of Zhouyi, supplement, 2003,
Writer: Gao Ruiquan, Translator: Zhang Wenzhi, Wu Jun

● 吳鈞，翻譯吳開晉教授詩歌《土地的記憶》，1996，榮獲東京
世界詩人大會以色列米瑞姆‧林勃哥德詩歌和平獎，後被收入了
該國反法西斯戰爭紀念文集中。

WU Jun, English translation of Chinese poem by Wu Kaijin:*The
Memory of the Land*, 1996. This translated poem won *Miriam
Lindbergin Israel Poetry For Peace Prize* in World Congresses of
Poets for the celebration of the 60th Anniversary of the Victories in
the Global Anti-fascist War ,1996. Tokyo, Japan. Later it was
collected into the festschrift of poems of this country.

● 吳鈞，詩歌翻譯：美國大型詩歌季刊（世界詩刊）2010-2014
年，發表吳鈞英譯臺灣詩人林明理詩 17 首：

WU Jun, English translation of Chinese poems by Lin Minli from
2010-2013: Light Dots（光點）、Summer Lotus（夏荷）、Autumn
Rain In October（十月秋雨）、Rainy Night（雨夜）、Once（曾
經））、The Season OF Yearning（想念的季節）、Fog（霧）、
Upon The Stars（在那星星上）、The Night Wind Of April（四月
的夜風）、In The White Summer（在白色的夏季裏）、Harbor In
autumn days（秋日的港灣）、Midnight（午夜）、Meteor Shower
（流星雨）、The Extinction of Grey-faced Buzzards（看灰面鵟
鷹消逝）、Morning Fog（早霧）etc. *Poems of the World,* USA.

文學創作 Literary Creation

詩歌創作 Poems：

● 吳鈞，《惜別紅古川》2015.12《網路詩朗誦》
WU Jun, *Farewell, Honggu Valley,* published at Wechat of Internet,
12, 2015

● 吳鈞，《臺灣隨感錄》（十首）2015.6.發表于《中國草根文學》
WU Jun, *Ten Poems from Taiwan,* China Folk Literature 6, 2015

● 吳鈞，悉尼隨感錄 11 首，《彼岸》第三期，2011.
WU Jun, *11 poems of impressions of Sydney,* The Other Shore,
2011

● 吳鈞，悉尼詩歌選 12 首，《華夏文壇》，第 3 期，2010
WU Jun, *12 poems of life in Sydney,* Chinese Literary World, 3,
2010

● 吳鈞，《天望》、《家鄉的國槐》、《母親》,《山東文學》, 2010. 7.

WU Jun, Poems: *Looking up to the Sky, Chinese Scholar Tree of My Homeland, Mother*, <u>Shandong Literature</u>, 2010.7.

● 吳鈞，詩歌《時光的葉片》（《路》、《夏之偶感》、《總是》、《淡淡的心湖》），《網路作品》，第 1 期，2010 年

WU Jun, Poems: *The Leaves of the Time（ Road, Summer Inspiration By Chance, Always, Slightly Waved Lake Of Heart）*, <u>Network Literature</u>, 1, 2010

散文創作 Proses：

● 吳鈞，《精神的愉悅與享受 —— 賞析非馬的三首詩》美國《新大陸》詩歌雙月刊，第 150 期，2015.10

WU Jun, *The Refreshment and Enjoyment of the Soul*-----Reading of the Three Poems of Feima *New World Poetry* ,Bimonthly, No. 150, October, 2015. USA

● 吳鈞，《塞外江南張掖漫遊》，《華夏文壇》，第 1 期，2012

WU Jun, *Roaming in Zhangye, the Oasis in the Desert, China Literary World,* 1, 2012

● 吳鈞，《父愛如山》，《華夏文壇》，第 3 期，2009

WU Jun, *Mountains of Love of My Father, China Literary World*, 3, 2009

● 吳鈞，散文《槐香如故》，《當代小說》，第 10 期，2007

WU Jun, *The Fragrance of Chinese Scholar Tree Forever, Contemporary fiction*, 10, 2007

● 吳鈞，散文《魯橋眺望》，《華夏文壇》，第 4 期，2007

WU Jun, *A View from the Bridge of Lu, <u>China Literary World,</u>* 4, 2007